U0126288

日本近代的文化史學家
——內藤湖南

連清吉著

臺灣 學七書局 印行

自 序

　　東洋的學問未以邏輯論理的思考與論述見長，然內藤湖南則是少數的例外。如以螺旋史觀考察東亞文化的發展，以歷史加上說探究中國古史傳說形成的軌跡，以通變史觀說明中國文化史的變遷等，皆爲其體系化架構學問的表現。至於其所以能考鏡時代地域的異同風尚，辨明學術文化的原始本末，而成就一家之言，固然與其以中國史家的才學識兼備爲學問的究極有深厚的關連，但是其個人的際遇，生存的時代，生活的地域，學問的意識亦不無影響。

　　秋田師範畢業是內藤湖南的最高學歷，雖沒有接受大學的教育，却也沒有所謂學派家學的束縛，乃能成就獨特的學問。上京以後的二十年雜誌編輯與記者的生涯，養成其博聞強記的根底。至於其生存的明治時代是文明開化的時代，西化革新是時代的風尚，學問方法的突破更新也應運而生。任教大學至逝世的京都二十餘年歲月，成就了內藤的文化史學，既於傳統與現代之間，守成而創新，又在對抗於東京的學問意識下，融合西歐的合理主義、清朝的考證學與江戶時代的文獻主義而樹立以考證爲基礎的日本近代中國學的學風。

　　一八九九年三月遭祝融之災，所有的藏書付之一炬，內藤湖南

逕稱以往所從事者皆爲雜學，今後則專心致力於中國問題的研究。一九〇七年應聘京都帝國大學東洋史講師以來，於安定的環境下，以學者的生活，貫徹其以中國學的沈潛爲天職的志向，窮究其學識與精力於東洋史的研究，凝集其學問於以中國爲中心的東洋文化史學。至於其在學問的研究上，則以中國的史學傳承爲淵源，既以劉知幾所謂才學識的兼備爲鑽研歷史的素養，又以劉向、劉歆父子辨彰學術考鏡源流的目錄學爲史學的方法，更以章學誠的「獨斷」爲的史論根據，而成就「通古今之變，成一家之言」的史學究極。

內藤湖南與狩野直喜或可並稱爲京都近代中國學的雙璧，二人不但各有專擅，內藤湖南沈潛於東洋文化史與滿清史的研究，狩野直喜則致力於中國經學、文學與清朝制度史的鑽研，又開啓日本研究敦煌文物的先聲，且能爲漢詩文而與當時中國的文人學者酬唱應對。故其所窮究的是能與中國傳統知識分子比肩的通儒之學。其弟子如神田喜一郎、吉川幸次郎亦能繼承師學，既有堅實的學問素養，成就博學旁通的學問，又能優遊於詩文藝術，發揮京都中國學的學問性格，使京都的中國學得與北京、巴黎分庭抗禮，並列爲世界漢學的中心。

遊學東瀛十餘年，嘗思於今日標榜專家的時代，京都中國學者之以通儒爲極致的學問，或將是近代世界漢學的絕響，乃欲探究京都中國學的宗尙所在，以內藤湖南於日本近代中國學的定位爲開端，考察京都中國學者爲學的究竟，辨彰京都中國學派的學問傳承與發展。

連 清吉　二〇〇四年九月序於長崎

日本近代的文化史學家
——內藤湖南

目　次

自　序 --- I

前言：內藤湖南的著述生平及其以時地爲經緯的文化形成論 ------- 1

通變史觀：中國史學論 --- 35

時代區分論：以文化變遷爲主軸 --------------------------------------- 63

歷史考證加上說：歷史演化論 --- 77

《史記》是中國史學的開端 --- 105

中國中世文化論：以貴族爲主體 --------------------------------------- 133

中國近世文化論：宋代是中國的近世 ----------------------------------- 149

清代文化論：日本研究清史的先聲 ------------------------------------- 173

中國繪畫史論：體現中國文人遊於藝的才性 ------------------------- 197

螺旋循環史觀：文化發展論 --- 223

結論：日本近代的文化史學家——內藤湖南 ----------------------- 241

後　記 --- 263

前言：內藤湖南的著述生平及其以時地爲經緯的文化形成論

關鍵詞 文化形成論　文化中心移動論　文化影響鹹鹽說　應仁之亂　螺旋循環史觀

一、著述生平

　　內藤湖南（1866-1934）字炳卿，慶應丙寅二年七月十八日出生於秋田縣鹿角郡毛馬內町。以慶應丙寅（虎）年生，爲內藤調一氏的二男，故名虎次郎。由於出生地在十和田湖之南，故自號湖南。明治十六年（1883）三月入學秋田師範學校，十八年七月畢業於秋田師範學校高等師範科，分配至秋田縣北秋田郡綴子小學擔任訓導。二十年八月離職上京，協助大內青巒編輯宣傳佛教教義的雜誌《明教新誌》。此後展開其長達二十年大眾傳播工作的生涯。由於雜誌編輯或新聞採訪的工作，形成了內藤湖南博學宏觀而且下筆如

有神的學術性格。❶由於內藤湖南的博覽多聞，見識非凡，又有洛陽紙貴的名著《近世文學史論》《諸葛孔明》《淚珠唾珠》等書，於明治四十年（1907），在狩野亨吉、狩野直喜的強力推薦下，從大阪朝日新聞社記者轉任為京都帝國大學文科大學東洋史學講師。四十二年（1909）昇任教授，揭開其教學上庠、著書立說之生涯的序幕。茲摘錄《全集》所載的「年譜」，以略述其新聞記者、雜誌編輯與講述著作的生涯。❷

　　慶應二年（1866）

　　　7月18日生。

　　明治十六年（1883）　　　　十八歲

　　　3月、秋田師範學校入學。

　　明治十八年　　　　　　　　二十歲

　　　7月、秋田師範學校畢業、分發到北秋田郡綴子小學、擔任訓導。

---

❶　武內義雄曾問內藤湖南說：「在長年的記者生涯中，先生的學問是如何形成的。」內藤湖南說：「我利用記者的特權，採訪宿儒耆老。我的學問就是從思考並模倣老儒學問方法而得來的。」（〈湖南先生の追憶〉，《支那學》第七卷第三號，頁77，1934年7月）

❷　有關內藤湖南生平事迹的記載，除了《內藤湖南全集》第十四卷（筑摩書房，1976年出版）所收錄的〈年譜〉〈著作目錄〉以外，尚有《支那學》第七卷第三號所收的〈內藤湖南先生追悼錄〉（1934年7月），三田村泰助的《內藤湖南》（中公新書278，東京：中央公論社，1972年2月），〈內藤湖南〉（《東洋學の創始者たち》所收，東京：講談社，1976年10月），小川環樹的《內藤湖南》（日本の名著41，東京：中央公論社，1984年9月）等資料。

明治二十年（1887）　　　　二十二歲

8月、辭去北秋田郡綴子小學教員的工作、上京擔任《明教新誌》的編輯。

明治二十三年（1890）　　　　二十五歲

9月、擔任《三河新聞》的主筆。

12月、擔任政教社發行的雜誌《日本人》的記者。

明治二十六年（1893）　　　　二十八歲

1月、辭退政教社的職務、協助大阪朝日新聞主筆高橋健三執筆論說。

明治二十七年（1894）　　　　二十九歲

7月、進入大阪朝日新聞社。

明治二十九年（1896）　　　　三十一歲

9月、與田口郁子結婚、生有五男四女。

9月、協助就任松隈內閣書記官長高橋健三起草內閣政綱。

12月、辭去大阪朝日新聞社的工作。

明治三十年（1897）　　　　三十二歲

1月、刊行《近世文學史論》。

4月、擔任《台灣日報》的主筆、往赴台北。

6月、刊行《諸葛武侯》《淚珠唾珠》。

明治三十一年（1898）　　　　三十三歲

4月、辭退《台灣日報》的職位。

5月、執筆《萬朝報》的社論。

明治三十二年（1899）　　　　三十四歲

9月至11月、旅行中國華北、長江流域。

明治三十三年（1900）　　三十五歲

　4月、辭退《萬朝報》的工作。

　6月、刊行《燕山楚水》。

　7月、再度進入大阪朝日新聞社、執筆論說。

明治三十五年（1902）　　三十七歲

　10月、被大阪朝日新聞社派遣至朝鮮、滿洲、華北、江浙各地遊歷。

明治三十八年（1905）　　四十歲

　6月、受外務省（即外交部）的委託、調查滿洲地區的行政。

明治三十九年（1906）　　四十一歲

　7月、辭去大阪朝日新聞社的職務。

　11月、至朝鮮、滿洲考察。

明治四十年（1907）　　四十二歲

　10月、應聘京都帝國大學文科大學東洋史學講師。

明治四十二年（1909）　　四十四歲

　9月、昇任教授。

明治四十三年（1910）　　四十五歲

　9月、與狩野直喜、富岡謙藏、小川琢治等至中國考察學術。

　10月、獲頒文學博士學位。

明治四十五年（1912）　　四十七歲

　3月、刊行《清朝衰亡論》。

　3月、至瀋陽蒐集資料。在富岡謙藏、羽田亨的協助下、拍攝《五體清文鑑》、抄寫《四庫全書》珍本。

大正三年（1914）　　四十九歲

3月、刊行《支那論》。

大正五年（1916）　　　　　五十一歲

7月、刊行《清朝書畫論》。

大正十二年（1923）　　　　五十八歲

夏、校訂《支那上古史》《支那史學史》。

11月、刊行《寶左盦文》。

大正十三年（1924）　　　　五十九歲

9月、刊行《日本文化史研究》《新支那論》。

大正十五年（1926）　　　　六十一歲

8月、自京都帝國大學退休。

昭和二年（1927）　　　　　六十二歲

7月、獲贈京都帝國大學名譽教授。

昭和三年（1928）　　　　　六十三歲

春、刊行《玉石雜陳》。

4月、刊行《研幾小錄》。

昭和四年（1929）　　　　　六十四歲

8月、刊行《讀史叢錄》。

昭和五年（1930）　　　　　六十五歲

刊行《增訂日本文化史研究》。

昭和九年（1934）　　　　　六十九歲

6月26日去世。

昭和四十五年（1970）

9月、刊行《內藤湖南全集》第一卷（筑摩書房出版）。

昭和五十一年（1976）

7月、刊行《內藤湖南全集》第十四卷。❸

內藤湖南的著述以史學的研究居多，涉及的領域則涵蓋了中國歷史、文化史、繪畫史等範疇。中國史學的研究乃綜括上古以迄清代，特別是清史的論述，即開啓了清史研究的先聲。東洋文化史與日本文化史的著作，則是「內藤獨斷史學」❹的產物。至於中國目錄學與中國繪畫史的撰述則反映出京都特有環境所產生的學問。敦煌學與甲骨金文的研究則是京都學派以清朝考證學爲基礎而揚名於

---

❸ 《內藤湖南全集》凡十四卷，經六年的歲月才發行完了。目次如下：

第一卷：近世文學史論、諸葛武侯、淚珠唾珠。

第二卷：燕山楚水、續淚珠唾珠、台灣日報·萬朝報所載文、高橋健三君傳、追想雜錄。

第三卷：大阪朝日新聞所載論說

第四卷：大阪朝日新聞所載論說（續）、大阪朝日新聞所載雜文、時事論。

第五卷：時事論（續）、清朝衰亡論、支那論、新支那論。

第六卷：雜纂、序文、旅行日記、滿洲寫眞帖。

第七卷：研幾小錄（一名支那學叢錄）、讀史叢錄。

第八卷：東洋文化史研究、清朝史通論。

第九卷：日本文化史研究、先哲の學問。

第十卷：支那上古史、支那中古の文化、支那近世史。

第十一卷：支那史學史。

第十二卷：目睹書譚、支那目錄學。

第十三卷：支那繪畫史。

第十四卷：漢文、漢詩、和歌、書簡、著作目錄、年譜。

第二次刊行則在1996年10月到1997年12月的1年2個月間完了。

❹ 桑原武夫說：內藤湖南以爲歷史學家必需具備劉知幾所謂的「才、學、識」。亦即既要具備博學多聞又要獨具洞鑑，才能成就宏觀的史學研究。（內藤湖南《日本文化史研究》的〈解說〉，收載於《日本文化史研究》（下），頁174，東京：講談社學術文庫，1926年11月）

世界學術界的代表性學問。換句話說內藤湖南的學問是史學，至於其歷史研究，則不只是史料整理排比的「史纂」而已，也不只是文獻參互搜討的「史考」而已；乃是以博學宏觀的識見，終始以世界學術中的東洋學術的地位爲念而鑽研東洋的學術文化。故小川環樹盛贊內藤湖南是「文化史學家」❺，與狩野直喜並爲京都學派的代表，可以說是近代日本支那學的雙璧。一般以爲京都學派的學問只是考證而已，其實京都學派的學問性格，特別是內藤湖南的學問，是在目錄學的基礎上進行通說的博引與精詳的考證，進而以宏觀的識見建立其史學觀。又浸染於京都、即日本古文化之所在的學術環境與江戶中期以來考證風氣的傳承，提出所謂學問與趣味兼容並蓄而渾然融合，才是眞正的學問的治學理念。至於所處理的材料也不限於中國的典籍而已。除了中國傳統經書歷史與文學以外，又潛心研究足以與世界漢學界分庭抗禮的敦煌學，致力於先賢學問的闡揚與足以比美中國的日本傳統學術文化的發掘。有關日本學術文化的研究，內藤湖南則著有《近世文學史論》《日本文化史研究》《先哲の學問》等書。❻

---

❺ 內藤湖南以爲清朝史學家中，最有見識的是章學誠。章學誠不以「史纂」與「史考」爲尚，而以「獨斷」爲尊。（〈章學誠の史學〉，《內藤湖南全集》與第十一卷，頁481）。小川環樹的贊辭見於所著《內藤湖南》（日本の名著41，頁48，東京：中央公論社，1984年9月）。

❻ 《近世文學史論》（朝日新聞社，1949年10月）《日本文化史研究》（講談社學術文庫，1985年11月）《先哲の學問》（筑摩書房，1987年9月）原本都有單行本的刊行，現今皆收載於《內藤湖南全集》中。

二、內藤湖南的日本文化論

內藤湖南於日本文化的主要論點是「文明中心移動論」、「中國文化是日本文化的凝聚要素」、「應仁之亂是日本文化獨立的契機」、「螺旋循環狀的文化影響論」、「富永仲基的『加上說』是東西思想學派成立的通說」等。茲論述於下。

㈠文明中心移動論

文明中心移動的主張見於內藤湖南《近世文學史論》的序論。《近世文學史論》的原名是「關西文運論」，連載於明治二十九年的大阪朝日新聞，敘述德川時代三百年間學術文化發展的大勢。其旨趣在論述德川時代的政治中心雖然轉移至江戶，但是學術文化的發源地則在關西、即京都與大阪一帶。再就學術文化而言，關西的學問不僅能與江戶分庭抗禮，甚且有超越江戶的所在。至於此一學術文化推移的現象，內藤湖南則是根據趙翼的「文化集中說」而提出「文明中心移動」的主張。至於文化是如何形成的，內藤湖南以爲文化的形成是與時代、地域有密接的關連。內藤湖南說：

> 文物者民族之英華、風土之果實也。或應其時而榮，譬猶櫻桃杏李之於盛春，桔梗、胡枝之於初秋。或因其壤而得宜，譬猶椰子、榕樹之蔭交於炎日之下，松杉檜柏之翠見於堆雪之中。

即自然景物乃因循時序而顯其英華，又浸染風土而成長壯碩。自然景物如此，人文的化成亦復如此。如日本德川幕府的各時代都有其

時代文化的特色，即寬文、延寶時代的文化風格是「寬綽」，元祿、寶永時代的是「雄偉」，安永、天明時代的是「簡素」，文化、文政時代的則是「華麗」。❼至於中華文明又如何，內藤湖南用「文物與時代」「文物與風土」分別敘述華夏文化因時代地域的差異而各領風騷的情況。文物與時代的關係，內藤湖南論述說：

> 禮文之備於成周也，禮儀三千、威儀三千，其誦則雅頌、其絃則韶武。辭令之妙於春秋也，雖戰陣之間，整而有暇，以為相尚。雍容閑雅，不曾急言竭論。辯說之盛於戰國也。長短捭闔，合縱連衡，安危人國，存亡人家。記誦訓詁之精於兩漢也，三冬二十萬言，奇字艱辭，衒耀博閎，名物度數，蟲魚草木，曲極詳密。清談詞章之行於六朝也，半吐半吞，含糊微中，以競其玄，綺章繪句，駢四儷六，以爭其巧。有唐之詩，菁華瑰麗已極，馳騁揮霍又有，渾渾浩浩，沈鬱頓挫；光前而啓後。有宋之學，極天人之際，發性理之奧，擺脫碎腔之習，體達精一之旨，排盡雲霧，親睹日月。明清纂輯考據，二酉四庫，汗牛充棟，若祭獺魚。剖析毫釐、鑑別錙銖，與蠹為伍。❽

---

❼ 文化與時代、風土的關係見於《近世文學史論·序論》（《內藤湖南全集》第一卷，頁19）。德川時代各時代的文化特徵的說明則見載於《近世文學史論·自序》（《內藤湖南全集》第一卷，頁13）

❽ 內藤湖南的《近世文學史論》乃以日本式漢文行文的，筆者依其文意譯成古文。以下有關此書的引用文字皆是如此。又此書的日文語譯則有小川環樹的《內藤湖南》（《日本の名著》41，頁125-235，東京：中央公論社，1984年9月）。

即順隨著時代的變遷，其文化形態有所不同。中國的禮儀制度成於周朝而雅頌各得其所在。春秋之際，周文雖然失墜，於攻伐之先，依然行禮如儀。戰國時代遊說盛行，諸侯各以富國強兵爲計，遊士亦以私利爲尙，因此家國安危乃翻弄於縱橫家的三寸脣舌。劉漢接繼秦皇之後，設置博士以挽救秦火之浩劫，漢武尊崇儒術，文獻訓詁之學乃趨於詳細綿密。六朝清談與美文流行，文人以玄妙爲尙，駢儷是競。唐代一掃前代空談玄虛的風氣，以詩歌凝聚之意象與純青之技法，架構美善的詩文世界。宋代則以儒學爲宗尙，探究天人之際，發明性理之奧義。明清則是書籍編纂與文獻考證之時代。換句話說，中國學術文化發展的歷史過程中，各個時代都有其精華。周朝的文化結晶是典章制度，周秦之際是諸子之學，兩漢是經傳訓詁，六朝是玄學駢體，唐代是詩歌，宋代是儒學，明清則是典籍整理。

其次，文物與風土的關係，內藤湖南提出了東西分殊、南北別相的主張。內藤湖南說：

> 以其土則山東出相，山西出將。儒雅之風遺於洙泗，武健之俗存於甘涼。憲章儀文，經緯制作之美者，華夏之所誇。箕子之洪範，周公之禮樂，實集而成之。鉤玄遠思，婉言微辭之妙、吳楚之所具。老莊之論著，屈原之文章，又其拔萃者。洙泗徐淮介於南北之間，而子思孟軻含英咀華，斯備其物，而并盡其性。至淮南諸儒又該齊東之怪詭。南北之際，晉尙玄言，宋尙文章，齊梁之君與其子孫亦皆於詩文見長。二陸張左，阮陶鮑謝，豈非時選耶。而元魏齊周則猶受馬鄭之流

風，以通經績學爲業。徐遵明、劉炫、劉焯之徒實嗣東京而
開隋唐。唐踞秦漢之故地，其盛時之學者專以三禮爲重，漢
書文選次之。凡音義註疏之書，至此時而大成。北宋亦頗雅
尚考古之學。自南人爲國用，乃有誤唐之太宗爲宋之太宗
者，見朝章典故之不講。故至南宋，鄭樵、李燾、王應麟、
馬貴與等雖極其精博，一世之所趨則不在此。濂洛之學牽北
之氣運而南渡，朱陸之義務在精微，以至及朱明而出餘姚直
截一派。……

中國幅員廣大，所表現出來的文化即有東西分殊、南北別相的現象，
即山東文采燦然而相輔文人薈萃；山西性情剛健而將軍武士輩出。
法制儀禮齊整於黃河流域，經傳訓詁的學問亦興盛於北方；至於玄
妙神思的談義則流行於淮揚一帶。換句話說中國歷代的學術文化、
風俗民情由於山川形勢之地域性差別的關係而有東西的不同與南北
的差異。特別是南北乖隔的因素所造成的不同就更爲顯著，而且此
一文化現象的影響至爲深遠。如北朝以經書研究爲主，南朝則以詩
文酬唱爲尚。北宋猶尚故實；南宋則以精思爲上。至於朱陸陽明的
學問雖繼承北宋的儒學，而體思精微，以心性本體的窮究爲極致。

分別敘述文物與時代、文物與風土的關係之後，內藤湖南綜論
由於時代與風土的結合而形成人文化成文化薈萃的中心的現象。內
藤湖南說：

夫以時經之，以地緯之，錯綜而變化之，文化之史於斯燦然
爲其美。觀錦繡之成文，繁簡相代。此有絢爛之處，彼有散
漫之處。人之視線必集中於絢爛之處，而嫌其成段成匹，繁

　　簡相代。從頭徹尾，上下一樣，則亦一縱一橫，以出其變化
　　之奇。觀橫卷山水之作，必有處處湊合之位置，以使全幅氣
　　脈斷續相屬，若藕折數節而絲則相牽。而其湊合之處，或重
　　嶂、或孤峰、或懸泉、或幽壑、或樓閣、危巖、林樾、密篁，
　　隨宜點綴，以避重複。於是有文化湊合中心之說。

以時代地域爲經緯而交錯成文化，譬諸山水繪畫，山泉林壑、高臺
孤舟雖錯落其間，而脈絡相聯，縱橫交織，以成錦繡。❾至於文化
中心的所在，又因爲各個時代的政治、經濟等因素而有移動的現象。
內藤湖南說：

　　嘗述「地勢臆說」，因趙翼長安地氣說，頗發此義。秦中自
　　古當帝王州，周秦西漢，南北之際，割據之大國皆踞而爲都。
　　至唐開元天寶、長安之盛極矣。盛極必衰，是時地氣將自西
　　趨於東北。安史亂後，河朔三鎮不受唐之節度，及其末，長
　　安夷爲郡縣，而契丹已起於遼。洛陽汴梁，爲氣之趨東北者
　　迤邐潛引，二百年後，東北之氣積而益固，至元明遂有天下
　　之全。趙翼之論，大旨在此。因說長安之前有洛。蓋武力之
　　強在冀州，當唐虞夏商南面而制天下，食貨之利在豫州，人
　　文乃蘊釀於此間，而洛處二州文物湊合之處也。又說長安地
　　氣，代洛陽而興雍州人力，而其索也。燕京之當帝王都者，

---

❾　高橋健三出身名門，內藤湖南或受其的薰染，於進入大阪朝日新聞社之
　　後，即留意於書畫。著有《支那繪畫史》（收載於《內藤湖南全集》第十
　　三卷，1973年12月）。

出於人作，人文薈萃集中之所在揚州。以匡趙翼之謬。既草
「日本之天職與學者」也、云：

……三代兩漢與唐宋明清，文化雖似一斷而再盛三興，河洛
之開化非關中之文化，江北之休治非江南之人文，代代相推
移，未必復興也。……河洛之澤竭而關內之化盛，北方之文
物枯而南方之人文榮，亦以時而有所命也。文明之中心，斷
與時移動，更其移動也。後之中心必有因前之中心而有所損
益，前者之特色或就消耗，所以爲後者特色新展開之地，而
各宜其時，以鋪張人道文明維持萬世之意。蓋殷因夏禮，周
因殷禮，而忠也質也文也，所尚不同。漢之治雜霸道，非專
取工政，故周之禮文，秦之法律并採斟酌。唐合一南北，詩
賦經藝兩存而爲取士之方。志氏族者，傳尚六朝門地之風。
定均田者，紹三代井田之遺。……此則文化湊合中心説之大
概也。

將少察慶元以來三百年間斯邦文物變移，而欲明其前後遞爲
中心之關東關西兩地，與其氣運而爲力之所以，乃有感其時
之所應，土之所宜，通而徵之四海不謬。故先發凡設例以啓
其端如此。

趙翼於所著《二十二史箚記》中提出「長安地氣説」，主張中
國歷代帝王大抵定都於長安，至唐天寶以後，長安地氣極盛而衰，
自始轉移至洛陽、汴梁、北京。但是內藤湖南以爲長安以前，洛陽
匯聚冀州的軍事力與豫州的經濟財富而爲三代政治文化的中心所
在。再者燕京雖爲明清以後發布政權的所在地，但是文化的中心則

在江南一帶。如日本江戶時代以來，江戶（今東京）雖為幕府發號政令的行政中心的所在，但是江戶是人為營造的新興都城，所謂江戶文化是日本近代的文化的典型；日本傳統學術文化所在則是在京都為中心的關西。換句話說以東京為中心的關東江戶只是近代日本的政治舞台與反映新思潮的所在，至於京阪一帶則是人文薈萃的所在，其所呈現的文化，所保存的文物，都是日本傳統的結晶。至於文化類型的形成是前後因襲相承的，如殷承夏禮，周因商禮而形成儒家所尊崇的禮文。但是政治文化湊合的中心所在一旦衰微以後，再度復起的可能性就微乎其微了。

要而言之，內藤湖南以為文化因時而異，因地而適宜，即文化的形成乃以時地為經緯，而文化的中心所在又順隨著時代的推移而有所轉移。如中國三代以迄魏晉的文化移動方向是東西方向，南北朝以後則南北方向。再者文化中心一旦轉移，昔日的風光就難再重現。長安的文物鼎盛於唐代，長安文化即代表了唐代的文化，又處於東西文明交會的所在，故唐代的長安文化即是中國文明足以誇耀世界的象徵。但是今日的西安只是偏處西陲的一省都城，也無國際交流的要衝形勝之地位，昔日帝王紫氣象會聚的錦繡文化既已不在，所謂長安也只是秦皇漢唐陵墓所在的歷史名詞而已。

㈡中國文化是日本文化的凝聚要素

關於文化的形成與意義，內藤湖南說：「文化是以國民全體的知識、道德、趣味為基礎而構成的。知識、道德、趣味等文化的基礎要素，到底有多少依然存在於現今的日本。至於政治、經濟等反

映人生需求而產生的諸事象，是否完全符應民眾的願望。再者知識、道德、趣味等文化基礎是否也順應民眾的要求。都是探究文化時所必需考慮的問題。」❿換句話說「文化」是抽象性概念性的存在，其基礎性具體化的要素則是「知識、道德、趣味」。然而眞正能稱爲「文化」的，並非只是反映過去某一個時代的特色或拘限於某些階層的人士；而是在當代的一般大眾有多少程度的理解與表現。亦即「文化」是「知識、道德、趣味」的綜合，既有繼承古往的接續性，又有是否符合當代民眾的需求與國民全體如何體現的時代性與普遍性。至於當代日本人如何理解其自身的文化。內藤湖南說：

> 任何國家的國民都有自己國家具有優越性而值得誇耀的所在。在自我誇示的意識驅使下，始終認爲自身的文化是自發性的。但是除了埃及、印度、中國等少數文明古國以外，自身文化是自發性的想法是錯謬。……有關日本文化起源的問題探究時，也存在著這一種臆想。包含國史學研究者在內，多數的日本人在解釋日本文化的問題上，終始有日本最初即有文化存在，其後在文化的演進過程中，採擇並同化外來文化，而形成今日文化形態的傾向。此一錯謬的想法自古即存在著，尤其在國民性自覺產生的同時，自身文化優越性的傾向就更爲明顯。……歷來日本學者在解釋日本文化由來的問題時，其解釋方式是如此地：（日本文化）就像樹木的種子一樣，原本即存在著，其後再藉著中國文化的養分栽培成蔭

---

❿　見〈日本文化とは何ぞや（その一）〉（收載於《日本文化史研究》（上），頁15，東京：講談社學術文庫76，1987年3月）。

　　　　的。我認爲（日本文化的形成）就像製造豆腐一樣，日本雖然
　　　　擁有做成豆腐的素材一豆漿，却沒有使之凝聚成豆腐的題材
　　　　的力量，中國文化就像使豆漿凝聚成豆腐的「鹹鹽」。再舉
　　　　一個例子來說：兒童雖然擁有形成知識的能力，但是必須要
　　　　經過長者的教導，才能具有眞正的知識。日本分的形成也是
　　　　這樣的。❶

世界上任何一國的國民都抱持著自身文化古老悠久或先進優越性的
想法。日本自然也不例外。早在江戶時代，新井白石（1656-1725）、
賀茂眞淵（1696-1769）、本居宣長（1729-1801）等人就提出日本
歷史悠久文化先進的見解。❷明治時代以來，隨著政治安定經濟發
展而國力強大的情勢影響，大日本主義的思潮高漲，所謂日本文化
「自發性」的論調成爲當時學術界的共識。民間大眾也認同於日本
文化悠久優越性的主張。但是內藤湖南則以爲除了世界文明發源的
少數幾個國家以外，所謂文化自發的情形是不可能存在的。日本並
非沒有形成文化的素質，或可稱之爲「文化雛型」，但是日本文化
的雛型也只不過是渾沌狀態而已，在經過中國文化的點化刺激，進
行分解結合以後，才凝聚成粗具形式的日本文化。換句話說內藤湖
南以爲日本文化的形成是外發性的。如果說日本的文化雛型是豆
漿，則中國文化就是「鹹鹽」，而日本式東洋文化形態就是豆腐。
亦即由於受到一如點化劑存在的中國文化的催化，像豆漿似渾沌狀

---

❶　同上，頁16-22。

❷　見於〈日本國民の文化的素質〉（收載於《日本文化史研究》（下），頁
　　101-103，東京：講談社學術文庫76，1987年3月）。

態的日本文化雛型才凝聚成豆腐般的日本式的東洋文化。

　　要而言之，內藤湖南以爲日本文化的形成是外發性的，而其主要的助力是中國文化。在日本文化演進發展的過程中，始終與中國文化密接的關連，這是學術界的通說。但是就歷史文物的保存與符應本土需求的觀點而言，內藤湖南以爲「應仁之亂」❸是日本獨特文化創生的重要關鍵。

㈢應仁之亂是日本文化獨立的契機

　　日本學術文化的發展頗受中國的影響。自聖德太子以後至平安朝是接受漢唐注疏之學與唐代的文化。德川時代的二百五、六十年則是宋明理學、宋代文化與清朝考證學。就學術文化的性質形態而言，前者是貴族文化、宮廷文學；後者則是庶民文化，而學術也由朝廷普及至民間。此一學術文化轉型的契機則是應仁之亂。內藤湖南甚且認爲應仁之亂是日本獨特文化運應而生的重要關鍵，換句話說日本脫離中國模式而創造自身學術文化的轉捩點是應仁之亂。內藤湖南從以下幾個事例，做詳細地論述。

甲、日本文化獨立的歷史背景

　　藤原時代到鎌倉時代的四五百年間❹，日本的社會形態起了巨

---

❸　所謂「應仁之亂」（1467-1477）是室町時代末期以京都爲中心而發生的大亂。將近十年的戰亂，使京都幾乎形成墟廢，幕府失墜、莊園制度崩壞。地方武士的勢力強大，因而加速了戰國大名領國制度的發展。又由於公家（即公卿大夫）避難到地方，造成文化普及至地方的一個因素。

❹　藤原時代是指平安後期遣唐使廢止（894）以後的三百多年間。政治上是攝關、院政、平氏掌政的時期。學術文化上「唐風」（即中國色彩）逐漸

大的變化，即武士的勢力急劇擴張，逐漸形成「下剋上」的局勢。
政治社會的情勢如此，思想文化也產生由下往上，即由武士庶民的
文化影響到皇族公家的現象，造成日本思想文化革新的機運。內藤
湖南以爲後宇多天皇（1267－1324）到南北朝（1336－1392）的一
百年間，是日本文化獨立成型的重要關鍵。至於獨立文化之所以產
生，內藤湖南以爲有內在和外在的因素。後宇多天皇以後的南朝系
的天皇頗多抱持著改革的思想，因而孕育了革新的機運，是日本文
化之所以能獨立的內在因素。而蒙古軍隊攻打日本九州北部、即所
謂「文永、弘安之役」是日本文化獨立的外在的因素。內藤湖南說：

> 鎌倉時代以來，「下剋上」的思潮橫流，不但社會形態產生
> 劇變，一向以中華文化爲依歸的日本文化也蘊釀著獨立革新
> 的氣息。此文化獨立自主的覺醒，在後宇多天皇與後醍醐天
> 皇父子的時代特別顯著。後宇多天皇精通密教的教義，並主
> 張探究密教的根本，即研究弘法大師以來師弟相傳的戒律。
> 換句話說後宇多天皇以「復古」爲宗旨，究明正統密教的教
> 義，藉以改革當時的宗教思想。後宇多天皇的「復古」改革
> 論，成爲文化、社會、政治各方面革新的動力。其子後醍醐
> 天皇也熱心於學問的研究，於在位時，引進中國宋代的學
> 問。❶

淡薄，宗教上則是淨土宗盛行。鎌倉時代（1885-1333）的文化特色是武士
階級吸收公家文化，進而創造出反映時代性的新文化。影響所及，皇族公
卿也產生思想改革的自覺。
❶ 對於日本引進宋學的時代背景，內藤湖南論述說：後醍醐天皇繼承其父後

日本朝廷素來以漢唐注疏爲宗旨，由於宋學的影響，在後醍醐天皇的時代對於經書的理解有了新的詮釋。至於佛教的解釋也不墨守所謂傳統佛教的眞言或天台的教理；而以鎌倉時代興起的禪宗爲歸宗。換句話說由於後醍醐天皇提倡宋學和禪宗，當時學術界乃呈現出新思想、新解釋的學問思潮。這是日本學術文化革新而趨向獨立的內在的因素。至於外在的因素則是「文永、弘安之役」。內藤湖南論述說：

> 蒙古來襲的防禦是日本開國以來的大事件，因此舉國上下無不祈求神佛以免除國難。結果神靈顯驗，九州北部地區颶風突起，蒙古船隻沈沒殆盡而敗退。中華文化是日本的根源，中國仍不免爲蒙古所滅亡，而日本却得到神佛之助而免於蒙古的迫害。由於此一戰役，日本產生「日本爲神靈之國」而且是世界最爲尊貴的國家的思想。也助長日本文化獨立的趨勢。……雖然經過足利時代是日本文化發展的暗黑時期，文物毀於戰火，古老的文化也蕩然無存。雖然如此，龜山後宇

宇多天皇革新的觀念，所謂思想獨立與創造獨立文化的理想旣已根植於心。因此在學問研究方面，以爲漢唐注疏之學僅止於字句訓詁而不能發揮經典的義理。宋代理學恰好可以體現其學術宗旨，因而以宋學作爲經典詮釋的根據。（〈日本文化の獨立〉，《日本文化史研究》（下），頁31，東京：講談社學術文庫76，1987年3月）。內藤湖南以爲後醍醐天皇引進宋學是日本學術文化革新機運的證據。至於宋代理學固然可以體現其學問革新的理念，但是就日本學術思想發展的歷史來說，宋學是後醍醐天皇用以實現其新的學術研究的工具。就內藤湖南的文化形成論而言，宋學是日本學術文化獨立革新機運的動力（即「ニガリ」）。

多天皇到南北朝之間所產生的「日本爲神靈之國」的新思想
與日本文化革新獨立的理想，即以日本爲中心的思想依然存
在著，終於在德川時代構築了日本獨立文化的原型。此一新
思想與文化獨立的理想之所以能維繫不墜，主要是因爲應仁
之亂時公卿學者於文物保存與流傳的苦心經營。❻

乙、覃精竭慮於文物的保存與文化的傳播

應仁之亂是日本歷史的重要關鍵。由於以下犯上的政治情勢的
影響，無論是思想的發展、知識的傳播、趣味主義的形成都有由公
卿貴族階層擴展到一般民眾的傾向。再者，應仁之亂雖然是日本歷
史上的黑暗時代；當時的貴族士人却竭盡所能地保存古來相傳的文
物、傳播可能失傳的文化與技藝，因此應仁之亂也是日本獨特文化
形成的時代。內藤湖南從以下幾個觀點說明應仁之亂的重要性。

子、保存文物

目錄學不但是圖書分類、書目品評的學問，也是擁有優良文化
的證據。《本朝書籍目錄》是足利時代所編纂的圖書目錄，從編目
看來，有中國傳來的，也有日本固有的書籍，雖然未必能顯現出日
本絕無僅有的獨特性，却足以證明在混亂時代中，日本人極盡可能
地保存古來相傳的文化。❼如一條兼良爲避免所藏的書籍遭到戰火

---

❻ 〈日本文化の獨立〉（《日本文化史研究》（下），頁27-31，東京：講談
社學術文庫76，1987年3月）。
❼ 〈日本國民の文化的素質〉（《日本文化史研究》（下），頁96-97，東京：
講談社學術文庫76，1987年3月）。

的焚燬，將充棟的書籍藏之於書庫。豐原統秋爲了家傳的笙譜能傳
諸後世而撰述《體源抄》一書。可見於擾攘之際，盡力保存古代文
化之一端，是當時公卿士族共通的理念。在保存中華文物上，中國
人也未必如此費心，就此意義而言，日本人竭盡心血以保存古來相
傳的文化，因而得以傳之後世的文化就說是日本的文化。**⑱**

丑、權威性的建立

知識技藝的傳授，固然是應仁亂後，公卿貴族用以糊口的手段，
却由於時代思潮的影響，形成日本獨特的文化。如神道的傳授，從
奈良時代到平安時代的神代記事，並沒有哲學性的思考。到了鎌倉
時代末期到足利時代之間所形成的神道，則用佛教的教義解釋《日
本書紀》神代卷的記述，神道因而具備了哲學性的意義。如吉田家
的神道即是。又由於吉田神道具有形上架構，吉田神道乃建立其權
威性。即非得到吉田家的傳授就不是正統的神道。其他的技藝傳授、
如和歌亦然。換句話說由於尊敬專門性、正統性與權威性而形成所
謂「某家」「某道」、即「文化的權威」的觀念，是在應仁之亂前
後的黑暗時代。**⑲**

寅、萬世一系的國體論

南北朝時，北畠親房撰述《神皇正統》，主張日本是神靈之國，
而且皇室是萬世一系的，這是日本殊異於中國與印度的特有國體。

---

⑱ 〈應仁の亂について〉（《日本文化史研究》（下），同上，頁73-74。
⑲ 〈日本國民の文化的素質〉（同上，頁98-100）。

應仁之亂前後，一條兼良繼承此一思想，撰述《日本紀纂疏》，指出《日本書紀・神代卷》一如四書五經在中國儒家傳承中的地位，是萬世不變的經典。此一主張於動亂日本的國民思想統一上，產生極大的作用。❷⁰

　　卯、質樸率直的國民性格

　　在應仁之亂前後，《源氏物語》不但被視爲理解一般人情的藝術經典，也是洞鑑世態而爲經世濟國的規範。戰國末期的和歌詩人細川幽齋以爲《源氏物語》不但是和歌的典範，也是世間最值得寄託的經典。雖然《源氏物語》是敘述男女關係的小說，却於字裏行間透露出人類純眞而不虛僞的感情。……《源氏物語》所表現出來的質樸率直的個性正是日本國民的性格。……中國所嚴守的是道德的規範，而日本則率直地表達了「思無邪」的質樸情感，這是日本文化的特質。❷¹

　　珍視古典、尊重權威、獨特國體的主張、國民性正直不僞的提出等足以創發日本獨立文化的因素，都是應仁之亂前後，即所謂日本歷史上黑暗時代的產物。所以內藤湖南以爲應仁之亂是日本文化脫離中華文化而創造出獨自文化的重要關鍵。

---

❷⁰　〈應仁の亂について〉（同上，頁79），〈日本國民の文化的素質」（同上，頁103）。
❷¹　〈應仁の亂について〉（同上，頁81），〈日本國民の文化的素質〉（同上，頁102）。

丙、教育普及的過程

由於中華文化的輸入，日本的文化與教育才得以發達。從中國文字的輸入到德川幕府末期，日本教育的演進可分爲三個時代、四個階段。❷所謂三個時代是以貴族公卿教育爲主的時代、以武士教育爲主的時代和教育普及於庶民的時代。公卿教育的時代包含以中華文化爲主，國語只作爲翻譯的工具而已的階段和以國語爲主而漢字爲輔的階段。武士教育的時代則是國語教科書雖不免拘限於中國文學的形式，却完全脫離漢語辭典的藩籬的階段。庶民教育時代則是完全脫離中國文學的形式，國語成爲必要知識的階段。內藤湖南列舉幾部辭典和國語教科書說明日本教育演進的過程。

子、《新撰字鏡》

此書是日本人編集的第一本辭典，是爲了正確地用國語翻譯中國書籍而編集的辭典。爲宇多天皇寬平（889-896）昌住和尙所編纂的。到了醍醐天皇昌泰（898-900）年間，隨著國語國文重要性的覺醒，才大行於世。

丑、《倭名類聚抄》

此書成於朱雀天皇承平二年（931），爲源順所編纂的。主要是用漢字來翻譯國語所表現的知識。這是殊異於《新撰字鏡》的所在，乃是順應當時上流貴族學術趨勢的產物，即醍醐天皇時《古今集》

---

❷ 〈日本文化の獨立と普通教育〉（同上，頁108-109）。

刊行，紀貫之等人以國語撰寫文章，辭典編纂的目的也產生了以國語爲主體的變化。雖然如此，漢籍的出典仍然大量被引用，換句話說國語譯語的漢字的正確性依然建立在漢籍的典故上。

寅、《色葉字類抄》《類聚名義抄》

《色葉字類抄》完成於天養（1144）到長寬（1164）的二十年間。《類聚名義抄》據云爲菅原是善（812-880）所纂修的，今日所流傳的是鎌倉時代仁治（1240-1243）年間的寫本。二書都是編纂以漢字表達國語的漢語詞彙。從內容看來，漢字只是權宜上的借用，即使沒有典故的漢語也被蒐集了。換句話說辭典的編集從學術化轉變爲通俗化了。二書流行於世的時期乃在貴族公卿沒落的院政時代（1086-1333）與武家時代初期。辭典編集之通俗化的旨趣恰好與時代思潮的轉變相吻合。

以上是就辭典編纂旨趣由漢字本位轉變爲國語本位的趨勢說明日本教育演進的過程。至於詞彙蒐集的內容，雖然有由學術化漸趨於通俗化的情形，到底還是貴族公卿爲對象的。要考察教育對象是由貴族而武士、由武士而庶民的轉變過程，則需要對《往來》、即國語教科書進行探討。

卯、《庭訓往來》

所謂「往來」是公卿貴族應酬往復的書翰。院政時代明衡的《雲州往來》是公卿貴族應酬文書的範本，蒐集的文章大抵皆有典故出處，特別是有中國古典的依據。換句話說《雲州往來》是專爲上流社會而編纂的，故其編集的旨趣即有典雅不俗的傾向。但是《庭訓

往來》的對象則是以武士階層爲主。而且《庭訓往來》的體裁還有極大的變化。即《庭訓往來》不僅是武士之間往來文書的範本，還蒐集武士所必備的知識。就編集體例而言，《庭訓往來》兼具應用文書與教科書的功能。就內容性質而言，《庭訓往來》是順應武士階級、即中流社會的需求而編纂的，收集的文書未必一一皆有典故的依據。故其取材的基準是以通俗爲主；而非以典雅爲主的。因此，就編集旨趣而言，《庭訓往來》一書是日本教育脫離中國書籍而獨立的代表性教科書。

午、《尺素往來》

足利時代貴族的勢力零落，中國輸入的經典珍本焚燬於應仁的戰火而亡佚殆盡。因此一條禪閣兼良編纂《尺素往來》時，即不能像前代一樣，依賴中國經典而編集武士教育的教科書；只能根據當時殘留的書籍，編集武士養成教育所需要的圖書。却也因此，一條禪閣兼良的《尺素往來》恰好反映了當時日本教育的現狀與急務，保存了日本當時的文化，而此文化或可稱之爲日本獨立的文化。

未、《商賣往來》

足利時代的教育對象是武士爲主，到了德川時代則有以庶民爲主的教育出現。其代表的書籍是《商賣往來》。《商賣往來》雖以「往來」爲名，內容則非往復文書；而是首尾一貫的單篇文章。前後只有一千多字而已，簡明扼要地敘述商人所必備的知識、道德、趣味等。此書的刊行，乃是日本教育完全普及的象徵。就日本教育發展的歷史而言，以國語爲主教育始於《庭訓往來》，而完成於《商

賣往來》。

從《新撰字鏡》到《商賣往來》的發展，可以看出日本一千三、四百年間的教育史，即由接受中國文化到發展自身文化，以仰賴中華文化的教育到以自身獨立的文化爲教育，由以貴族爲主的教育而普及到庶民階層的教育的軌迹。換句話說，通過日本歷代所使用的教科書的探討，也可以理解日本教育有由仰賴中華文化到以自身獨立文化爲教育基準的轉型，而此一轉變的關鍵時代則是應仁之亂。

㈣螺旋循環狀的文化影響論

內藤湖南以爲歷史的演進與文化形態的形成既不是直線式的，也不是圓環式的，而是螺旋狀循環式的。❷所謂「螺旋狀循環」是說歷史發展與文化互動是歷史文化的發源中心向外緣周邊地區伸展的正向運動與外緣周邊地區向發源中心復歸的逆向運動的反復循環現象。就中國歷史的發展而言，三代到西晉是中國文化向外擴張的時代；五胡十六國到唐代中葉，則是周邊各民族逐漸強大，其勢力漸次地威脅到中原。到了唐末五代，外族的勢力則到達頂點。宋元明清以迄現代也是中心向周邊與周邊向中心的反復循環。至於引發正向或逆向運動的動力，內藤湖南以爲有藉武力以擴張勢力範圍與純粹的文化影響兩種。就勢力擴張而言，中國三代的文化是以黃河流域爲中心的，其後擴張至長江流域，長江流域乃形成新的勢力。秦末群雄興於江漢，劉邦平楚滅秦辭建立大漢帝國。劉漢勢力西移，

---

❷ 〈學變臆說〉（《內藤湖南全集》第一卷，頁351-355，筑摩書房，1970年9月）。

終誘發西陲遊牧民族的覺醒，形成強大的勢力，不時侵略漢邦土地，而建立匈奴王國。中國早於元代初年，即有擴張勢力至日本之舉，日本國力足以影響中國的時間則甚晚，大抵始於晚明，所謂倭寇騷擾東南沿海，其後，於清季之際引發中日甲午戰爭，二次世界大戰則又舉兵侵華。

再就文化的移動與影響而言，中國的文化創始於黃河流域，其後文化的中心則逐漸轉移至長江中、下游，甚至廣東一帶也人材輩出，獨領風騷於當世。日本始終受到中華文化的影響，直到明治維新，全盤西化而富強。中國的留學生乃湧入日本，探索日本致富圖強的原因，汲取日本化的西洋新知，進而在中國各地傳播東瀛文化。換句話說東洋歷史的發展與文化形態的形成是螺旋狀循環式的。東洋文化的中心原本是在中國的，中國周邊的民族普遍都受到中華文化的影響。雖然如此，一味吸收中華文化的周邊民族終究產生文化自覺，即創造自身獨立的文化，而後周邊民族的文化也匯入了中國。因此，內藤湖南說：東洋文化的中心在中國，在黃河沿岸發芽的文化，首先延伸至西方，再到南方，其後由東北而蔓延至日本。由於中華文化的刺激，中國周邊各民族終於產生文化覺醒，其後周邊民族形成了新興的文化，又逆流回到中國。此正向運動與逆向運動的反復循環，即是東洋文化形成的歷史軌迹。❷❹

㈤富永仲基的「加上說」是東西思想學派成立的通說

日本人並不擅長於邏輯式研究法的架構，富永仲基（1715-1746）

---

❷❹ 〈日本文化とは何ぞや（その二）〉（《日本文化史研究》（上），頁25-32，東京：講談社學術文庫76，1987年3月）。

却是少數中的一位。富永仲基著有《出定後語》一書，論述佛教史學。其中最有名的「加上說」。此書刊行於延享二年（1745），雖然是用漢文書寫的；却極難理解。由於內藤湖南平易暢達的解說之後，富永仲基的「加上說」乃得以大白於世。內藤湖南於「大阪の町人學者富永仲基」❷❺指出：富永仲基之所以受到吾人敬服的不是其研究結果；而是其所謂「加上說」的研究方法。《出定後語》的第一章是「教起前後」，旨在論述原始佛教的起源與發展。富永仲基以爲佛教是外道，乃從婆羅門教產生的。婆羅門教是以超越人間苦界而轉世昇天爲教義的宗教。天原本是唯一的，但是後起的宗派爲了超越原有的宗派，乃於舊有的天之上，加上一個天，如此天上有天，婆羅門教即有二十八個天。富永仲基稱此現象爲「加上」。超越婆羅門教的加上天，而提倡思想改革的是釋迦牟尼。釋迦牟尼不拘泥生死，主張超越生死以達到自由的境地。所謂原始佛教、即小乘佛教是以阿含經爲經典的。其後以般若經爲經典的宗派出現而自稱大乘以卑視小乘。其後以法華經爲宗尙的法華宗、提唱華嚴經的華嚴宗、以楞伽經爲經典的禪宗等佛教的宗派先後出現，而且自稱自身的宗派教義爲最高至上。這也是佛教宗派以「加上」的形式而發展的軌迹。換句話說由單純素樸而複雜高遠，乃是思想發展的原則，即思想進化論。富永仲基則以此思想進化論反觀思想學派成

---

❷❺　〈大阪の町人學者富永仲基〉（收錄於《先哲の學問》，此書是內藤湖南的演講集，收載於《內藤湖南全集》第九卷（1969年4月，筑摩書房）。其後筑摩書房又於1987年9月修訂出版單行本。《近世文學史論》是內藤湖南通論江戶時代學術思想發展史的著作，《先哲の學問》則是專論江戶時代具有獨特見解之學者的學問。

立的歷史演進。即素樸的學術思想是原有存在的；高遠的思想則是晚出的。內藤湖南乃應用富永仲基的「加上說」，客觀地把握學術思想發展的順序，架構中國古代思想的歷史。

內藤湖南以爲中國人有尚古的傾向，時代越古老就越優異。就諸子學派的形成而言，其所宗尚的始祖越古遠，則其產生的時代就越晚。孔子以周公爲聖賢，墨家以夏禹爲聖王，孟子祖述堯舜，道家尊崇黃帝，農家以神農爲始祖。就中國的歷史而言，是神農→黃帝→堯→舜→禹→殷→周。就所尚越古則其說越晚的「加上說」而言，則中國思想學派的興起順序是孔子→墨家→孟子→道家→農家。因此內藤湖南說中國的學問興起於孔子，孔子所尊敬的是周公，即孔子以周公爲儒家學術道統的聖賢。墨家晚出於儒家，爲了表示自身的學說優於儒家，乃以早周公的夏禹爲學派的始祖。其後孟子攻擊墨學爲異端，以禹傳位於子啓，不若堯舜禪讓傳賢之德，因而主張儒家的起源並非始於周公，乃可上溯至堯舜。道家晚出於孟子，爲超越孟子所尊崇的堯舜，乃稱自身的學術淵源黃帝。至於孔子師於老子的主張也是後出道家之徒的加上之說。至於以神農爲始祖的農家，則又更爲晚出了。**㉖**

㉖ 內藤湖南的中國學術思想的加上說見於〈大阪の町人學者富永仲基〉（《先哲の學問》、筑摩叢書316，頁83-84，筑摩書房，1987年9月）顧頡剛《古史辨》自序的「加上」原則頗類似於內藤湖南的論述。或受到內藤湖南的影響，或爲學術研究上的偶合。

三、結　語

　　何謂「文化」，內藤湖南說：文化是以國民全體的知識、道德、趣味爲基礎而構成的。然而眞正的文化，並非只是反映過去某一個時代的特色或拘限於某些階層的人士；而是在當代的一般大眾有多少程度的理解與表現。換句話說「文化」是「知識、道德、趣味」的綜合，既有繼承古往的接續性，又有是否符合當代民眾的需求與國民全體如何體現的時代性與普遍性。而文化又如何形成的，內藤湖南提出了「以時地爲經緯」與「文化中心移動」的說法。內藤湖南說：自然景物乃因循時序而顯其英華，又依順風土而得其所在。自然景物如此，人文的化成亦然。就以中國的學術文化來說：不但各個時代都有其精華，如周朝的文化結晶是典章制度，周秦之際是諸子之學，兩漢是經傳訓詁，六朝是玄學駢體，唐代是詩歌，宋代是儒學，明清則是典籍整理。而且也由於山川形勢之地域性關係而有東西的不同與南北的差異。特別是南北乖隔的因素所造成的不同就更爲顯著，而且此一文化現象的影響至爲深遠。如北朝以經書研究爲主，南朝則以詩文酬唱爲尚。換句話說由於時代與風土的結合而形成人文成文化薈萃的中心。然而文化的中心又因爲各個時代的政治、經濟等因素而有移動的現象。即洛陽匯聚冀州的軍事力與豫州的經濟財富而爲三代政治文化的中心所在。秦始皇統一中國以來，歷代帝王大抵定都於長安，至唐天寶以後，長安地氣極盛而衰，又始轉移至洛陽、汴梁、北京。再者燕京雖爲明清以後發布政權的所在地，但是文化的中心則在江南一帶。至於日本的文化中心亦有

所轉移，江戶時代以來，江戶（今東京）雖爲幕府發號政令的行政中心的所在，但是江戶是人爲營造的新興都城，所謂江戶文化是日本近代的文化的典型；日本傳統學術文化所在則是在京都爲中心的關西。換句話說以東京爲中心的關東江戶只是近代日本的政治舞台與反映新思潮的所在，至於京阪一帶則是人文薈萃的所在，其所呈現的文化，所保存的文物，都是日本傳統的結晶。要而言之，文化因時而異，因地而適宜，即文化的形成乃以時地爲經緯，而文化集中的所在又順隨時代的推移而有所轉移。

日本文化是如何形成的，內藤湖南以爲日本文化的形成是外發性的。如果說日本的文化雛型是豆漿，則中國文化就是「鹹鹽」，而日本式東洋文化就是豆腐。亦即由於受到一如點化劑存在的中國文化的催化，像豆漿似渾沌狀態的日本文化雛型才凝聚成豆腐般的日本式的東洋文化。換句話說日本文化的形成是外發性的，而其主要的助力是中國文化。在日本文化演進發展的過程中，始終與中國文化密接的關連，這是學術界的通說。但是就歷史文物的保存與符應本土需求的觀點而言，內藤湖南以爲「應仁之亂」是日本獨特文化創生的重要關鍵。至於日本獨立文化之所以產生，內藤湖南以爲有內在和外在的因素。後宇多天皇以後的南朝系的天皇頗多抱持著改革的思想，因而孕育了革新的機運，是日本文化之所以能獨立的內在因素。而蒙古軍隊攻打日本九州北部、即所謂「文永、弘安之役」是日本文化獨立的外在的因素。蒙古來襲的防禦是日本開國以來的大事件，因此舉國上下無不祈求神佛以免除國難。結果神靈顯驗，九州北部地區颶風突起，蒙古船隻沈沒殆盡而敗退。中華文化是日本的根源，中國仍不免爲蒙古所滅亡，而日本却得到神佛之助

而免於蒙古的迫害。由於此一戰役，日本產生「日本為神靈之國」
而且是世界最為尊貴的國家的思想。也助長日本文化獨立的趨勢。

「應仁之亂」何以是日本獨特文化創生的重要關鍵，內藤湖南
從文物保存的苦心、文化權威的觀念與萬世一系之國體論的形成等
歷史事例，來說明「應仁之亂」的歷史性意義。即在應仁之亂的前
後，由於以下犯上的政治情勢的影響，無論是思想的發展、知識的
傳播、趣味主義的形成都有由公卿貴族階層擴展到一般民眾的傾
向。再者，應仁之亂雖然是日本歷史上的黑暗時代；當時的貴族士
人却竭盡所能地保存古來相傳的文物、傳播可能失傳的文化技藝，
因此應仁之亂也是日本獨特文化形成的時代。換句話說雖然經過足
利時代是日本文化發展的暗黑時期，文物毀於戰火，古老的文化也
蕩然無存。雖然如此，龜山後宇多天皇到南北朝之間所產生的「日
本為神靈之國」的新思想與日本文化革新獨立的理想，即以日本為
中心的思想依然存在著，終於在德川時代構築了日本獨立文化的原
型。此一新思想與文化獨立的理想之所以能維繫不墜，主要是因為
應仁之亂時公卿學者於文物保存與流傳的苦心經營。

日本文化是如何獨立的，內藤湖南又從教育普及的歷史發展，
說明日本文化獨立的過程。即從所謂國語教科書的《新撰字鏡》到
一般庶民教育範本的《商賣往來》的發展，可以看出日本一千三、
四百年間的教育史，即由接受中國文化到發展自身文化，以仰賴中
華文化的教育到以自身獨立的文化為教育，由以貴族為主的教育而
普及到庶民階層的教育的軌迹。換句話說，通過日本歷代所使用的
教科書的探討，也可以理解日本教育有由仰賴中華文化到以自身獨
立文化為教育基準的轉型，而此一轉變的關鍵時代則是應仁之亂。

　　就東洋文化形態的歷史發展而言，內藤湖南提出了「螺旋循環狀」的文化影響論。內藤湖南以為歷史的演進與文化形態的形成既不是直線式的，也不是圓環式的，而是螺旋狀循環式的。就中國歷史的發展而言，三代到西晉是中國文化向外擴張的時代；五胡十六國到唐代中葉，則是周邊各民族逐漸強大，其勢力漸次地威脅到中原。到了唐末五代，外族的勢力則到達頂點。宋元明清以迄現代也是中心向周邊與周邊向中心的反復循環。

　　日本始終受到中華文化的影響，直到明治維新，全盤西化而富強。中國的留學生乃湧入日本，探索日本致富圖強的原因，汲取日本化的西洋新知，進而在中國各地傳播東瀛文化。換句話說東洋歷史的發展與文化形態的形成是螺旋狀循環式的。東洋文化的中心原本是在中國的，中國周邊的民族普遍都受到中華文化的影響。雖然如此，一味吸收中華文化的周邊民族終究產生文化自覺，即創造自身獨立的文化，而後周邊民族的文化也匯入了中國。因此，內藤湖南說：東洋文化的中心在中國，在黃河沿岸發芽的文化，首先延伸至西方，再到南方，其後由東北而蔓延至日本。由於中華文化的刺激，中國周邊各民族終於產生文化覺醒，其後周邊民族的新興文化又倒流到中國。此正向運動與逆向運動的反復循環，即是東洋文化形成的軌跡。至於日本的學術研究成果而值得中國學術界作為借鏡的，則是富永仲基的「加上說」。內藤湖南說：由單純素樸而複雜高遠，乃是思想發展的原則，即思想進化論。富永仲基則以此思想進化論反觀思想學派成立的歷史演進。即素樸的學術思想是原有存在的；高遠的思想則是晚出的。內藤湖南又應用富永仲基的「加上說」，客觀地把握學術思想發展的順序，架構中國古代思想的歷史。

內藤湖南以爲中國人有尚古的傾向，時代越古老就越優異。就諸子學派的形成而言，其所宗尚的始祖越古遠，則其產生的時代就越晚。孔子以周公爲聖賢，墨家以夏禹爲聖王，孟子祖述堯舜，道家尊崇黃帝，農家以神農爲始祖的現象，說中國的學問興起於孔子，墨家晚出於儒家。其後孟子攻擊墨學爲異端，道家又晚於孟子，至於以神農又更爲晚出了。換句話說內藤湖南以爲富永仲基的「加上說」是思想形成之歷史考察的學術理論，也是東西思想學派成立的通說。可以說是東洋學術研究的結晶，值得中日學者參考。

通變史觀：中國史學論

關鍵詞 獨斷 螺旋循環 立破循環 通變史觀 辨彰學術 考鏡源流 系統化 沿革 突破

前言：才學識兼備而成就具有獨見的史學

內藤湖南的學問淵源於中國的史學傳承，其以司馬遷的「通古今之變，成一家之言」為史學的究極，又以劉向、劉歆父子辨彰學術考鏡源流的目錄學為史學的方法，更以劉知幾所謂才學識的兼備是鑽研歷史的素養，章學誠的「獨斷」是成就論理性史觀的原動力❶。其於中國史學研究上，頗多以獨特的見解而綜理史料文獻，建立系統性架構的論述。至於建立法則、辨明機微、通達古今可以說是內藤史學的宗旨。如其以劉向、劉歆父子《七略》的旨趣在於辨

---

❶ 內藤湖南之以《史記》為史學究極的論述見於所著《支那史學史・史記》，《內藤湖南全集》第十一卷，頁106-121，東京：筑摩書房，1969年11月。劉向、劉歆父子的論述見於《支那目錄學》，《內藤湖南全集》第十二卷，頁369-389，東京：筑摩書房，1970年6月。至於劉知幾與章學誠的論述則見於〈章學誠の史學〉，《內藤湖南全集》第十一卷，頁471-483。

析學問流派的異同，究明學術的沿革，爲中國目錄學的始祖。《隋書·經籍志》雖改以四部分類古今圖書，依然繼承《七略》《漢書·藝文志》的編纂宗旨，可以考知漢代以來學術發展的歷史，劉知幾亦以史學的觀點歸類史書爲六家。五代與趙宋的正史目錄頗爲粗疎，《舊唐書·經籍志》只記錄當時所見的書目，《新唐書·藝文志》也極爲粗略，唯《崇文總目》取法《隋志》的體例，既有書目解題，又留意學問的沿革，足以考見《隋志》以來學問與書籍的變遷。鄭樵的《通志·藝文略校迹略》雖不著錄書目的解題，却以目錄爲專門的學問而致力於方法理論的建立。高似孫的《史略》則引述前人的議論或佚書的著錄而建立史學理論，王應麟的《玉海》雖是類書而《玉海·藝文志》則有說明現存與亡佚書目之關連性的所在。換句話說高王二人皆以學術的沿革爲目錄學的主旨，於佚書的研究方法尤有發明。《宋史·藝文志》甚爲雜亂，《明史·藝文志》則是只收集明朝一代書目的斷代式目錄，焦竑《國史經籍志》的分類不免雜亂，亦無解題，然著錄子目的總序，多少有留意學問源流的用心，頗爲《四庫全書總目提要》的序論所採錄。《四庫全書總目提要》是清朝文化的代表性產物，唯精於書籍的考證而疏於學問沿革的總論，章學誠的《校讎通義》既辨彰學術考鏡源流，又用心於著錄的方法與校讎的條理，即以歷史流變的着眼，從根本架構系統性的學問，是中國目錄學的集大成者。由此可知內藤湖南是以沿革通變的史觀，析理學問的異同源流，進而說明中國目錄學的歷史發展。❷茲進一步地綜括內藤湖南的中國史學論著，從歷史發展的

---

❷　內藤湖南於中國目錄學發展的論述，見於《支那目錄學》，《內藤湖南全集》第十二卷，頁369-436，東京：筑摩書房，1970年6月。

法則、辨彰學術、考鏡源流、系統化架構等觀點，說明內藤湖南研究中國史學的獨特見解所在。❸

一、歷史發展的法則

㈠螺旋循環：橫向發展的法則

　　東亞文化的傳播是中心向周邊影響的正向運動和周邊向中心影響的相反方向運動交織而成的「螺旋循環」。內藤湖南說：東亞文化的中心在中國，中原文化首先流傳到周邊的地區，周邊民族受到中國文化的刺激，也形成文化的自覺。中世以後隨著周邊民族的勢力增強，文化擴張的運動也改變其方向，逐漸由周邊向中心復歸。此正向運動與相反運動，作用與反作用交替循環即是東亞文化形成的歷史。中國與周邊地區的文化發展固然是橫向發展的軌跡，❹中國古代歷史文化的發展進路也是如此，殷周革命即是以螺旋循環之橫向發展而形成的歷史事例。內藤湖南說：殷周革命象徵著中國文

---

❸　宮崎市定說：內藤湖南史學的特質是「通」，〈獨創的なシナ學者內藤湖南〉（《宮崎市定全集》24，頁249-271，東京：岩波書店，1994年2月。至於內藤湖南重視通史，以「研幾」而開展其史學論述，是高木智見的見解。（〈內藤湖南の歷史認識とその背景〉，《內藤湖南の世界》，頁36-72，河合出版，2001年3月。）

❹　以螺旋循環探究東亞文化發展的論述，參連清吉〈以內藤湖南的螺旋循環史觀論近世以來中日文化傳播的軌跡〉，2001年6月《慶祝莆田黃錦鋐教授八秩日本町田三郎教授七秩萬壽論文集》，頁339-355，台北：文史哲出版社，2001年6月。

化由黃河河口至上流開拓的發展軌跡。殷商是活動於渤海沿岸、黃
河河口的民族，周則興起於渭河上流，或與氐羌人同一種族，夏殷
的轉移是盟主的興替，殷周的更迭則是異族的革命。從殷墟遺物之
具有高水準的藝術性，即可說明殷商文化的進步，周雖取而代之，
周代的禮制未必是周王朝於建立之初就成立的，乃是先襲用殷商舊
制而後經過因革損益才逐漸完備的。如謚號與昭穆制度並非形成於
文武王的時代，而是昭穆王以後才成立的，即因襲殷商舊制，經過
百年乃至百五十年，才形成周代獨特的制度。至於《周禮》所載官
制，有周代新增職官而置於殷商舊有職官之上的情形，這是到了周
代中期依然沿用殷商制度的例證。因此，《詩經·魯頌·閟宮》的
「實始翦商」固然是說明了古公亶父由穴居而家居之周承殷禮的事
實，更反映了形成於河南、山東的殷商先進文化遡河而上於山西、
陝西，發展出周代文化之橫向發展的徑路。❺

　　黃河流域所發展的中華文化隨著領土的擴張而傳播到周邊地域
的外族，其後周邊民族將之轉化成爲自身的文化，當中原勢力或文
化式微時，便乘勢直下而入主中原的政治舞台，亞進而引發中華文
化的因革。中土與周邊文化之相互影響的「文化波動」始終隨著彼
此政治勢力的消長而反復地再現於中國歷史。因此「螺旋循環史觀」
的模式不但是中國歷史發展的法則，也可以說明中國與周邊地域所
形成的文化圈之文化發展徑路。

---

❺　殷周革命的文化意義，參內藤湖南《支那上古史》，《內藤湖南全集》第
　　十卷，頁68-102，東京：筑摩書房，1969年6月。

(二)立破循環：縱向發展的法則

中國文化的內在發展是立破循環之縱向發展的歷史軌跡。內藤湖南說：文化古來相承而形成輝煌的文明，然物極必反，登峰造極的文明由於文化自身的「中毒」而產生一種分解作用，逐漸衰微崩頹。其後，又由於文化自覺的萌芽或外來文化的刺激而形成新的文化，新生的文化又反復著鼎盛而分解崩壞的循環。根據《史記·周本紀》的載記，自昭王的時代開始，周的王道少衰，昭王巡狩南方而死於江上，穆王攻伐犬戎失敗，因此夷狄不來朝貢。若以後世的史實推斷前代史料的記載，則周公成康之後，昭穆以武功經營四方的記錄與漢武帝即位於文帝之後而雄略四方之事極為類似，周漢帝王事業不但前後輝映，而且也可以說明創業開國的君王之後，有勤儉守成的君主繼承先祖遺緒，守成的君主之後則是雄才大略的天子繼承王位而擴張帝王事業，固然是中國帝王世系中常見的事例。但是國勢盛極一時之後，若無英明的君王繼承其事業，則國家將步入衰微的道路，再加上天子失政和外族入侵，更加速國家衰亡，也是歷史發展的法則。根據《國語·周語》與〈大雅·瞻卬〉〈大雅·召旻〉的記述，幽王失德，寵信奸佞，又遭逢地震、飢饉的天災，犬戎的入侵，西周乃滅亡。全盛之後，大抵流於奢靡，以致內政腐敗，再有天災人禍，強敵入侵，若無英君圖振，良相輔弼，則難挽傾廢之勢。穆宣之世尚處強盛時期，一二失政畢竟無損其國力。但是幽王昏暗，又不得其人，加上外族的擾攘，江山便不得保全了。因此所謂「中毒」而分解的文化演變，「創業開國→勤儉守成→擴張極盛→昏庸失德→外敵壓境→衰微滅亡」之「開成盛衰」的模式

一再地重現於中國的歷史舞台，未嘗不可謂之爲中國歷史發展的法
則。至於後世「立破循環」之文化崩頹的關鍵時期，先後發生於東
晉與南北朝到唐末之間，前者是儒道的衰微，後者是貴族社會的盛
衰。❻

二、辨彰學術：辨明時代文化的特質

(一)以「加上說」說明上古史形成的經緯

　　關於傳說形成的經緯，內藤湖南說：象徵各地之原始信仰的地
方傳說與先祖傳說的開闢傳說是形成神話傳說的要素，其後各種地
方或開闢傳說經過整合而產生「統一傳說」，此統一傳說大抵有以
時代的先後條理並存於各地的地方傳說或開闢傳說的傾向，至於其
時代的序列又由於尙古主義的「加上」原則而產生後出新生的傳說
却被定位於遠古老的「加上傳說」。

　　中國書籍所載記的越古老的傳說，其形成的年代往往是越晚
出，而被定位於比較新的時代的傳說，其存在的年代則是比較古老
的。如盤古傳說雖是開天闢地之遠古傳說，而其形成大抵是在六朝。
內藤湖南說：就傳說的傳播與形成而言，中國本土文化擴張到周邊
地域的同時，也致力於周邊民族傳說的採集。天地開闢的傳說原本

---

❻　立破循環之文化縱向發展的論述見內藤湖南〈支那中古の文化〉，《內藤
　　湖南全集》第十卷，頁249，東京：筑摩書房，1969年6月。周代昭穆的事
　　例則見於內藤湖南《支那古代史》，《內藤湖南全集》第十卷，頁103-110，
　　東京：筑摩書房，1969年6月。

是流傳南方苗族的民間傳說，大抵在後漢時，南方流傳的盤古傳說逐漸在中國境內流傳，梁任昉《述異記》乃將盤古傳說加在中國原本既存的三皇五帝傳說之上，而形成盤古、三皇、五帝之「一三五」的序列。換句話說盤古傳說是以時間性序列整合空間性的原則，而排列在三皇五帝之「統一傳說」之上的「加上傳說」。至於三皇五帝的傳說，也是以「加上說」的原則而形成。

內藤湖南以為三皇五帝說既包含有淵源於地方傳說的成分，也有著社會發達之合理的要素。戰國時代不但存在著各種三皇傳說，又由於地方的不同，其所指涉的三皇亦有差異，至於所謂伏羲氏是狩獵時代，神農氏是農業時代，燧人氏是熟食時代的象徵，則可以說明三皇傳說的時代既有了社會進化的概念。此發生於戰國時代的三皇傳說，到了漢代以後，又由於三、五之數的附會而形成系統性的三皇五帝傳說。換句話說就歷史的時代而言，三皇雖然排列在盤古之後，而傳說的形成則在盤古代傳說的三四百年前。五帝說原本有象徵年代順序，如《史記·五帝本紀》《易·繫辭》的記述與如《呂氏春秋》《禮記·月令》之說明方位的兩種傳說，到了後漢，才結合二者之說而形成「黃帝、神農、顓頊、伏羲、帝摯」的五帝傳說。黃帝的傳說形成於六國，神農的傳說發生於戰國時代，二者原本皆是開闢傳說，其後才發展成地方傳說。換句話說五帝傳說原來或為地方傳說，或為開闢傳說，其後交錯融合，且附會於五行說而形成五帝說，最後又於五帝說之上添加三皇說，且根據歷史年代順序或社會發展過程的理性思考，傳說中的神遂成為真實存在的歷史人物。內藤湖南以為三皇五帝傳說是中國古代傳說的典型之一，其演變的軌跡正可以說明中國古代傳說的形成的真相。

　　「加上說」是富永仲基的主張，內藤湖南既以之為學術思想形成的通說，又根據史實文獻的載記，主張中國學術思想流派的形成是始於孔子的儒家，墨家、道家、農家都是輾轉加之於其上的後起之學說。至於傳說的形成，則以「神話傳說→統一傳說→加上傳說」的發展，究明中國古代傳說之以「加上」的原則而衍生的經緯。❼

㈡殷周革命是中國歷史未曾有的大事件

　　殷商滅亡的原因載見於《尚書》的〈西伯戡黎〉〈微子〉（以上商書）〈牧誓〉〈酒誥〉〈立政〉（以上周書）等篇章。綜括《尚書》的載記，殷商滅亡的原因有天子失德，信仰衰微，綱紀弛廢，惡人群集。天子失德是亡國的根本，人民失去信仰之念是國之大事，綱紀弛廢是國勢不振的原因，寵信婦人之言而不聽老成之言是亡國的原因。內藤湖南以為歷史意識不發達是不可能產生如此深刻且正確地分析國家興亡的歷史規律。換句話說古代中國人體認至於殷周革命是中國歷史所未曾經驗過的大事件，因此發展出朝代更迭與時代推移的歷史意識。

　　內藤湖南強調夏商革命是中國古代同一種族文化間的領導地位的更迭，殷周革命則是異質的存在。其從種族的差異與禮文制度的不同，來說明殷周革命於中國歷史上的意義。夏與商是活動於黃河下流之文明開化的種族，而周是興起於黃河上流之質勝於文的種

❼　內藤湖南於中國上古史的論述，參其所著《支那上古史》第一章〈三皇五帝〉至第三章〈夏殷の時代〉，《內藤湖南全集》第十卷，頁1-70，東京：筑摩書房，1969年6月。

族。商之代夏而起是種族間領導地位的和平轉移，但是周之克殷則是異族抗衡，流血攻伐而致勝的革命。至於周代制度之有周初與中葉以後的差異，固然可以說明周代因革損益殷商制度的文化現象，但是在王位繼承上，殷周則有明顯的差異，殷商是幼子而周是嫡長子繼承，至於在上下秩序的關係上，殷商未必有嚴格的君臣分際，姬周則在封建體制下而有天子與諸侯定分。內藤湖南以為殷周革命不僅是王朝的交替，時代的推移，更是中國上古文化自東向西橫向移動的表徵，至於所謂「三代」的文化意識與歷史思想也孳乳而生，因此說殷周革命是中國上古史劃時代的大事。❽

(三)戰國是哲學的時代而漢代是學術史學化的時代

春秋戰國以來，學問逐漸興盛而各種著述也隨之產生，至劉向、劉歆父子的時代，則產生總論古今著述的學問。內藤湖南以為戰國的學問是以哲學思想為主流，先秦諸子大抵以各人的思想理論為極致，因此在區別各學派的學術時，如《莊子・天下》《荀子・非十二子》《韓非子・顯學》等論述，皆以思想理論而品評各家的長短。但是劉向、劉歆父子以辨彰學術考鏡源流為主旨，不僅論述九流十家的思想要旨，也探究先秦諸子的學問由來。換句話說戰國是哲學的時代而漢代是學術史學化的時代，而以歷史的角度探討學術發展的傾向是中國學術文化的特徵。

戰國時未必無學問源流的思想，唯諸子百家各以所主而進行我是彼非的論爭，到了漢代則以綜括的觀點論說諸子的流派及其優

---

❽　同注❺。

劣。司馬談的「六家要指」雖以道家爲主，亦綜括性地論述六家的長短，劉向雖以儒家與經書爲宗尙，而六藝諸子皆有源流發展的系統性學問，即以歷史的觀點探究學問著述生成的原委是劉向的特色。

漢代之綜括性的學問有司馬遷《史記》與劉向、劉歆父子《七略》的兩種類型。司馬遷以爲史學既是綜括性學問的代表，也是經綸時代社會的學問，由於史學是綜貫古今的學問，辨明通變本末的史學，則不但能理解古今著述的縱橫關係，也能爲經世濟民之所資而有益於利用厚生。此爲其編纂《史記》的旨趣。至於劉向、劉歆父子《七略》則逐一解題秘府的藏書，撰述各書的由來、要旨及得失，探尋書籍的內容以綜輯子目部類而歸納成《六略》，又作〈輯略〉而綜合《六略》的著錄。換句話說《史記》是以歷史爲中心而辨明古今通變的史學著作，《七略》則是以書目的解題而究明學術異同與源流的目錄學著作。司馬遷的史學不但是過去事實的綜括，也是資治的通鑑，更是後世歷史體裁與史學著述的根源，劉向、劉歆父子的目錄學不只是書籍的簿錄，也是從事書籍分類、學術流派與著述沿革之系統性的學問。因此二書不但可以彰明漢代學術的全貌，也可以說是中國學術的源流所在。❾

㈣宋代爲中國的近世

就政治史、社會史的發展來看，中國的古代是封建時代，以在天子之下，地方有藩政諸侯存在的形態遂行其政治的運作。中世則

---

❾　《史記》與《七略》於中國學術史的意義，參內藤湖南《支那目錄學》，《內藤湖南全集》第十二卷，頁370-389，東京：筑摩書房，1970年6月。

是郡縣時代，君王是天下的共主，地方由中央政府派遣的官吏來統治，但是政治的權力大抵掌握在豪族貴族之手，諸侯世襲雖然不存在，官位却是世襲的，從社會史角度來看，門第家世是貴族與庶民區別的判準。中國近世是庶民的時代，由於科舉取士，權位的獲得大抵由於個人的才學而與家世門第無關，因此世襲貴族到了宋代完全沒落，天子的權威也因而強大，形成君主獨裁，支配天下的時代。就經濟的發展而言，上古是農業時代，中世以後是貨幣經濟的時代，唯中世前半的納稅是以貨物爲主，唐代中葉兩稅制度以後，才以貨幣代替貨物，宋代紙幣出現以後，貨幣經濟更爲發達。再者由於都市商業的發達，庶民逐漸取得於社會的市民權，此與貴族於宋代沒落的現象相爲表裏。再就儒家思想學術的流衍來看，在戰國時代，百家爭鳴，儒家尚未取得主導的地位，到了漢武帝以後，則以五經爲中心而展開經傳注釋的學問。北宋以來，爲了對抗佛老而開展出系統化的新儒學，至於清朝考證、辨僞、輯逸的興起，朝廷的文化政策固然是主要原因之一，而正確地詮釋古典的內容或恢復文獻的舊觀，未嘗不是考證學者的文化自覺。再就結果而言，亦有以實證學問方法而突破舊有注疏傳承的意義在焉。若以文學是作者在表現生活與感情的觀點，考察中國文學的發展，上古是文學前史的時代，因爲此時的文學作品是以傳達思想意識爲主的，作者未必有發揮文字語言之藝術功能的意識。中世以後，文人有文學爲語言藝術與具有抒發情感之價值的自覺，唯中世是詩的時代，散文有詩化的現象，近世以後則是散文的時代，詩有散文化的傾向。❿就繪畫而言，六

---

❿　以文化史的觀點區分中國歷史，進而論述中國各個時代的文化特色，參採

朝到唐代是壁畫爲主，又以金碧山水是尚，到了五代宋代，則流行
屏風畫式的卷軸，而且以墨畫爲多。至於宋代文人畫的興起，則象
徵著由嚴守家法之畫工專擅而趨向表現自由意志之畫風的流行。由
於宋代的文化現象大異於唐朝，故內藤湖南主張宋代爲中國近世的
開端。⓫

三、考鏡源流：探究學術文化的流變

(一)歷史思想的起源與發展

內藤湖南以爲歷史的起源與歷史思想的起源不同，中國的歷史
與史料傳說雖然淵源甚早，意識性地整理編纂史料記錄則開始於孔
子及其弟子的儒家。換句話說論述中國的歷史思想時，必須以比較
的可信的記錄爲根據。就此意義而言，中國的歷史可以說是起源於
三代，而《尙書》則是探究中國上古歷史之比較可信的記錄。《尙
書》於三代歷史的載記上，呈現出人類感受時代變化之衝擊的歷史
思想。如〈召誥〉的「我不可不監于有夏，亦不可不監于有殷」，
既表現出周人以因革前代而創造當代文化特色的時代意識，也說明
周代既已存在著王朝二次更革之物換星移的時代感受。因此，三代
因革的意識是中國古代首先出現的歷史思想，後世的三統說即據此

吉川幸次郎〈中國文學史敘說〉（《吉川幸次郎遺稿集》第二卷，頁3-23，
東京：筑摩書房，1996年2月）。

⓫ 〈概括的唐宋時代觀〉，《內藤湖南全集》第八卷，頁111-119，東京：筑
摩書房，1969年8月。

而衍生的。

　　其次產生的是先祖開疆拓土的歷史思想，這是感於先祖篳路藍縷，開啓山林而至當代則有時代變化與王朝更迭的思想，如《詩經》與《尚書》所記載的夏禹治水的傳說即是。《詩經・大雅・蕩》的「殷鑑不遠，在夏后之世」是說明三代的更迭，《詩經・大雅・文王有聲》的「豐水東注，維禹之績」，《詩經・大雅・韓奕》的「奕奕梁山，維禹甸之」與《尚書・立政》的「陟禹之迹」，都是夏禹開闢國土的記錄。內藤湖南以爲夏禹治水固然是未開氏族社會之守護神的信仰（totem），却與商周始祖傳說的性質迥異，畢竟商周始祖之感生神話是原始信仰的性質，而以禹爲開闢國土之創業先祖，則存在著世系傳承之歷史思想的意識。至於緣起轉化的思想則是由先祖開闢創業的思想而發展衍生的。王應麟的《困學記聞・雜識》指出：《禮記》《左傳》諸篇所用的「始」「猶」的文字，如《禮記・檀弓》的「孔氏之不喪出母，自子思始也」，《左傳・隱公五年》的「始用六佾也」與《左傳・閔公元年》的「猶秉周禮」，《左傳・僖公三年》的「齊猶有禮」，即說明社會禮俗之開啓發端而後因革損益之緣起變化的歷史思想。由此緣起思想又發展出災異與繁衍的歷史思想。汪中《述學・內篇・左氏春秋釋疑》指出：《左傳》所記有人事、天道、鬼神、災祥、卜筮、夢等五事，與歷史思想有密接關連的是災祥和卜筮的記載。汪中所謂「史之於禍福，舉其已驗者也」，《四庫全書提要》雖指摘：「左傳記預斷禍福，無不徵驗，蓋不免從後傅合之」，但是誠如汪中所謂「史之於禍福，舉其已驗者也」，《左傳》之以卜筮預斷田氏篡齊，三家分晉的方式敍述史實，不免荒唐怪誕，然以子孫繁衍而追遡其先祖之德的因果福

報，固爲重大的歷史思想。至於《尚書·洪範》的「休徵」與「徵咎」的善惡災祥而衍生的《洪範五行傳》的五行思想固然荒誕不稽，然天象時令與人事符應的因果思想，在歷史思想的發展上，自然有極大的意義。內藤湖南以爲禍福因果的思想與開天闢地而發展轉化的緣起思想雖然有別，或可謂之爲宗教性的緣起思想。

如果說三代的因革損益、開創衍化的緣起與禍福因果的緣起是原始的歷史思想，則《孟子·滕文公下》「一治一亂」的治亂循環與《公羊傳》「所見異辭、所聞異辭、所傳聞異辭」之亂世、昇平、泰平的三世說，就是極爲發達的綜合性的歷史思想。根據可信的記錄考察中國歷史思想的發展軌跡，王朝更迭的三代是中國歷史思想的起源，其後產生的夏禹治水建立家業的記述則有著三代因革的思想，繼而衍生出禮俗變化、災祥和卜筮等宗教性與人事符應之禍福因果的思想，最後則發展出「一治一亂」與三世說的綜合性史學思想。至於司馬遷的《史記》則是綜括中國古代歷史思想與史料而編纂成的不朽鉅著。❶

(二)史書編纂體裁及旨趣的演變

中國自漢以迄清朝的歷史體裁有複雜的發展，又隨著歷史的發展變遷，其記述的內容及編纂方法也有所改變。內藤湖南說：由於時代的推移，史書編纂的方法有差異，而歷史編纂方法的不同也意

---

❶ 內藤湖南於中國歷史思想的起源與發展的論述，參其所著〈支那歷史的思想の起源〉，《內藤湖南全集》第十一卷，頁451-470，東京：筑摩書房，1969年11月。

味著歷史意識的衍化。

　　《史記》到《三國志》的編纂方法都有一定的旨趣，即廣泛地蒐集材料而編入史書之中，即使是傳聞的記述，只要是雅馴正確即視之為史實而編纂入史。但是自從范曄《後漢書》開啟改寫既存史料的端緒，到了唐太宗勅命編修《晉書》以後，以去蕪存菁為原則，於編修既存史書時，改寫史料原文的色彩就更為顯著。雖然如此，精簡既存史書的記述而修訂原有史料文字固然有其時代的需求，但是唐代以前的史書如《史記》、《漢書》、《梁書》、《陳書》、《北齊書》、《南北史》大抵是父子相承的私人著述，尚有一定的編修主旨，自《晉書》以後則改為監修國史，又由數人分纂編修而成，由於數人分纂編修史書，即使有〈序例〉以整齊其體例，却未必如《史記》等史書之有首尾一貫的編集旨趣與明顯的歷史意識。

　　宋代以後的史書體裁又有新的變化。五代的《舊唐書》大抵以保存原有史料為原則而編纂的，但《新唐書》則是以記述文字比既有的簡潔，內容比原有的靈動豐富為原則而編修的。在去除繁雜而趨於簡潔的要求下，則以古文改寫原有以駢文記述的史料，為了雅馴如實地記述歷史，《新唐書》乃取法《史記》《漢書》而以類似於野史、傳聞及後世小說的筆法記載歷史，因此記錄唐代三百年的帝王本紀竟然連一折詔勅也未使用。換而言之，如果說《舊唐書》的取材是以政府公報的官府記錄為主，而《新唐書》則是近似今日新聞類的記事，其載記包含了不少野史、小說性質的材料。至於在記述的筆法上，《新唐書》是以直書的方式存《春秋》之意，《新五代史》進而以一字以寓褒貶而行《春秋》的微言大義。

　　唐宋所編纂的史書的差異又見於「起居注」的記述。雖然中國

的歷史是以天子爲中心，但是六朝以迄唐代是貴族的時代，於天子的言論可以自由地批判，記錄「起居注」的官吏固然地位低微，亦能拒絕天子閱覽「起居注」的要求。但是宋代是君主專制的時代，在記錄「起居注」的記事，必須先經過天子的御覽，再下達著作之官撰寫，因此「起居注」便不能直書無諱。就歷史的眞實性而言，類似於野史、小說的記述或高於「起居注」的記事。

　　《新唐書》的編纂意味著史書撰述方法上的因革，其後造成史書體裁革新的是司馬光的《資治通鑑》。內藤湖南說：漢代以來即有帝王備忘錄之類書的編集，如劉向《說苑》《新序》《列女傳》，唐代的《貞觀治要》，宋眞宗的《冊府元龜》皆是。《資治通鑑》固然也是帝王備忘錄之屬，但是其異於歷來著述的是歷史意識的揭示與通史體裁的復興。前者在於以時勢沿革的記述作爲君主政治之所資，即編纂歷史的目的不僅是史實的記述，更重要的是顯示歷史上治亂興亡之因由。換而言之，說明治亂興亡之由重於史實的記載是《資治通鑑》的編纂旨趣，也意味著帝王學的變革發展。至於上自戰國下及五代的長編是異於《漢書》以來斷代編修史書的流衍，而恢復《史記》編年的舊制。《資治通鑑》既祖述《史記》的編纂方法，遍閱舊史而旁及小說，故有目錄年表以爲長編記事的檢索，又有《考異》以說明史料取捨的因由，要皆顯示以重視史料取捨與運用而編纂史書的精神。因此內藤湖南強調：以「學問意識」編纂史書的意識是中國歷史編修上的一大進展。再者，司馬光之以通史的體裁編纂《資治通鑑》亦反映出宋代史學重視正統論的時代意識。以通史編修歷史時，正統論便自然產生。司馬光以《左傳》直接記載史事而褒貶自然表出的方式編纂《資治通鑑》，朱子的《通鑑綱

目》則以《春秋》的筆法，遂行其大一統的主義。此爲宋代歷史主
義的顯著發展。

受到《資治通鑑》的影響而有眾多史學著作的撰述，促成宋代
史學的發展，其中最重要的是袁樞的《通鑑紀事本末》。中國史書
的體裁原本有編年與紀傳，以記述歷史事件的原始本末《通鑑紀事
本末》刊行以後，紀事本末體與編年、紀傳鼎足而立，成爲中國史
書體裁的三種基本形式。

嘉靖至萬曆的明代中葉是宋代以後，史學史上極爲重要的時
期。就中國的歷史發展而言，宋元以迄明代中葉以前可以說是野史
的時代，民間的野史極爲盛行，以《新唐書》、《資治通鑑》之爲
了生動地記述歷史事實而採用野史，是宋代以來編纂史書的主流。
但是嘉靖以後，歷史的編纂宜以野史或以朝廷的記錄爲主的議論興
起，特別是王世貞、焦竑等人首先主張野史不足信而提倡歷史編纂
宜以朝廷的掌故爲重的學風，中國近代的史觀乃產生了變化。明代
中葉在《新唐書》與《舊唐書》何者爲優的議論上，曾產生歷史應
以正確的史料爲依據，史料宜如實地記載的主張，楊愼即曾比較《新
唐書》與《舊唐書》的內容而說明《舊唐書》較爲正確。至於顧炎
武之堅持《舊唐書》的適切性，則未必只是《新唐書》與《舊唐書》
孰勝的問題，而是歷史記載應以史料爲根據的主張。因此史書編纂
應如實載記的議論則成爲清朝史學的主流，由《明史·凡例》的記
載可知清朝編修《明史》時，即以掌故之學爲主而編纂的。就歷史
的意識而言，明代中葉所興起的重視掌故的意識，形成了《明史》
重視史料的觀念，進而改變《新唐書》以來類似小說野史的方式編
纂史書的學風。乾隆以前的清朝史學之以舊史修補與舊史考訂爲主

體的學風即淵源於明末遺老顧炎武與黃宗羲的學問傳承，故清初編
纂《明史》時，即以尊重實錄而不採用朱子《通鑑綱目》的筆法爲
宗旨。換而言之，反對朱子學，逐漸擺脫宋學支配的傾向是《明史》
編纂的旨趣，此乃繼承明代中葉以來的風氣，反映出明末清初的歷
史意識。因此內藤湖南說：明代中葉是宋代以來，中國史學上有極
大變化的時期。**⑬**

㈢中國歷史的時代區分

螺旋循環的文化發展論是內藤湖南區分中國歷史的主要根據。
就中國歷史的發展而言，三代到西晉是中國文化向外擴張的時代；
五胡十六國到唐代中葉，則是周邊各民族逐漸強大，其勢力漸次地
威脅到中原。到了唐末五代，外族的勢力達到頂點。宋元明清以迄
現代則是中心向周邊與周邊向中心的反復循環。內藤湖南以爲中國
歷史上發生了二次政治、社會、文化等人文現象的轉換期，而形成
上古、中世、近世的三時代。**⑭**中國於古代，在黃河流域形成了所
謂「中華文化」，然後向四方擴張發展，促使中國周邊的各民族產
生文化自覺，此即所謂「內部向外部」的波動。到了中世、即南北
朝至五代，外族挾持武力入侵中原，周邊民族的文化也隨之傳入中
國，即「外部向內部」的波動。此文化波動的方向改變是區分中國

---

⑬ 宋代至明代的史書編纂之旨趣變遷的論述，參內藤湖南〈支那史學史概
要〉，《內藤湖南全集》第十一卷，頁484-502，東京：筑摩書房，1969
年11月。至於《明史》所表現的歷史意識的論說則見於《支那史學史·清
朝の史學》，《內藤湖南全集》第十一卷，頁294-295。
⑭ 內藤湖南的中國歷史分期，見於其所著的《支那上古史》的〈緒言〉（收
載於《內藤湖南全集》第十卷，頁11-13，東京：筑摩書房，1969年6月）。

上古與中世的依據所在。雖然如此，維繫中華文化於不墜的是既是當時社會中心也是知識分子的貴族階層。中國貴族在東漢中葉以後，逐漸擁有其政治社會的勢力，至南北朝而到達鼎盛，唐朝的貴族依然保持著其舉足輕重的優異情勢。雖然如此，即使異民族統治中國，維護中國傳統文化的還是公卿顯貴的族群。換句話說內藤湖南以爲東漢以來貴族勢力勃興也是區分中國上古與中世的根據。

唐末五代而推移到趙宋是朝代的更替，貴族政治崩壞而君主專制出現的政治現象，是決定中世與近世之分界點的因素之一。內藤湖南以爲宋代以後，天子主宰朝政的地位鞏固，外戚的權威失墜，王位篡奪之事也不易產生。又由於君主專制的局勢形成，任官制度也隨之改變。魏晉以至唐代，重要官位始終爲貴族所獨占，所謂「九品中正」無非是保障貴族權利的制度。科舉始於隋代，唐代因襲，而真正能發揮公平科考，唯才是任之功能的，則是宋代以後。換句話說唐以前的中世，貴族是社會的特權階級，獨領了政治文化的風騷；但是宋代以後，由於科舉任官的制度公平地實行，有才學見識的士人庶民取得了政治運作與表現當代文化的發言權，故內藤湖南以爲宋代揭開中國近世歷史的序幕。❺

---

❺ 有關內藤湖南於中國歷史的時代區分，除了內藤湖南的論著，如《支那上古史》《支那中古の文化》《支那近世史》（皆收於《內藤湖南全集》第十卷），《東洋文史研究》（《內藤湖南全集》第八卷）以外，又參考小川環樹的《內藤湖南》（日本の名著4，東京：中央公論社，1984年9月），宮崎市定的〈獨創的なシナ學者內藤湖南〉（《宮崎市定全集》24，頁249-271，東京：岩波書店，1994年2月），葭森健介〈內藤湖南と京都文化史學〉（《內藤湖南の世界》，頁246-276，河合出版，2001年3月），劉孔伏〈宋代以后爲近世說評介〉（《合肥教育學院學報》第一期，1986年）等資料。

㈣清代史學的變遷與發展

　　一般而言，考證學是清朝學術的主流，清朝史學也頗受考證學的影響。唯內藤湖南以爲乾嘉考證學風之形成乃得力於楊愼以來，明末遺老顧炎武等人所提倡的考證學風與經世致用之類書的編纂方法。章潢系統性地搜羅群書而撰述《圖書編》不但是明代類書的代表，其材料的選擇與編纂的方法也是顧炎武《日知錄》的先驅。楊愼的博識與研究音韻，比較《新唐書》《舊唐書》的優劣而輕野史重實錄等學問性格皆與顧炎武、乾嘉學者的學問宗尙極爲相近。至於清初以迄乾隆期之以舊史修補與舊史考訂爲主體的史學則是顧炎武與黃宗羲的學問傳承。就此意義而言，清朝初期的史學是繼承明代中葉的學風而發展開來的。

　　乾嘉史學的特色是考證方法之運用於史料修訂上，浙東萬斯同以來的修補舊史一派即有整輯排比之考證學風的出現，至於浙西之舊史考訂一派則於舊史修補上進行考證校訂的工作，特別是錢大昕的史學，不但應用考證方法於史料研究而建立史學方法，更開創新的史學研究領域而改變乾嘉以後的史學風氣，可以說是具有清朝特色之史學的開創者。內藤湖南指出錢大昕精通數學與天文學，潛心於史料的判別與選擇，留意沿革地理的學問，並運用校勘學、金石學、經學於歷史的研究，因此宋代王應麟以來，明代楊愼、顧炎武的考證方法，至錢大昕而大成。

　　錢大昕之重視元代的歷史研究以後，清朝考證史學一派的學者，如祁韻士、張穆、徐松、何秋濤、洪鈞、李文田、柯劭忞等埋首於西北塞外的歷史地理的研究，中國史學遂有由中國史發展成東

洋史的傾向，此爲中國近代史學的發展。再者，乾嘉以後，於考證史學確立之上，又有歷史研究的文字亦宜簡潔精鍊的風氣產生，特別是在地理志的撰述上，除了精詳的考證外，又形成以文學的手法撰寫地理志的體裁。換而言之，學問藝術化不但是中國文化的特產，也是中國近代史學的變化。

到了清朝末期，由於甲骨彝器的出土，遂興起古代研究的學風，即古史研究是中國現代史學的潮流。

乾嘉史學沿襲明末遺風而以舊史修補與考訂爲主體，錢大昕開啓元代歷史研究的風氣而促使中國史學有發展成東洋史之近代化的傾向，又由於甲骨鐘鼎的出土，遂興起古代研究的現代史學，此爲有清一朝近三百年的史學發展大勢。內藤湖南除研幾通變以闡明清朝史學的全體變遷之外，也留心清朝金石學、野史與掌故等歷史領域的流變。在金石學的研究上，內藤湖南以爲顧炎武、朱彝尊、全祖望等人利用金石於經學的研究；其後則以金石爲愛玩，或潛研其書法；錢大昕則重視金文，並以之爲史料；阮元更視金文爲學問而潛心研究；劉喜海的金文研究則是收藏與鑑識兼具。至於野史的研究則有清初沿襲明末的遺風，大量出版野史的書籍；雍正乾隆嘉慶三朝野史衰微；道光以後野史有再度流行的傾向；清末以來野史盛行，爲「說部類」的全盛時代。掌故之書收入雜史，其研究盛於野史，康熙、乾隆時，開博學鴻詞科而有關掌故的資料大量問世；嘉慶到道光之間，學問藝術化的學風一時盛行，如王士禎所收集的文雅性的掌故再度流行；道光以後，由於社會擾攘不安，經世濟民的學風興起，實用性的掌故也爲人所重視；清末以來，掌故與野史則合而爲一。

由以上的探究，可以說明辨彰時代學術文化的特質，窮究學問的源流變遷是內藤湖南史學研究的終極所在。**⓰**

四、系統化架構：樹立學術思想的傳承關係

在探討傳承關係時，家族、師弟、賓主、地域、影響與學術淵源等因素是說明並釐清其祖述發揚的關鍵所在。兄終弟及與父子相承是商周以家族爲主體而形成的封建制度，中世貴族社會的形成則是以根深蒂固的氏族觀念爲基礎的。稷下學士之雲集，固然是春秋戰國禮賢下與百家爭鳴的象徵，而《呂氏春秋》則是結合賓主權力與智慧的結晶，至於九流十家與漢代的學官，唐宋以來的科考舉士，則可以說明師承淵源的關係。後世所謂浙東、浙西，則在說明地域學術的概念，而程朱、陸王則是由於思想的影響關係而產生的理學與心學的學說傳承。

就史書記述而言，《史記》開紀傳的體裁，而〈老莊申韓列傳〉〈游俠列傳〉〈刺客列傳〉〈貨殖列傳〉是以思想的影響或待物處世有共通性格之所在爲主體而建立的思想傳承或集團關係。《漢書·藝文志》、《宋元學案》與《明儒學案》在說明師承流派的淵源，《通志·氏族略》則在記述氏族的緣起與類別。內藤湖南祖述中國史書著錄的體裁，於學術思想與歷史變遷的說明時，固然有帝王世

⓰ 內藤湖南於清朝史學的論述見其所著《支那史學史·清朝の史學》，《內藤湖南全集》第十一卷，頁294-447，東京：筑摩書房，1969年11月。馬彪〈「內藤史學」と清朝の史論「大勢論」について〉（《內藤湖南の世界》，頁327-361，河合出版，2001年3月）亦詳細論述內藤湖南的清朝史學論。

系、社會變遷的敘述，亦有特別強調賓主幕客關係、學術影響關係，
用以系統化地架構中國歷史傳承關係的所在。

(一)幕客關係

徐乾學任明史館總裁，開一統局而招集當時的學者文人，編纂
《明史》《一統志》《會典》，開清朝結集學者文人而編纂史書典
籍的先聲。其後秦蕙田的《五禮通考》，畢沅的《續資治通鑑》亦
然。至於乾隆中葉至道光初期之蒙古出身的旗人大臣松筠，既有政
治的才能，又熱心於學問的研究。歷任盛京將軍、吉林將軍、伊犁
將軍，亦曾派遣至西藏，有與伊犁、西藏有關的著作傳世，於清朝
塞外的研究有深遠的影響。祁韻士、徐松之撰述有關伊犁、新疆的
著述，祁韻士撰而徐松訂正的《伊犁總統事略》，後獲天子賜名《新
疆識略》一書，皆完成於在松筠幕下的時期。祁韻士又有《西域釋
地》《萬里行程記》等新疆地方的見聞記與記述塞外歷史地理的《西
陲要略》。至於《皇朝藩部要略》則是祁韻士於北京時，根據實錄
及官修文書而編纂的，是有關塞外歷史最初的名著，唯未出版問世
而去世，張穆繼其遺緒，校理其草稿而出版刊行。由於祁韻士與張
穆的研究與著書，清朝於塞外的研究乃形成一個系統而持續至清
末。就研究方法而言，祁韻士止於官修文書的編纂，張穆則旁及元
代以來的史料。換而言之，張穆是兼具祁韻士著重實錄等官府文書
的研究方法與錢大昕旁通歷代史料的清朝考證史學的方法，於塞外
歷史的研究有極大的開展。張穆著有《蒙古遊牧記》，又埋首於《皇
元聖武親征錄》的校訂，唯張穆早逝，二書皆完成於何秋濤之手。
何秋濤精於古書的校訂與注釋，著有《王會篇箋釋》，而《北徼彙

編》則是其一生的結晶，陳孚恩進呈咸豐帝御覽，賜名《朔方備乘》。唯《朔方備乘》毀於英法聯軍的戰火，李鴻章任直隸總督時，其幕僚據何秋濤的目錄而編纂今日所見的《朔方備乘》。由此可知，張穆與何秋濤先後繼承祁韻士著重官府文書的研究方法，又祖述錢大昕考證史學的學風，開創了西北地理學的新領域，不但是個人於清朝史學有其一席之地，塞外的歷史地理也因而成爲清朝史學的一個重要的領域。

松筠鎮守邊防而留意塞外的情勢，使幕下的祁韻士、徐松研究邊陲的學問，乃開啓清朝研究塞外歷史地理的風氣。張穆繼承祁韻士的學問，與何秋濤集錢大昕與祁韻士的研究方法而大成西北歷史地理的學問。此乃內藤湖南所強調以幕客賓主關係而成就學術領域及其學問傳承的所在。內藤湖南又指出：徐松、張穆、沈垚於北京研究西北地理學是此一學問領域的全盛時代，而助成此一情勢的是姚元之。姚元之雖無著述，而招集徐松等人談論塞外的歷史地理，使研究西北地理學的風氣大開，故姚元之於此學問的研究頗有助成之功。至於清末的進一步的發展，則成於出入盛昱之門的李文田、文廷式、洪鈞。盛昱取得《蒙文元朝秘史》一書，乃屬意李文田等人進行研究，李文田注解《元朝秘史》，文廷式則以《蒙文元朝秘史》補注《元朝秘史》，洪鈞更以流散於歐洲的史料與《聖武親征錄》而撰述《元史譯文證補》。柯劭忞或受盛昱的感化而從事《元史》的研究，至於所撰述的《新元史》則頗參採洪鈞的《元史譯文證補》。

顧炎武以爲杜撰的《元史》，由於盛昱屬意李文田等人研究《蒙文元朝秘史》，乃有《元朝秘史》、《元史譯文證補》及《新元史》

的先後刊行。故內藤湖南以爲盛昱及其幕下賓客的李文田等人於《元史》研究有卓越的貢獻，而洪鈞、柯劭忞與那珂通世並稱爲東洋研究蒙古史的三大家。**⓱**

(二)影響關係

顧炎武於史學論述的特色是考證，此或得於王應麟、楊愼、焦竑的學風，唯王應麟僅羅列事實本末的史料而未加論斷，楊愼、焦竑雖有論斷或新說，却不舉反證，顧炎武則羅舉證據而詳密的論辯考證，故《四庫提要》亦謂顧炎武旁徵博引而甚少牴牾，開清朝的考證學風。顧炎武雖未必有史學的專著，然以《舊唐書》研究唐代的歷史，《元史》粗漏不實的主張，都是啓發後學的所在。至於以金石學運用於經學、歷史的考證，綜括明代楊愼、陳第等人的音韻研究，建立古韻的原則以考證經書，開啓以語言學研究經書的先聲，確立其於清朝學問始祖的地位。前者爲錢大昕所繼承，後者則爲戴震、段玉裁、王念孫等人所發揚。顧炎武與王應麟、楊愼、焦竑及錢大昕、戴震、段玉裁、王念孫等人未必有師承淵源，於學風却有祖述遠紹的關係，或可謂之爲「影響關係」。內藤湖南以爲此影響關係不但是建立學問系統，也是比較學術研究上，極爲重要的方法。清朝於《元史》研究之錢大昕、洪鈞、柯劭忞的成果，即可以影響關係而說明其學問縱向傳承的淵源。至於中井履軒（1732-1817）之

⓱ 內藤湖南於清朝西北歷史地理學的論述，見其所著《支那史學史·清朝の史學》，《內藤湖南全集》第十一卷，頁397-418，東京：筑摩書房，1969年11月。

以音韻學考證經書而著有《諧韻瑚璉》、《履軒古韻》、《七經彫題》等書，於帆足萬里（1778-1852）、東條一堂（1778-1857）、安井息軒（1799-1876）的經學，特別是《左傳》的研究有深遠的影響，是江戶時代（1603-1887）以音韻研究經學的嚆矢。中井履軒與東條一堂、安井息軒雖無師承淵源關係，但是中井履軒於江戶時代經學研究的地位足以匹配顧炎武於清朝學術的地位。⓲探究中井履軒於江戶時代經學的影響與顧炎武於清朝經學考證的影響關係，則可以說明比較學術研究之橫向關係。

結語：歷史文化的意義在於因革、通變與突破

歷史固然是意味著時代的推移，但是所謂「時代」，不只是政權更迭轉移的象徵而是政治、社會、經濟、思想、學術等人文現象的的綜合體。即以文化的發展來考察歷史的意義時，則歷史文化有前代的繼承發展與對前代的批判反省的兩個類型，至於歷史文化的意義則在於因革、通變與突破。學派的傳承與既成學說的「加上」是前代的繼承發展，絢爛的三彩是唐代文化的代表，而純白青白的創造則是宋代的象徵。超越華美的外觀而重視素樸沈潛之內在精神是宋代知識分子於文化意識上的突破。通達前後的因循繼承而架構系統性的發展，辨析古今的更革異同而提出突破性的方法論，則是歷史研究的極致。內藤湖南以中國史學的傳承為其歷史研究的淵

⓲　內藤湖南於中井履軒學問的論述，參其所著〈履軒學の影響〉，《內藤湖南全集》第九卷，頁434-447，東京：筑摩書房，1969年4月。

源，又沈潛於清朝考證學與西歐理性主義的學問而確立史學方法，建立通古今之變的史觀，成就歷史性突破的「內藤史學」。

· 日本近代的文化史學家——內藤湖南 ·

時代區分論：以文化變遷爲主軸

關鍵詞　時代區分　螺旋史觀　宋代是中國的近世

前言：「時代」一詞的意義

　　一般所謂秦漢唐宋，只不過意味著改朝換代，「時代」一詞只不過代表著王朝的更替而已。但是只從政治的觀點來說明「時代」的意義，進而從事時代區分，到底正確與否，則有深入探究的必要。如「唐宋」終始被視爲一個固有名詞，在中國文學史上代表古文興盛的時代，而在歷史的分期，則歸屬於中世。但是從唐到宋的社會結構、思想文化等事象都產生了極大的變化，未必能結合唐與宋而成爲同一的時代。換句話說「時代」一詞不只是意味著朝代的交替，而是包含著社會、文化等人文意義，至於時代的區分也是在社會、文化等人文現象發生變化的認識上而成立的。日本近代中國學界首先從社會轉型、思想文化等人文現象的流變探究中國歷史的時代分期的是京都中國學雙璧之一的內藤湖南。

　　1906年京都大學創立文科大學，狩野直喜爲中國文學教授，翌

年，內藤湖南聘任東洋史講師，開啓京都中國學研究的端緒。一般而言，京都的中國學是以清朝考據學爲基底的科學實證之學。其實京都學派的學問性格，特別是內藤湖南的學問，不純然只是考證而已；內藤湖南是遠紹章學誠、錢大昕的學問宗尙，以史學的角度綜觀中國的學術發展。其學問是在目錄學的基礎上進行旁徵博引、精詳考證，而建立通貫宏觀的歷史識見。又由於京都、即日本古文化之所在的學術環境與江戶中期以來考證風氣的傳承，「學問與趣味兼容並蓄而渾然融合的研究，才能眞正地理解中國文化」，則是其爲學的理念。故以內藤湖南爲代表的京都中國學的學問可以說是以科學實證爲學問方法的經史文化之學。

茲探究代表京都中國學之內藤湖南的中國歷史時代區分、武內義雄的中國思想史分期、吉川幸次郎的中國文學史分期的論述，說明「時代」於文化發展上的意義。

一、內藤湖南的中國歷史時代區分

螺旋循環狀的文化發展論是內藤湖南區分中國歷史的主要根據。所謂「螺旋狀循環」是說歷史文化的發源中心向外緣周邊地區伸展的正向運動與外緣周邊地區向發源中心復歸之逆向運動的反復循環現象。內藤湖南以爲歷史的演進與文化的發展既不是直線式的，也不是圓環式的，而是螺旋狀循環式的。就中國歷史的發展而言，三代到西晉是中國文化向外擴張的時代；五胡十六國到唐代中葉，則是周邊各民族逐漸強大，其勢力漸次地威脅到中原。到了唐末五代，外族的勢力達到頂點。宋元明清以迄現代則是中心向周邊

與周邊向中心的反復循環。❶

　　內藤湖南以爲中國歷史上發生了二次政治、社會、文化等人文現象的轉換期，而形成上古、中世、近世的三時代。其在《支那上古史》的〈緒言〉❷中說：

　　　　第一期　　上古　　開闢（太古）至東漢中葉
　　　　　　　　　　　　　中國文化形成、充實而向外部擴張的時代。
　　　　第一過渡期　　　　東漢中葉至西晉
　　　　　　　　　　　　　中國文化停止向外擴張的時代。
　　　　第二期　　中世　　五胡十六國至唐中葉
　　　　　　　　　　　　　異族勢力入侵，佛教等外來文化傳入。
　　　　　　　　　　　　　貴族主導中國社會、文化的時代。
　　　　第二過渡期　　　　唐末至五代
　　　　　　　　　　　　　外來勢力極於鼎盛的時代。
　　　　第三期　　近世前期　宋至元
　　　　第四期　　近世後期　明至清
　　　　　　　　　　　　　固有文化復興而文化歸於庶民。
　　　　　　　　　　　　　異族支配而君主獨裁（專制政治）的時代。

　　中國於古代時代，在黃河流域形成了所謂「中華文化」，然後向四方擴張發展，促使中國周邊的各民族產生文化自覺，此即所謂

---

❶　見〈日本文化とは何ぞや（その二）〉（《日本文化史研究》（上），頁25-32，東京：講談社學術文庫76，1987年3月）。

❷　參〈概括的唐宋時代觀〉（《東洋文化史研究》，頁111-119，《內藤湖南全集》第八卷所收，東京：筑摩書房1969年8月）。

「內部向外部」的波動。到了中世、即南北朝至五代，外族挾持武力入侵中原，周邊民族的文化也隨之傳入中國，即「外部向內部」的波動。此文化波動的方向改變是區分中國上古與中世的依據所在。再者中世時，周邊民族的勢力強大，逐漸威脅中土，進而侵入中原，甚至支配中國領土，此間維繫中華文化於不墜的是既是當時社會中心也是知識分子的貴族階層。中國貴族在東漢中葉以後，逐漸擁有其政治社會的勢力，至南北朝而到達鼎盛，唐朝的貴族依然保持著其舉足輕重的優異情勢。雖然如此，即使異民族統治中國，維護中國傳統文化的還是公卿顯貴的族群。換句話說內藤湖南以為東漢以來貴族勢力勃興也是區分中國上古與中世的根據。

　　時代由唐末五代而推移到趙宋是朝代的更替，貴族政治崩壞而君主專制出現的政治現象，是決定中世與近世之分界點的因素之一。內藤湖南以為中國中世的君主與貴族的地位並未有明顯的差距，特別是外戚的權勢強大，有時甚至凌駕天子之上，篡奪王位。但是宋代以後，天子主宰朝政的地位鞏固，外戚的權威失墜，王位篡奪之事也不易產生。又由於君主專制的局勢形成，任官制度也隨之改變。魏晉以至唐代，重要官位始終為貴族所獨占，所謂「九品中正」無非是保障貴族權利的制度。科舉始於隋代，唐代因襲，而真正能發揮公平科考，唯才是任之功能的，則是宋代以後。換句話說唐以前的中世，貴族是社會的特權階級，獨領了政治文化的風騷；但是宋代以後，由於科舉任官的制度公平地實行，有才學見識的士人庶民取得了政治運作與表現當代文化的發言權。再就學術研究與文學創作而言，漢唐以傳統經傳的注疏為主；宋代則以心性義理之學為依歸。六朝以至唐代是以詩賦為主流；宋代則以散文作為敘述

自由意識的工具。由於宋代的文化現象大異於唐朝，故內藤湖南以為宋代揭開中國近世歷史的序幕。❸

二、武內義雄的中國思想史分期

武內義雄（1886-1966）三重縣人，明治40年（1907）9月，入學京都帝國大學文科大學支那哲學史，大正12年（1923）4月，聘任東北帝國大學法文學部支那哲學史教授。昭和3年（1928）4月，以《老子原始》獲得京都大學文學博士。昭和17年5月兼任帝國學士院會員，20年4月任命宮內省御用掛，21年5月自東北大學退休，24年3月辭退宮內省職位，35年11月獲文化功勞之表彰，39年11月頒授二等旭日重光勳章。所著《老子原始》《諸子概論》《論語の研究》《易と中庸の研究》等書編纂成《武內義雄全集》十卷，於1978、9年，由角川書店出版。金谷治稱武內義雄是日本樹立中國思想史方法的第一人。

武內義雄授業於狩野直喜與內藤湖南，以清朝考證學與目錄學為學問的基礎，於嚴密的校勘與正確訓詁之上，進行辨章學術，考

---

❸ 有關內藤湖南於中國歷史的時代區分，除了內藤湖南的論著，如《支那上古史》《支那中古の文化》《支那近世史》（皆收於《內藤湖南全集》第十卷），《東洋文史研究》（《內藤湖南全集》第八卷）以外，又參考小川環樹的《內藤湖南》（日本の名著4，東京：中央公論社，1984年9月），宮崎市定的〈獨創的なシナ學者內藤湖南〉（《宮崎市定全集》24，頁249-271，東京：岩波書店，1994年2月），劉孔伏〈宋代以后為近世說評介〉（《合肥教育學院學報》第一期，1986年）等資料。

鏡源流的研究，又繼承富永仲基、內藤湖南的「加上」學說，以原
典批判的觀點展開古典文獻，特別是先秦諸子的考證，開啓日本近
代中國學於諸子研究之先聲。其門下金谷治與再傳弟子町田三郎先
生發揚其學問，建立東北大學中國哲學史研究爲當代日本諸子學研
究之重鎮的地位。❹

　　有關中國思想史的發展，武內義雄在所著的《中國思想史‧叙
說》❺指出：中國思想的變遷可分爲三期。

　　　第一期　上世期　春秋末年以迄東漢末年
　　　　　　　（西元前552年孔子誕生到西元183東漢滅亡）
　　　　　　　以漢武帝的時代爲界線，又分別前期的諸子時代和
　　　　　　　後期的經學時代。
　　　　　　　本土思想的全幅表現。
　　　第二期　中世期　三國初期至唐玄宗末年（西元184年-755年）
　　　　　　　儒釋道鼎立的時代。
　　　　　　　外來思想的傳入與融合。
　　　第三期　近世期　唐玄宗以後至現代（西元755年-）
　　　　　　　近世又分爲四個時代，即中唐到五代的宋學準備時

---

❹　武內義雄之學術生平，參〈先學を語る——武內義雄博士——〉（《東方
　　學》第五十八輯，1979年7月，其後收入《東方學回想》5，頁187-211，東
　　京：刀水書房，2000年4月），金谷治〈誼卿武內義雄先生の學問〉（《懷
　　德》27號，1966年），金谷治〈武內義雄〉（《東洋學の系譜》頁249-259，
　　東京：大修館書店，1992年11月。
❺　見武內義雄《中國思想史》，頁1-3，岩波全書73，東京：岩波書店，1936
　　年5月。

代，北宋初到南宋末年的宋學時代，元代爲過渡而
明朝爲中心的時代，清朝則是考證學全盛的時代。
復興本土思想文化的自覺，與外來思想文化的抗衡。

　　武內義雄以爲中國古代思想濫觴於孔子，故其所謂中國思想史
的「上世」是始於孔子，而在「上世」的735年間又由於思想的發展
與學問中心意識的轉移，自戰國以迄漢景帝是百家爭鳴的諸子時
代；漢武帝尊崇儒術，儒家經典所在的《五經》成爲學問的中心，
故漢武帝以後的「上世」是經學時代。至於「上世」與「中世」的
分際則是本土思想文化受外來思想文化之影響的有無。武內義雄中
國的「上世」思想雖然有「諸子時代」與「經學時代」的區別，但
都是產生於中國本土的思想學說而無外來思想的色彩。至於「中世」
大約550年間的思想推移則是波瀾起伏。其初，經學雖然持續被研
究，但是支配當時思潮的則是老莊哲學，故有以老莊思想解釋儒家
經典的現象。後漢傳入的佛教與老莊思想結合，逐漸受到中國知識
階層的理解而普及於民間，老莊思想也受到佛教的刺激而促成「道
教」的確立。到了隋唐之際的「中世」後半，則形成儒釋道鼎立的
現象。入唐之來，雖有《五經正義》的編纂與王室之信奉道教，但
是當時一流的學者、思想家大抵都是佛教的信徒。

　　在長達一千二百年的「近世」中，不但政治上有異族入主中原
的衝擊，在思想上也有力挽佛老狂瀾而維繫儒家正統思想文化之新
儒家的興起。清朝以後，由於政治的專制乃產生純然學術研究的考
證學。武內義雄說：因爲佛教風靡於中國各階層，乃造成知識分子
的傳統思想文化的自覺，發展出具有思想體系的宋明新儒學，用以

對抗於哲理深遠而又有思想架構的佛教。清朝考證學雖未必有深奧
的思想內涵，其旁博而嚴謹，以精確地解釋文獻的學問性格，乃合
乎近代以實證為究極之學問方法。就中日思想文化傳播而言，宋明
理學是江戶時代（1603-1867）學術思想的主流，清朝考證學是日本
近代中國學研究方法論的基礎，二者各有其時代性的意義。

三、吉川幸次郎的中國文學史分期

吉川幸次郎（1904-1980）出生於神戶。大正12年（1923）4月，
入學京都帝國大學文學部。昭和3年（1928）2月，隨狩野直喜往赴
中國而留學北京，6年2月，旅遊江南，其間，嘗造訪黃侃、張元濟
等人，4月歸國，受聘東方文化學院京都研究所（今京都大學人文科學
研究所）所員。22年（1947）4月，以《元雜劇研究》獲得文學博士，
6月就任京都帝國大學文學部中國語學中國文學教授。26年1月任日
本學術會議會員，39年1月任日本藝術院會員。42年（1967）3月退
休，翌年3月，自編《吉川幸次郎全集》二十卷，4月起，由筑摩書
房逐月刊行一卷❻。44年5月獲法國學士院頒授 Stanislas Julian 賞，

---

❻　《吉川幸次郎全集》二十卷於昭和45年（1970）全部刊行，48年至51年又
　　刊行《增補吉川幸次郎全集》二十四卷。平成7年（1995）至8年4月，弟
　　子興膳宏又編纂《吉川幸次郎遺稿集》三卷、《吉川幸次郎講演集》一卷，
　　平成9年（1997）10月起，再出版《決定版吉川幸次郎全集》二十八卷，
　　皆由筑摩書房刊行。有關吉川幸次郎的學術生平，參桑原武夫·興膳宏等
　　編《吉川幸次郎》（東京：筑摩書房，1982年3月），〈先學を語る——
　　吉川幸次郎博士——〉（東京：《東方學》第七十四輯，1987年7月，其
　　後收入《東方學回想》5，頁147-173，東京：刀水書房，2000年4月）

11月獲文化功勞之表彰，46年（1971）1月獲贈朝日賞，49年4月頒授二等旭日重光勳章。

　　吉川幸次郎是研究杜甫的權威，日本近代以來研究中國文學的大家，這是周所皆知的事，然而具有通古今之變的史觀，運用清朝考證學與歐洲東方學術研究的方法論，分析東西方於中國文學研究的優劣長短，以嚴密的考證與細緻的賞析，重新評述既有的研究成果，開拓新的研究領域，則是其成就一家之言而獲得法國學士院表彰於東方學術有卓越貢獻之榮譽的所在。❼

　　有關中國文學發展歷史的分期，吉川幸次郎大抵根據其師內藤湖南的主張而稍有差異，其以為中國文學的發展可分為四個時期。❽

---

❼　吉川幸次郎於〈中國文學研究史——明治から昭和のはじめまで前野直彬氏と共に〉與〈日本の中國文學研究〉指出：明治前期是中國文學的受容時期，明治後期是評釋時期，大正至昭和初年則是翻譯時期。再就研究的取向而言，明治時代大抵以西洋的方法論進行分析性的研究，大正年間則重視新領域、新資料與目錄學的研究，所謂「新領域」是指戲曲小說文學，新資料是敦煌文物而目錄學則是日本宮內省、內閣及藩府、寺院、私人文庫之書物的研究。昭和初期則重視語學與現代文學的研究。綜觀明治以來的中國文學的研究，則有偏重戲曲小說現代文學與資料萬能、語學萬能主義的缺失。故文學內容本質的研究與修辭藝術的鑑賞，乃是戰後日本於中國文學研究的新取向。（二篇論文皆收入《吉川幸次郎全集》第十七卷，頁389-420，東京：筑摩書房，1969年3月）

❽　見〈中國文學の四時期〉（此文原收於1966年5月新潮社出版的《世界文學小辭典》，其後又收入《中國文學入門》頁101-108，東京：講談社學術文庫，1976年6月）。吉川幸次郎有關中國文學史的分期，又見於〈中國文學史敍說〉（《吉川幸次郎遺稿集》第二卷，頁3-23，東京：筑摩書房，1996年2月），除第一期止於漢武帝外，其餘大抵史同。據筧文生《吉川幸次郎遺稿集第二卷·解說》指出：〈中國文學史敍說〉是吉川幸次郎的手稿，唯不明其執筆的時間，或為自東方研究所轉任京都帝國大學教授（1947年）時，所準備的講稿。

第一期　周朝初期以迄秦帝國（西元前十二世紀到西元前三世紀的一千年間）前文學史時期。

第二期　漢朝至唐代中葉（西元前二世紀到西元八世紀的一千年間）抒情詩或美文時期。

第三期　唐代中葉以後至清末（西元八世紀後半到二十世紀初的一千年間）散文時期。

第四期　相應於「辛亥革命」之「文學革命」以後語體文時期。

　　吉川幸次郎以爲中國文學第一期的「場域」是在黃河流域，其文學體裁，除《詩經》是表現感情的韻文以外，大抵是以組織國家方法之政治性或論述個人、學派思想內容之論理性爲中心。換句話說當時士人的政治、論理的意識較爲強烈，因此語言的表現也以生存法則與人生的現實爲多，而人的感情、玄思或唯美追求的價值則是次元的存在。至於《楚辭》之以韻文的文體與比興的手法抒發豐富的感情，而爲後世美文的典型，或由於《楚辭》是產生於長江流域的緣故。

　　第二期的文學是以感情抒發爲主，而表現的方式則是有韻律的辭賦詩歌。吉川幸次郎以爲由於文學不再是政治的附庸而有語言美感與個人感情的表現，故有獨立的價值而成爲構築文明的基本要素。至於東晉以後，文明的中心轉移到長江流域，歌詠山水田園與自然風景的詩文也成爲中國文學的主要題材之一，與三國西晉的宮廷貴族的浪漫文學輝映成色。到了八世紀前半的盛唐，由於詩人的感性與思想的飛躍，又把握自然的象徵以爲自由詩語的表現，形成

中國詩歌的黃金時代。

　　第三期是散文的時代，即使是韻律的詩歌也有散文化的傾向。漢唐以來雖然有《史記》、《漢書》歷史散文的傳統，但是吉川幸次郎以為第二期的千年間依然是以四六駢儷之文為主，尚未有以散文為典型的意識。在第三期的文學中，最值得注意的是雜劇、小說等虛構文學的產生。起源於庶民娛樂的講唱，經過潤飾而形成口語講唱之口白並存的雜劇與散文詩歌兼蓄的小說。第四期的文學則是受到西洋文明的影響，產生以虛構文學為主流與語體文為通行文體的變革。

結語：「時代」於文化發展上的意義

　　內藤湖南、武內義雄、吉川幸次郎三人於中國歷史的分期是大同小異，大抵是從文化史發展的觀點，將中國歷史區分為古代、中世、近世三個時期。就政治史、社會史的發展來看，中國的古代是封建時代，以在天子之下，地方有藩政諸侯存在的形態遂行其政治的運作。中世則是郡縣時代，君王是天下的共主，地方由中央政府派遣的官吏來統治，但是政治的權力大抵掌握在豪族貴族之手，諸侯世襲雖然不存在，官位卻是世襲的，從社會史角度來看，門第家世是貴族與庶民區別的判準。中國近世是庶民的時代，由於科舉取士，權位的獲得大抵由於個人的才學而與家世門第無關，因此世襲貴族到了宋代完全沒落，天子的權威也因而強大，形成君主獨裁，支配天下的時代。就經濟的發展而言，上古是農業時代，中世以後是貨幣經濟的時代，唯中世前半的納稅是以貨物為主，唐代中葉兩

稅制度以後，才以貨幣代替貨物，宋代紙幣出現以後，貨幣經濟更
爲發達。再者由於都市商業的發達，庶民逐漸取得於社會的市民權，
此與貴族於宋代沒落的現象相爲表裏。再就儒家思想學術的流衍來
看，在戰國時代，百家爭鳴，儒家尚未取得主導的地位，到了漢武
帝以後，則以五經爲中心而展開經傳注釋的學問。北宋以來，爲了
對抗佛老而開展出系統化的新儒學，至於清朝考證、辨僞、輯佚的
興起，朝廷的文化政策固然是主要原因之一，而正確地詮釋古典的
內容或恢復文獻的舊觀，未嘗不是考證學者的文化自覺。再就結果
而言，亦有以實證學問方法而突破舊有注疏傳承的意義在焉。若以
文學是作者在表現生活與感情的觀點，考察中國文學的發展，上古
是文學前史的時代，因爲此時的文學作品是以傳達思想意識爲主
的，作者未必有發揮文字語言之藝術功能的意識。中世以後，文人
有文學爲語言藝術與具有抒發情感之價值的自覺，唯中世是詩的時
代，散文有詩化的現象，近世以後則是散文的時代，詩有散文化的
傾向。❾

　　以文化史的發展區分中國歷史的觀點，考察「時代」的意義，
則「時代」一詞有在時間與空間的交錯中形成的文化現象之意義。
至於時代區分則是呈現文化在歷史流衍中的傳承與開展。即所謂「時
代」，不只是政權更迭轉移的象徵而是政治、社會、經濟、思想、
學術等人文現象的的綜合體。從政治史、社會史、經濟史、思想史、

---

❾　以文化史的觀點區分中國歷史，進而論述中國各個時代的文化特色，是參
　　採吉川幸次郎〈中國文學史敘說〉（《吉川幸次郎遺稿集》第二卷，頁3-23，
　　東京：筑摩書房，1996年2月）的說法。

學術史的角度進行總合性的探討，才能清楚地說明歷史流衍中的「時代」的特徵，正確地把握「時代」的文化意義。換句話說「時代」包含著時間與空間的兩層意義，「時代的空間」意味著文化的形成，而「時代的時間」則有文化突破的意義。至於文化突破所象徵的意義，未必是前所未有的創造而是繼承性的創新。岡田武彥先生說：從歷史的觀點思考時代的發展，大抵可分別爲前代的繼承發展與對前代的批判反省的兩個類型。❿譬如絢爛的三彩是唐代文化的代表，而純白青白的創造則是宋代的象徵。超越華美的外觀而重視素樸沈潛之內在精神是宋代知識分子於文化意識上的突破。至於內藤湖南於〈近世支那の文化生活〉⓫所論述的：「文化生活經過長期的發展以後，其產生復歸自然的呼聲乃是必然的結果。唐代以前庭園等建築都以人工彫琢爲極致；到了宋代，天子的御園也取自然的逸趣，建築或採民家質樸的風味。繪畫上則山水的自然之美尤勝於樓閣之危聳華麗。至於養身之道，唐代以前常以藥石作爲強身；宋代以後則重視全身的滋養，甚至有主張自然的回復體力以治病者。文明發展的同時，自然破壞也伴隨而來，因此宋代以後或有意識性地提出資源保護的法律。特別是元、滿入主中國，自身急激的中國化的同時，過度文化生活的反動，即回歸自然的意識於是產生。如清朝維護森林，保護野生人參的法律或可反映於環保的意識。」亦可以說明「時代」是具有文化繼承性創新之突破的意義。因此，

---

❿　岡田武彥先生《王陽明小傳·序文》，頁1-20，東京：明德出版社，1995年12月。

⓫　收載於《內藤湖南全集》第八卷，頁120-139，東京：筑摩書房，1969年8月。

在中國的歷史空間裏，所謂時代區分，固然有時代差異的各別意義，却更是歷史流衍中文化突破的意識。故時代的區分並不只是以朝代交替爲根據，社會制度的變遷、文化內涵的差異所具有意義，才是其重要的因素。換句話說所謂「時代」，乃包含著政治交替、社會變遷和文化發展等人文現象的意義。

歷史考證加上說：歷史演化論

關鍵詞　富永仲基　內藤湖南　「加上說」　歷史考證加上說
繼承性創新　歷史發展原則

前言：富永仲基的「加上說」

　　「加上說」是日本江戶時代大阪的儒者富永仲基（1715-1746）
所提出的。富永仲基著有《出定後語》一書，論述佛教歷史的發展
經緯，其以爲婆羅門教是以超越人間苦界而轉世昇天爲教義的宗
教，天原本是唯一的，但是後起的宗派爲了超越原有的宗派，乃於
舊有的天之上，加上一個天，如此天上有天，婆羅門教即有二十八
個天，富永仲基稱此現象爲「加上」。富永仲基又以爲小乘佛教是
以阿含經爲經典，其後以般若經爲經典的大乘佛教興起，以法華經
爲宗尙的法華宗，提唱華嚴經的華嚴宗，以楞伽經爲經典的禪宗先
後出現，而且稱自身的宗派教義爲最高至上，此爲佛教宗派以「加
上」的形式而發展的軌迹。富永仲基主張由單純素樸而複雜高遠是
思想發展進化的原則，思想學派的形成是「加上」累進的，素樸的

學術思想是最初原有的存在，高遠的思想則是晚出的。其後京都帝
國大學東洋史教授內藤湖南（1866-1934）應用富永仲基的「加上
說」，考證中國經傳子史的成書次第，究明中國古代思想發展的軌
跡。❶

一、內藤湖南的歷史考證加上說

　　內藤湖南說中國人有尚古的傾向，以爲事物存在的時代越久遠
就越優異，因此常在既有存在的事物上別出新裁，或指稱自身存在
的年代久遠，或強調自身的思想高妙，用以顯示自身存在的意義。
就此傾向而言，思想學說所宗尚的始祖越古，其形成的時代却是越
晚，農家雖以神農爲始祖，道家尊崇黃帝，孟子祖述堯舜，墨家以
夏禹爲聖王，孔子以周公爲聖賢，若以此「歷史加上說」考察諸子
學派的形成，則中國歷史傳說的體系雖是「神農→黃帝→堯舜→夏
禹→周公」，但是中國思想學說與學派的興起順序是「孔子→墨家
→孟子→道家→農家」。內藤湖南以爲歷史傳說的形成年代與歷史
思想的發展年代有別，中國的歷史傳說雖起源於三王五帝，鐘鼎彝
器與歷史記載則始於商周。中國諸子的學問興起於孔子，孔子以禮
樂制度成於周公，乃以之爲儒家學術道統的聖賢。墨家晚出於儒家，
爲了表示自身的學說優於儒家，乃以早於周公的夏禹爲學派的始

---

❶　內藤湖南論述富永仲基「加上說」，見於其所著〈大阪の町人學者富永仲
　　基〉，收錄於《先哲の學問》。此書是內藤湖南的演講集，收載於《內藤
　　湖南全集》第九卷，東京：筑摩書房，1969年4月。其後筑摩書房又於1987
　　年9修訂出版單行本。

祖。其後孟子攻擊墨學爲異端，以禹傳位於子啓，不若堯舜禪讓傳賢之德，因而主張儒家的起源並非始於周公，更可上遡至堯舜。道家晚出於孟子，爲超越孟子所尊崇的堯舜，乃稱自身的學術淵源黃帝。至於孔子問禮就教於老子的主張是後出道家之徒的加上之說，而以神農爲始祖的農家，則又更爲晚出了。❷

二、以「加上說」考察中國經傳的成書次第

　　先秦古書在最初編成以後，或有誤脫，或經增竄，因此今日所見篇帙大抵已非原始的面目，如《管子・牧民解》以下諸篇與《呂氏春秋》的〈八覽〉〈六論〉乃後世所附加的，但是《史記》或謂讀〈輕重〉（管晏列傳贊），或謂「集論以爲八覽、六論、十二紀」（呂不韋列傳），可見在司馬遷的時代，經傳子史的篇目已經有所變化。至於如何究明古書於秦漢以前演變的情形，內藤湖南以爲歷來的考證學者皆根據史實而探究古書內容的眞僞，然則史實的記錄經常有所改易，如《左傳・宣公六年》所載趙盾弒靈公之事，見於《公羊傳》《國語・晉語》《呂氏春秋・過理》等書，《同・十三年》的楚莊王圍宋，見於《公羊傳》《韓詩外傳》《國語・晉語》《呂氏春秋・行論》等書，然其內容間有詳略異同。大抵以著述的思想宗旨爲根據，由於思想產生發展衍化，其所載記的內容自然會有差異。因此考證先秦古書的內容眞僞，與其以事實爲根據，不如以造

---

❷　內藤湖南的中國學術思想的加上說見於〈大阪の町人學者富永仲基〉（同注❶所揭書）。

成記載之事實產生變化的思想發展軌跡爲根據。《論語》的內容之所以有上下論的不同，如對聖人的界定，上論以泰伯文王之有德無位爲理想；下論則以《孟子》《公羊傳》所見之素王爲極致。又下論或有混雜道家或名家的思想，因此批評〈先進〉所載記述的禮文頗有僵化拘泥的所在。再者《論語》所見孔門弟子對孔子尊崇的程度則不如孟子之以孔子賢於堯舜。故儒家之因爲時代與門派的不同，其思想亦產生變化，隨著思想的發展變化，其所載記的事實自然有所差異。因循思想的發展軌跡探究各時代的各種史實記載的內容，則其流傳的情形就清晰可辨。至於其發展軌跡的探究，內藤湖南以爲按照時代的先後順序進行考察固無不可，而由後代追溯前代，即以下限爲基準而考察古書編成的時代，逐次往上限「加上」追溯，則古書的年代更可正確地判定。如孔子以迄《漢書藝文志》之六藝經傳的考察，若先以劉向、劉歆的時代爲中心進行考證，則與劉向、劉歆父子同時代的書籍篇章即可究明，在此之前的載記，則以《史記》的時代爲標準，在《史記》之前的，則以《呂氏春秋》《淮南子》等雜家之書的時代爲判準，依此次序往前追溯，探究思想發展的軌跡，則經典成書的年代即釐晰。內藤湖南以爲儒家的思想發展及相關典籍的考察固然可以用此方法，六藝經典的篇章次第亦可因循「加上」追溯的方法，究明其成書年代的先後。

　　內藤湖南應用孔子以後儒家發展的軌跡，說明《尚書》編成的次第。孔子的政治理想在於周公禮樂制度的重建，故《尚書》最初成立的是有關周公記錄的五誥。換句話說〈周書〉反映孔子及其門下以周公爲理想的寄托。尊奉孔子的弟子或出身於魯國的弟子以爲孔子既以周的全盛爲理想，乃產生魯繼承周朝正統，宜立魯爲王的

思想，繼而尊孔子爲素王，孔子有殷商血統，因而產生尊殷的思想，故於〈周書〉之前編次有關殷商的諸篇。其後九流並起，爲對抗於墨家之尊夏禹，儒家乃形成祖述堯舜的思想，故有〈堯典〉〈舜典〉的編成。六國之時，更有祖述黃帝、神農的學派產生，〈甫刑〉有記述黃帝、顓頊事蹟的所在，則是此一時期所作成的。再者，孔子以後，儒門弟子爲戰國諸侯所用，魏文侯、武侯之際禮賢下士，〈文侯之命〉或爲儒家用於魏侯時的產物，〈甫刑〉代表學士聚集於齊下的議論，〈秦誓〉或成於秦朝博士之手。至於記錄皋陶掌刑名的〈皋陶謨〉，乃是周末法家名家興起以後的思想，雖爲《尙書》的主要篇章，却是較爲晚出的。❸

　　內藤湖南既以儒家思想的發展，探究《尙書》編次的先後次第，又應用「加上說」的理論考察《易經》篇章的成書次第。其以《易經・繫辭》有「包犧神農」之說，就上古帝王序列而言，乃於《呂氏春秋・尊師》所述「神農、黃帝、顓頊、帝嚳、堯、舜」之上，加上「包犧」，又旁徵〈繫辭〉「太極生兩儀」之說類似《呂氏春秋・大樂》的「本於太一，太一生兩儀」，「河圖洛書」之說類似《禮記・禮運》的「河出馬圖」等實際例證，論斷〈繫辭〉必晚於《呂氏春秋》，乃是漢初之作。❹至於《易經》卦辭爻辭的成立年

---

❸　內藤湖南於今日所見先秦古書未必是原始面目的論述與《尚書》編成次第的考察，見於〈尚書稽疑〉，（原題〈尚書編次考〉，刊載於《支那學》第一卷第七號，1921年3月，其後收載《研幾小錄》，《內藤湖南全集》第七卷，頁19-23，東京：筑摩書房，1970年2月）。

❹　〈繫辭〉的論述，見於〈易疑〉，（原刊載於《支那學》第三卷第七號，1923年12月，其後收錄於《內藤湖南全集》第七卷，頁39，東京：筑摩書房，1970年2月）。

代與《爾雅》各篇成立時代的探究，内藤湖南則以時代的思潮、文章的體例與經傳的用字例進行考察。

《易經》的泰卦與歸妹卦皆有「帝乙歸妹」一語，内藤湖南引梁玉繩《史記志疑》與孔穎達《曲禮正義》的考證而說「帝乙」是人名而非廟號。至於「帝」的本義是天帝，如《尚書・洪範》的「帝錫禹洪範九疇」與鄭玄解《曲禮》「措之廟，立之王曰帝」之「帝」爲天神即是。戰國時，七國皆稱其國君爲王，王的稱號與存在意義逐漸輕微，乃有往上加重而尊貴其位的傾向，到秦昭王、齊湣王時，遂取帝號而稱「東帝西帝」，以「帝」字稱在位君主，蓋始於此時。其後秦始皇統一天下而自稱皇帝。「帝乙」之稱或未必早於秦昭齊湣之時，故爻辭中或間雜有戰國末至漢代初所用的語詞。至於《尚書・堯典》之以帝稱在位君王，亦爲戰國時代的風尚。❺内藤湖南又以爲爻辭的內容在戰國時代並未確定，爻辭之用九六，其年代也未必久遠。前者由《史記・春申君列傳》所引《易經》「狐涉水，濡其尾」之文，今本《易・未濟》作「小狐汔濟，濡其尾」，《戰國策》作「狐濡其尾」，文辭並不相同，固可窺知其究竟。後者則由《左傳》《國語》引用爻辭皆未用九六之字，再者〈繫辭〉所謂「君子所居而安者易之序也，所樂而玩者爻之辭也」，乃意味著〈繫辭〉與〈序卦〉〈爻辭〉頗有關聯，而且其作成的年代或相距不遠。

---

❺　内藤湖南於「帝」字的考證見於其所著見於〈易疑〉，（《内藤湖南全集》第七卷，頁40-41）至於梁玉繩《史記志疑》的引文是梁氏對《史記・殷本紀》「周武王爲天子，其後世貶帝號，號爲王」的質疑。孔穎達《曲禮正義》的引文則是於「措之廟，立之王曰帝」的解釋，正義引述崔靈恩的注釋是正確的。

又〈序卦〉的思想與說明各卦意義的〈說卦〉〈雜卦〉大有逕庭，〈序卦〉淺薄，古來存疑，〈說卦〉〈雜卦〉完成的年代較早，又能說明各卦的原義，則〈序卦〉的作成或晚於〈說卦〉〈雜卦〉。〈說卦〉與《爾雅》〈釋獸〉〈釋畜〉頗有關聯，大抵完成於漢代初期，則〈繫辭〉與〈序卦〉〈爻辭〉的年代當不早於漢初。〈繫辭〉所載有關數字的思想與近於《易》原義之〈象〉，即〈說卦〉所敘述的各卦原義的思想本來是不相連屬的，於〈繫辭〉作成之時，才合而爲一的。換句話說《易經》的編纂並非成於一時，既有如〈象傳〉〈象傳〉是在甚早的時期完成的；亦有如〈說卦〉〈繫辭〉等是漢初之際才完成的。由於有關數字的思想與《易》的原義有隔，於是內藤湖南又進一步地從卦爻形式的分析與筮法使用的歷史變遷，論述《易經》成書的經緯。

《易經》各卦的爻辭頗多與卦名相近的語彙，若以乾爲龍卦，其爻辭有潛龍、見龍、飛龍、亢龍、群龍等五個與龍有關的語彙，蒙卦有發蒙、包蒙、困蒙、童蒙、繫蒙等五個，復卦有休復、頻復、獨復、敦復、迷復等五個，由此可知爻辭與卦名有密接的關聯，爻辭或根據卦名辭分別歸屬的。考察爻辭與卦名關聯的語詞歸屬，《易經》之卦大抵以包含五個相關語彙的居多，間或有三個與四個的，而六個的只有困、艮、井三卦而已。由此可以推知《易經》原本未必每卦皆有六爻。再者，又有類似的爻名或語詞分見於兩卦的現象，如「包荒」「包承」「包羞」的爻名分見於泰否兩卦，「壯于趾」「壯于前趾」「壯于頄」的語彙分見於大壯與夬卦。此或許是本來同屬一爻之辭，爲了符應六十四卦之數而個別歸屬，分見於兩卦。

關於筮法，《尚書·洪範》有貞、悔二法，今本《易經》則有

吉、凶、悔、吝、無咎、屬，而未有貞。貞與卜筮占卦同爲卜問之義，《易經》則轉變爲正或貞固之義，而解爲「元亨利貞」四德。至於「筮」，《說文》解爲「易卦用蓍」，又根據孫詒讓《周禮正義》的解釋，筮與巫有關，則筮乃是巫所用之籤。卜筮抽籤，籤有數種小名，相當於爻辭，巫即按照籤名解析卜問的結果。殷商重視卜問，故神巫的地位甚高，周代以後龜卜較少爲天子諸侯之貴族階級所用，而流行於中下階層之間。春秋戰國以來，庶民階級抬頭，以民眾爲對象的筮法也逐漸復興隆盛。操持筮法的人又爲了顯耀其法術，乃附會各種傳說，遂有如《左傳》《國語》所載記的各種傳說故事，殷高宗、箕子、文王的事蹟亦採入於爻辭之中。其後，如〈繫辭〉所述的數字的思想與以陰陽爲基礎而表現其卦象的形式相結合，乃形成以卦爻的形式，表達具有哲學思想之系統化的《易經》。因此卦辭爻辭與最初編成而說明易理的〈象傳〉〈象傳〉自然不能一致，晚於《呂氏春秋》《左傳》《國語》的〈繫辭〉〈序卦〉，其與本初之易有甚大的懸隔也非不可思議的事了。❻

內藤湖南以爲《爾雅》是解釋諸經的字書，其成書的經緯與經書形成的次序息息相關。唯《爾雅》十九篇的成立時代既有不同，各篇又有最初撰述，姑謂之爲原始經文的部分與後世附加增益的部分。於是從思想的推移發展、經書的用字例與形成的次第，考察《爾雅》篇章形成的先後順序。內藤湖南以爲〈釋詁〉是《爾雅》最古的一篇，〈釋詁〉與《尚書》成書較早的〈大誥〉〈康誥〉〈召誥〉〈洛誥〉等篇相同，皆以「初哉首基」行爲「肇始」之義，然而《春

---

❻　《易經》編成的論述，見於〈易疑〉，(《內藤湖南全集》第七卷，頁43-46)。

秋》則不以爲「初哉首基」爲始。《爾雅》爲解釋諸經的字書，若《春秋》既已存在，《爾雅》必敘述及之，故內藤湖南以爲〈釋詁〉的原始經文，即「初哉首基……始也」的撰述或先於《春秋》。唯就文章結構而言，〈釋詁〉宜以「初哉首基」爲始而以「求酋在卒就」爲終；但是今本《爾雅·釋詁》於「求酋在卒就終也」之後，尚有「崩薨無祿卒徂落殪死也」一句。內藤湖南以爲「徂落」與同篇「爰粵于那都繇於也」之「都」，同爲古語或方言的特意使用，而非當時通行的文字，而且「都」字乃引自〈皋陶謨〉，典謨諸篇晚出，故「徂落」亦後世增益而附加的。

　　內藤湖南又以爲〈釋言〉做〈釋詁〉的體例而成的，故〈釋言〉的編成應晚於〈釋詁〉。〈釋言〉篇首有「齊殷中也」一句，〈釋地〉的「九府」舉八方物產，有「中有岱岳」的記述，即以岱岳爲中國的中央。又〈釋地〉的「四極」有「岠齊州以南」一詞，郭璞注：「齊中也」，邢昺疏：「齊中也，中州猶言中國也。」以齊的文化爲中國的中心，或爲天下士人聚於稷下之戰國時代的思想。至於「殷中也」，則是以殷爲中央的思想，蓋與以孔子爲素王的思想有關，「殷中也」的解釋，或起於孔子爲素王說的時代。至於何以此兩種不同時代思想的詞會並存於一句之中，內藤湖南以爲或許是先有「殷中也」而後竄入「齊中也」。因此《爾雅》篇章形成的時代先後是：〈釋詁〉的原始經文部分成於孔門七十弟子的晚期的時代，或距七十子不遠；其後又有戰國初期增益者。〈釋言〉成於以孔子爲素王的時代，其後又附加有稷下學問盛行時的部分。〈釋訓〉有與〈釋言〉同時期者，亦有漢初者。至於〈釋親〉至〈釋天〉各篇，則成於公羊春秋發達，禮學盛行的荀子至漢后蒼高堂生的時代。

〈釋地〉至〈釋水〉各篇，成於戰國末至漢初之間。〈釋草〉至〈釋獸〉〈釋畜〉各篇，或完成於解釋《詩經》的漢代初期。❼

除了以儒家思想的發展探究《尚書》的年代以外，內藤湖南還運用「加上」追溯的方法，究明《詩經》〈雅〉〈頌〉的編次順序，考證〈洪範〉的原始本義。

周代先祖的事蹟載記於《詩經》的〈大雅〉〈魯頌〉。〈大雅·生民之什〉記述后稷之母姜嫄「履帝武敏歆」生而后稷，乃屬感生神話，未可確信。〈魯頌·閟宮〉則謂后稷生而通農事，與〈生民〉所載周的始祖爲農神的說法同出一轍。〈魯頌〉爲稱譽魯僖公之作，〈閟宮〉詩的末尾亦記述僖公之事，可知〈魯頌·閟宮〉乃作成於僖公之時。至於〈大雅〉的〈文王之什〉與〈生民之什〉都記載文王的事蹟，其年代雖未可確知，然內藤湖南以爲〈大雅〉〈小雅〉口頌的詩歌，而非事實的記錄，是感受時代的盛衰，即由於後世的衰微而撫今思古，追思昔時隆盛的感興之作。因此其篇章編次未必根據歷史年代的先後順序，可能是由後世而上溯到前代的。若然，則〈小雅〉大抵是歌頌宣王的作品，然後由宣王的歌頌而「加上」追溯到前代，〈小雅〉之後是歌頌文王的〈文王之什〉，最後是記述始祖后稷的〈生民之什〉。至於〈小雅〉的年代問題，內藤湖南以爲宣王在位五十年，盛極而衰，幽王在位後，西周滅亡，其後平王東遷而東周興，時人感興時代的盛衰而傳頌歌詠宣王的〈小雅〉，

---

❼　有關《爾雅》的考察，則見於〈爾雅の新研究〉（原刊載於《支那學》第二卷第一、二號，1921年9、10月，其後收錄於《內藤湖南全集》第七卷，頁24-37）。

其後上溯前代的詩歌陸續問世。故〈小雅〉的作成或許在幽平之際，甚至是在平王的時代，〈大雅〉則又在其後。〈大雅〉〈小雅〉的文辭與陝西寶雞出土的虢季子白盤的銘文頗爲相似，根據金石學者的考證此銅器是西周時代的作品，因此〈大雅〉〈小雅〉當完成於東西周交替之際。❽

〈洪範〉之文，如《史記‧殷本紀》所說：武王克殷，問箕子以天道，箕子以〈洪範〉陳之。舊說〈洪範〉出自洛書，自然不可信，而「九疇」的內容及其作成的年代亦大有可疑。內藤湖南說：「五行」盛行於戰國，周初未必有此思想。「五事」源自〈小雅‧小旻〉，〈小雅〉作於西周與東周之際，〈洪範〉以「念用庶徵」相應於「敬用五事」，則其作成的年代應在其後。至於「稽疑」的「謀及庶人，謀及卿士」更是後起的思想，「五紀」中的曆數，是在曆法發達以後的產物，都是後世之人竄入的。「八政」中的「三曰祀」與「七曰賓」是相重複的，殷商祭祀先祖時，以所祭之祖爲賓，後世則以賓爲賓客，〈洪範〉之「賓」如孔傳所述「禮賓客」，乃用後世之義。至於「六曰司寇」與「八曰師」亦然，逮捕盜賊是「司寇」，出征攻伐則爲「師」，二者並存具載，於理不合。而「一曰食」與「二曰貨」存一即可，「稽疑」中有「卜五筮二」，箕子之時不應有《周易》的「筮」。再者「五福」與「六極」亦相應成文，則「六極」中，去「弱」則成爲「五極」。因此，九疇之說未必是箕子之時的原貌，「八政」中的「賓」「師」及「食」「貨」

---

❽　〈大雅〉〈小雅〉的考證，見於《支那上古史》第四章〈西周の時代〉，《內藤湖南全集》第十卷，頁71-73，東京：筑摩書房，1969年6月。

的其中之一或爲後世所附加的，「稽疑」中的「貞」「悔」本來是有關占卜之法的文字，其後演變成筮法，亦爲後世的產物。若「庶徵」中的「六極」的「弱」也是後人竄入，則除「皇極」「三德」以外，其他各疇的細目與大要皆是由「五」組成的，因此〈洪範〉並非九疇而是五疇。再者，以數目表達思想而言，內藤湖南以爲「九」或「十二」是戰國時代所發展的思考，古代大抵是用「五」，如《山海經》最先成立的〈五藏山經〉即是。若箕子的〈洪範〉果眞是五疇，其最初的形式或爲一疇至四疇的「五行」「五事」「八政」「五紀」是後世所加上的，「皇極」與「三德」原本爲一，是垂訓王者之德，「稽疑」與「庶徵」是王者的事業，若遵守帝王的彝德，遂行帝王的事業，即可達成「五福」與「五極」的理想。換句話說「皇極」與「三德」是體，「稽疑」與「庶徵」是用，「五福」與「五極」是究極理想，此即原始的帝王大法，〈洪範〉即是大法之義。❾

　　以上是內藤湖南以富永仲基的「加上說」爲基礎而開展其「歷史考證加上說」，又以「歷史考證加上說」考察中國經典之成書先後的論述。

---

❾　〈洪範〉的論述，見於《支那上古史》第三章〈夏殷の時代〉，《內藤湖南全集》第十卷，頁81-85，東京：筑摩書房，1969年6月。又關於〈洪範〉的錯簡，蘇東坡以來即有指摘，特別是明末黃道周《洪範明義》的考證更值得參考。唯內藤湖南以爲〈洪範〉是韻文，又《尚書》是用竹簡書寫，一簡之長二尺四寸，故字數大抵一定。《漢書·藝文志》記述：《尚書·酒誥》有錯簡，每簡二十二字，其錯簡亦爲二十二字。由此以推〈洪範〉的字數亦有一定，每簡的字數或爲二十三字。換句話說以韻文的文章形式與簡冊字數一定爲前提，即可進行考證。

三、以「加上說」說明中國傳形成的經緯

　　關於傳說形成的經緯，內藤湖南說：來自地方的原始信仰，如口碑類的地方傳說與有「傳說自覺」之先祖傳說的開闢傳說是形成神話傳說的要素，即神話傳說的原型。其後各種地方或開闢傳說經過整合融通而產生統一傳說，此統一傳說的形成大抵有將並存於各地之空間性的地方傳說整理成時代先後之時間性序列的傾向。其後又由於向古傾向的固有性格趨使，而形成時間序列的「加上」原則，產生新組合而成的傳說被定位於較為古老年代的「加上傳說」。換句話說內藤湖南以為中國古代的神話傳說的形成順序是：

地方傳說 ──┐
　　　　　　├── 神話傳說 ── 統一傳說 ── 加上傳說
開闢傳說 ──┘

　　以此形成順序考察中國古代的傳說，內藤湖南以為中國書籍所載記的越古老的傳說，其形成的年代往往是越晚出，而被定位於比較新的時代的傳說，其存在的年代則是比較古老的。如盤古傳說是開天闢地之遠古傳說，而其形成大抵是在六朝。內藤湖南說：就傳說的傳播與形成而言，中國本土文化擴張到周邊地域的同時，也致力於周邊民族傳說的採集。天地開闢的傳說原本是流傳南方苗族的民間傳說，大抵在後漢時，南方流傳的盤古傳說逐漸在中國境內流傳，梁任昉《述異記》乃將盤古傳說加在中國原本既存的三皇五帝

傳說之上，而形成盤古、三皇、五帝之「一三五」的序列。雖然如此，中國古代傳說的演進未必是一三五七的級數增加，而是三五的往復循環，因此盤古傳說是以調和空間性而形成時間性序列的原則，排列在三皇五帝傳說之「統一傳說」之上的「加上傳說」。至於三皇五帝的傳說，也是以「加上說」的原則而形成。

　　內藤湖南以爲三皇五帝說既包含有淵源於地方傳說的成分，也有著社會發達之合理的要素，到了漢代初期，公羊學者統合三、五之數而形成系統性的三皇五帝傳說。因爲戰國時代存在著各種三皇傳說，又由於地方的不同其所指涉的三皇亦有差異，再者伏羲氏是狩獵時代，神農氏是農業時代，燧人氏是熟食時代的象徵，則三皇傳說的時代既有了社會進化的概念。因此三皇的傳說大抵發生於戰國時代，而賦予史實的合理化以形成統一傳說，則在漢代到晉代之間。換句話說就歷史的時代而言，三皇雖然排列在盤古之後，而傳說的形成則在盤古代傳說的三四百年前。五帝說原本包含有象徵時間的年代順序的傳說，如《史記・五帝本紀》《易繫辭》的記述與如《呂氏春秋》《禮記・月令》之說明空間的方位的傳說，到了後漢，才有結合二者之說，成立如今日所見的「黃帝、神農、顓頊、伏羲、帝摯」的五帝傳說。至於黃帝的傳說則形成於六國，神農的傳說也發生於戰國時代，二者原本皆是開闢傳說，其後才發展成地方傳說。如上所述，內藤湖南以爲傳說的發展順序，首先產生象徵著空間性的方位之神，其後按照時間性的排列而設定其時代先後，五帝傳說是到了漢代，結合數字與賦予歷史性的合理化的概念，建立具體化的世系（《大戴禮》的五帝德與帝繫），而流傳到今日。換句話說五帝傳說的源流或爲地方傳說，或爲開闢傳說，其後交錯融合，

加上五行說的附會而形成五帝說，又於五帝說之上添加三皇說，最後根據歷史年代順序或社會發展過程的理性思考，傳說中的神遂成為真實存在的歷史人物。內藤湖南以為三皇五帝傳說是中國古代傳說的典型之一，其演變的軌跡正可以究明中國古代傳說的形成的真相。至於洪水的傳說也是如此。

內藤湖南以為中國洪水傳說的形成是起因於中國西北高而東南低，九河水脈的地理形勢與人為災害，前者是共工氏的洪水傳說與夏禹治水說，後者是殷商的洪水說。共工洪水傳說的共工原本或許只有一人，後世的學者為了解釋各時代在各地方似曾發生幾度洪水的現象，共工不但出現於黃河流域的各地方，而且各時代流傳著不同的共工傳說。根據《荀子・議兵》《淮南子・原道訓》《史記・律書》《國語・周語》《山海經・大荒西經》《列子・湯問》《帝王世紀》《路史》等書的記載，共工生存在於伏羲神農至夏禹之間。雖然是荒誕不經的記述，卻可以說明古書所載記的傳說的淵源是地方傳說與開關傳說，至於神話傳說的形成則有後人「加上」組成的痕跡。

夏禹治水說是中國流傳最廣的洪水傳說，內藤湖南以為這是與先祖傳說結合而成的傳說❿。共工傳說是在說明西北高而東南低的地理形勢；夏禹治水說則在說明黃河下流分岐為九的水文現象。夏禹治水說見於《尚書・堯典》《孟子・滕文公下》《墨子・尚賢中》《淮南子・地形》等書，大抵是戰國時代所盛傳的夏禹疏通九河，

---

❿　除夏禹、殷冥治水之外，《史記・秦本紀》亦記載秦的先祖大業、大費曾輔助夏禹治水。

伯益去除猛獸毒蛇之說的記載。其實先祖治水的傳說不僅存在於夏朝而已，殷商也有先祖整治洪水的傳說，此事見載於《竹書紀年》卷上：「帝少康十一年使商侯冥治河。……帝杼十三年商侯冥死于河。」內藤湖南以爲殷商時代人口增加而伐採山林，導致山洪暴發，不但苦於水害，數度遷都，也因而有洪水爲害的自覺，故流傳洪水的傳說。玄冥與共工或皆爲水官之名，故冥與禹或爲同時代的傳說。只是後人以爲夏后氏在殷商之前，夏后氏的先祖亦有治水之功，乃創造夏禹治水的傳說。考察內藤湖南的推論，在玄冥洪水傳說之前，就有夏禹治水傳說的記載，無非是後人爲了尊崇夏朝或符應歷史傳承而「加上」衍生的。

除此之外，內藤湖南以爲《尚書‧甘誓》所記載的夏朝制度與後世流傳的商湯革命也是後世所「加上」的載記。《尚書‧甘誓》記載夏朝的事蹟，稱夏朝有「六卿、五行、三正」。內藤湖南以爲《尚書‧甘誓》的記載頗多疑問，未必是夏朝的著作，如《周禮》之六官的「六卿」，在記述殷商制度的〈洪範〉只有三官，似乎夏朝具備的官吏，到了殷商却被廢棄了，但是在上古之世，制度完備於前代而後世却簡略減省，則不免有所可疑。其實「五行」之說是盛行於周末，〈洪範〉有所記載即有疑問，而〈甘誓〉亦有記錄，就更不可信了。所謂「三正」，是天子有三統，而後由三統衍化出三正，三統是有夏商周三代之後才產生的，夏初之有三正，是極爲可疑的。

夏桀暴虐，成湯代之的商湯革命是古來相承的傳說，但是內藤湖南引述《論語‧子張》子貢所說的：「桀之不善也，不如是之甚也。是以君子惡居下流，天下之惡皆歸焉」，以爲國家滅亡必有原

因，唯夏桀的事蹟未可詳考，或有後人歸惡於其身的疑問。如王國維所說的，古代諸侯與天子之間的地位並無顯著的差距，夏殷的革命未必有巨大的變動，只是夏朝的子孫道德衰微，領主的地位微弱，而爲商湯所取代。後人乃根據殷周之間的革命而虛造商湯革命，並模倣商紂的形象而塑造夏桀暴虐的事蹟。❶

「加上說」是富永仲基的主張，內藤湖南既以之爲學術思想形成的通說，又根據史實文獻的載記，主張中國學術思想流派的形成是始於孔子的儒家，墨家、道家、農家都是輾轉加之於其上的後起之學說。至於傳說的考證，則以「神話傳說──統一傳說──加上傳說」的發展軌跡與有出土文物、足以確信之經史文獻所記載的殷商事蹟爲根據，究明中國古代傳說之以「加上」的原則而衍生形成的經緯。

四、以「加上」思惟模式考察中國歷史載記的真僞

(一)盤庚的時代是中國信史的開端

內藤湖南以爲中國古代傳說與史實相符合是開始於盤庚的時代，《尚書·盤庚》的文章形式與《尚書·周書》記載周公事蹟的部分極爲類似，又與記錄傳說的〈多士〉〈多方〉〈無逸〉〈君奭〉等篇章相似；只與完全根據當時的記錄，即簡冊、金文而成的〈洛

---

❶ 內藤湖南於中國上古史的論述，參其所著《支那上古史》第一章〈三皇五帝〉至第三章〈夏殷の時代〉，《內藤湖南全集》第十卷，頁1-70，東京：筑摩書房，1969年6月。

誥〉有些微的差異。故〈盤庚〉的編成年代要早於〈堯典〉〈甘誓〉〈湯誓〉等篇章。至於〈盤庚〉如何編纂而成與其完成時代的問題，《史記·殷本紀》所謂盤庚死後，小辛的時代國家衰微，百姓感念盤庚而作〈盤庚〉三篇，則可存爲一說。《呂氏春秋·慎大覽》謂：「武王命周公旦進殷之遺老，……問眾之所說，民之所欲，殷之遺老對曰，欲復盤庚之政，武王於是復盤庚之政」，此或許是《尚書》載錄〈盤庚〉的正確理由。換句話說盤庚的事蹟並非後世所虛造加上的；是周初直接聽聞於殷商遺民而記錄的，這是盤庚的事蹟頗接近史實的原因所在，至於盤庚以後的殷商事蹟也頗爲可信。

《史記·殷本紀》記載殷商數度遷都，盤庚之時，遷都於殷。由於史書載記與出土文物的證明，盤庚至商紂八代，前後二三百年的相傳載記大抵可信。《史記·項羽本紀》記載項羽與秦章邯會師於「洹水南殷虛上」，且《水經注》的「洹水」也記載「殷虛」之名，可知「殷虛」古來既已存在。再者，不但龜甲文物從殷虛一地出土，而且根據王國維的考證，龜甲文物所記錄的商湯以後帝王的姓氏順序與《史記·殷本紀》《史記·三代世表》《漢書·古今人表》的記載頗爲相合。因此商湯以後的帝王是眞實存在於歷史中的人物，其事蹟的可信程度就不至於太低。

內藤湖南又根據殷虛出土的文物，特別是羅振玉的研究，考察殷商的社會狀況，進而指出龜甲書契鐘鼎銘文的記錄與《尚書》的記述頗有符應的所在，極具史料的價值。如殷虛出土之占卜祭告等文字，大抵是事前卜問的記錄，而非事後的記載，由於幾乎未假潤飾，是理解當時祭祀、田獵、征伐等社會狀況的第一手資料。又如官職的記載，根據羅振玉的考證，甲骨金文中，有卿士、大史、方

等官名，卿士是主司刑罰的官吏，大史主掌記事，方是地方官，或為《周禮》所載「職方、訓方、土方」之所本。再者，殷虛出土文物中，頗多甲器、牙器，大抵為狩獵時代的產物，但是書契文字中，有「牧」字，則意味著殷商時代或已有了農業的行為。鐘鼎彝器中，亦有類似重屋疊構的銘文，或為後世明堂的雛型，是祭天祀祖的場所，而且卜辭中關於祭祀的文字極多，可見殷商人民極重視祭祀。

綜上所述，根據殷虛文物與文字記錄大抵可以究明殷商的社會狀況，換句話說，中國文化之可以徵考，是開始於殷商，在殷商以前的記錄大抵為類似開天闢地、先祖感應的神話傳說，殷商以後的記錄則幾乎是可信的史實。不僅殷虛遺物如此，典籍記載亦復如此。內藤湖南說：《尚書》的〈無逸〉〈君奭〉記載殷商時代的事實，〈無逸〉旨在規戒天子不求逸樂則可長生，其所引證的君主都是中宗（大戊）、高宗（武丁）等殷商的先祖，而殷商以前的聖王賢君則全無引用。〈君奭〉在說明聖明天子非有肱股良善的輔助不可，其所舉證的都是殷代一朝的事蹟，如成湯的伊尹，太甲的保衡，大戊的巫咸，武丁的甘盤，非如後世典籍之以尚古的傾向而引述三代聖王的良相宰弼。二篇的年代雖然未可詳知，就其所敘述的殷商君臣關係而言，與《孟子・公孫丑》所說的「由湯至於武丁，聖賢之君六七作」頗為一致，或為周初的殷商遺民所傳述的先祖傳說。換句話說以確實可考的傳說為證據而不「加上」古聖先賢的事蹟，故〈無逸〉〈君奭〉的記述是確實可信的。至於殷虛卜辭都是當時於事前卜問的記錄，而非後世之人所「加上」的記錄，鐘鼎銘文也是如實地記載祭祀、享告、征伐等當時所發生的事件，甲骨彝器也反映了

當時社會生活的現象，因此可以說殷商文化是中國文化的起源。**⓬**

㈡《史記・周本紀》的周代世系有「加上」的可疑與周公形象的理想化

關於《史記・周本紀》引述《世本》所載的周代世系，內藤湖南以爲其中亦有後世「加上」的痕跡。〈周本紀〉所載的周代世系爲：

> 后稷→不窋→鞠→公劉→慶節→皇僕→差弗→毀隃→公非→高圉→亞圉→公叔祖類→古公亶父→季歷→文王

〈大雅・公劉〉謂：「徹田爲糧」，公劉修后稷之業以通農事，而遂行井田制度。「皇僕」、「高圉」、「亞圉」的字義則是與牧畜有關。以此考察周代世系，是先有農業的活動而後有遊牧的行爲，如此，則不免與社會的進化有所扞隔。內藤湖南以爲周代或許先有牧畜的傳說，流傳著公劉以後諸人的世系，到了發展農業以後，乃以農業之祖的后稷爲自身的先祖，而「加上」后稷以迄公劉的世系。雖然如此，堯舜到夏殷有一千年，一代三十年，則有三十代，夏殷的世系大抵相合。〈生民〉之以后稷爲帝嚳元妃姜嫄之子，〈魯頌・閟宮〉謂：后稷「纘禹之緒」，則以后稷與堯舜同時或稍晚，但是后稷到文王只有十四代，后稷與堯舜同時或稍晚的記述則難以確

⓬　內藤湖南於殷商時代文化的論述，參其所著《支那上古史》第三章〈夏殷の時代〉，《內藤湖南全集》第十卷，頁51-70，東京：筑摩書房，1969年6月。

信。因此內藤湖南說：殷商文化傳播周邊地區之後，周人才知道后稷及農業行為的傳說，乃於皇僕、高圉、亞圉等先祖傳說之上「加上」公劉的傳說，再附會后稷的感生神話，同列之於堯舜的時代或稍晚，因而形成上述的帝王世系。再者，所謂公劉時代即有井田制度，也甚為可疑。

　　《尚書》的〈大誥〉到〈立政〉十二篇文章大抵記載周公時代的事蹟，唯諸篇所記載的內容是否為歷史的事實，就必須佐證於現存的鐘鼎銘文。若文章的形式類似金文，或內容與金文相符，則其內容或可稱為史實。一般以為周公有居攝、救亂、克殷、踐奄、封衛康叔、營成周、制禮樂、還政成王等功績。內藤湖南則認為居攝一事是否存在，未可詳知，唯周代是嫡長子繼承王位的制度，以清初王位繼承的實情，即太宗有軍功，其弟睿親王雖聰明，太宗部屬建言立世祖順治而睿親王攝政為例，推測周公的事蹟，則周公攝政或為存在的事實。至於救亂、克殷、踐奄、封衛康叔，則是指管叔、蔡叔與武庚作亂，周公克之，封衛康叔於殷商舊邑等事大抵見記載於《尚書》。《尚書》的〈康誥〉〈酒誥〉〈梓材〉記述周公命令衛康叔治理敵國之事，〈多士〉〈多方〉載記告誡亡殷王孫與他國人民的布告，〈召誥〉〈洛誥〉則記錄營造新都的事實，〈無逸〉是告諫君王勿安於逸樂，〈君奭〉則敘述宰相的職責，〈立政〉則制定主要官職。至於所謂《周禮》《儀禮》記載的禮儀制度皆成於周公之手，則頗為可疑。《周禮》分六官而司掌所有的官職，《禮記·曲禮》雖有六官之說，唯與《周禮》有異，而且鄭玄注則謂之為殷商的制度，周末儒家傳孔子之學而記述六官，意謂〈曲禮〉作成之際，六官的職責不像《周禮》那樣明確。此外，有關官職的記

載，《禮記·王制》與《荀子·王制》雖然也有記述，但是不僅內容有異，也未有設立六官的記述，《管子·五行》雖有六官之說，却謂之為黃帝的舊制，《管子》書晚出，乃戰國末期之作，所謂黃帝的成規，乃「加上」之說。因此，內藤湖南說《周禮》六官司掌三百六十種職官，乃長年積累而形成的系統化的職官制度，非周公一代所可能完成的，而是周公以迄漢初，結合理想與實際官制的結晶。至於《儀禮》的年代，林泰輔《周公と其時代》考定之為西周末期的著述，清崔述亦主張非周公所作，乃是春秋以後的著述。內藤湖南以為行禮儀之制作，始則簡略，然後綿密繁縟，又經過孔門弟子的繼承傳受而成為專門之學。《儀禮》如此，《禮記》《管子·弟子職》亦然，老師以日常的行誼傳授弟子，又以韻文傳述，以便於記頌施行，其後經禮儀專家的制定而成為系統化的禮文典儀。至於周公所制定的，只是禮節的大綱而已。

有關樂成於周公之時，特別是《詩經》的〈周頌〉三十一篇與〈小雅〉的一部分為周公所作之說，崔述的《考信錄》既已辯駁有之，內藤湖南則以金文與《尚書》的文章形式為佐證，以為〈洛誥〉古樸，或為周公時代的作品，盂鼎有類似〈洛誥〉古雅的所在，尤其紀年的文字，用「祀」而不用「年」，則又早於〈洛誥〉，然亦有用韻的所在，大抵為成康時代所發展的形式。「頌」為宗廟祭祀時，附屬於祈祝之詞的歌，押韻的所在也不多，乃引聲長吟之原始形式的歌。雖然如此，〈周頌〉中有「成王不敢康」，「自彼成康，奄有四方」之詞，「成王」或「成康」皆為諡號，大抵作成於成康之後。至於〈大雅〉〈小雅〉為宴會之作，〈國風〉為民謠，多為韻文，〈關雎〉刺康王之失德，〈周南〉〈召南〉思念召公之德，

皆爲成康以後，思念前代之事的詩歌。因此樂大抵作成於成康之後。

綜上所述，內藤湖南以爲周公所制定的禮樂並不多，周公的功績只是內定天子之德與宰相的職責，外封同姓諸侯以確立類似於中央集權的統治體制而已。《尙書》〈大誥〉以迄〈立政〉十二篇所謂殷民的懷柔，成王與衛康叔的輔導，制度的建立與新都的營造，宰相的養成等經綸乃是孔子及其門下所理想化的周公形象，至於攝政以輔佐幼主的正當化與制定文物制度之聖人形象，則是王莽時所塑造的。換句話說周公的聖人形象前後經過兩次的理想化「加上」塑造，先由孔子及其弟子的尊崇，以之爲主張禮樂之儒家的聖人，其後經劉歆的發揚，而成爲規模宏大之制度的制定者。**⓭**

結語：「加上」思惟是歷史發展與文化形成的法則

富永仲基的「加上說」是學術思想形成的通說，內藤湖南以之爲基礎，發展成歷史考證的「加上說」，其根據史實文獻的載記與有出土文物，究明中國學術思想流派與中國古代傳說的形成經緯。換句話說無論是富永仲基的「加上說」或是內藤湖南的「歷史考證加上說」都以思想的合理性或史實的眞確性爲基準而判定年代久遠的思想或歷史記事皆後世的「加上」，進而探究學術思想形成與經史典籍之記載的眞實。雖然如此，從內藤湖南的論述當中，不論是

⓭ 內藤湖南於周公事蹟的論述，參其所著《支那上古史》第四章〈西周の時代〉，《內藤湖南全集》第十卷，頁86-103，東京：筑摩書房，1969年6月。

繼承前代而開新的「加上」，或是以後世思想而作系統性開展的「加上」，都是歷史發展與文化形成的動力。因此內藤湖南的「歷史考證加上說」不但是究明歷史思想之眞實的方法論，也是說明繼承而創新之歷史發展與文化形成的法則。

　　周代官制的形成，有因自然的必要而產生的官職，亦有由於農業的需要，配合四時而制定官職的現象。前者由《周禮》官吏職屬可以究明，《周禮》頗多「某氏」的官職，如師氏、保氏、媒氏等，考察其名即可知其職掌，然馮相氏、保章氏雖爲春官大史之屬，司掌天文，由其文字則未必可以窺知其官職。至於條狼氏、赤友氏等意義不明的官名，或爲殷商以來世襲的官名，內藤湖南以爲「某氏」的官職大抵爲殷商時代既已存在的世襲官吏，周人奪取天下以後，雖因循舊制，而在其上新置長官以統轄之，如元清之於漢人之上置蒙古人與色目人，以爲各省各司長官的事例，或可作爲佐證。馮相氏、保章氏本來是掌天文之家，周取得天下以後，以大史爲天文之官而統轄之。文明後進的部族戰勝文明開化的部族，雖有因循舊章的所在，亦有新制規章以統轄部屬的取捨，因循與取捨並存乃是自然的趨勢。後者則可由明堂制度的演變，考知《周禮》六官形成的經緯而窺知一二。明堂於周初之時，既是天子處理政治的所在，也是生活所居的處所，是極爲素樸的存在，其後明堂與宗廟、大寢分別建構，又由於四時五行的盛行，天子於明堂的位置宜順隨四時月令的更迭而改易的思想便產生。即《周禮》不但說明配合農業時代的需要而形成的官職，也反映出符應天地四時而衍生天人相應之六官的理想架構。換句話說周代初期是爲了強化周朝統治的制度，或符應農業社會的需求等實際需要而制定的官職，其後「加上」各種

思想的附會，便發展成實際與理想結合的職官制度。《周禮》即是周公時代以迄漢初，實際需要與理想思想符會的產物。由此可知繼承前代舊制而建立新規的開新是「加上」，後世思想結合舊有成規而形成系統性體制的開展也是「加上」。此繼承前制而開展新局的「加上」或許可以說是歷史發展的法則，而繼承以開新也正是內藤湖南「歷史考證加上說」的論旨所在。❶

　　周代於成康之後，繼之而起的是昭穆的時代，根據《史記·周本紀》的載記，自昭王的時代開始，周的王道少衰，昭王巡狩南方而死於江上，穆王攻伐犬戎失敗，因此夷狄不來朝貢。雖然如此，內藤湖南以爲昭穆二王勤於遠略，昭王攻伐徐淮，穆王遠征夷狄，以致姬姓封建侯國增加而領土擴張於四方之事，大抵是可信的史實。因爲春秋時，楚國勢力強大而威脅及於中原各國，齊桓公乃藉之伐楚，結果併　江漢間諸多姬姓之國。由此或可以推知昭穆時姬姓侯國增加的史實。再者漢武帝即位於文帝之後而雄略四方之事與周公成康之後，昭穆以武功爲事極爲類似，周漢帝王事業不但前後輝映，而且也可以說明創業開國的君王之後，有勤儉守成的君主出，守成的君主之後則是雄才大略的天子繼承王位而擴張帝王事業，乃是中國帝王世系中常見的事例。因此昭穆的時代，大事領土擴張而姬姓侯國增加之事，可以後世歷史事實的「加上」印證而想像得知。內藤湖南進而指出：國勢盛極一時而無英明的君王繼承其事業，則

---

❶　內藤湖南於周代官制度ⅱ論述，參其所著《支那上古史》第四章〈西周の時代〉，《內藤湖南全集》第十卷，頁91-97，東京：筑摩書房，1969年6月。

國家將步入衰微的道路，再加上天子失政和外族入侵，更加速國家衰亡，也是歷史發展的法則。根據《國語・周語》與〈大雅・瞻卬〉〈大雅・召旻〉的記述，幽王失德，寵信奸佞，又遭逢地震、飢饉的天災，犬戎的入侵，西周乃滅亡。全盛之後，大抵流於奢靡，以致內政腐敗，再有天災人禍，強敵入侵，若無英君圖振，良相輔弼，則難挽傾廢之勢。穆宣之世尚處強盛時期，一二失政畢竟無損其國力。但是幽王昏暗，又不得其人，加上外族的擾攘，江山便不得保全了。「創業開國→勤儉守成→擴張極盛→昏庸失德→外敵壓境→衰微滅亡」的模式一再地重現於中國的歷史舞台，未嘗不可謂之為中國歷史發展的法則。而此一發展的法則與文化傳播的途徑也有極大的關聯，黃河流域所發展的中華文化隨著領土的擴張而傳播到周邊地域的外族，其後周邊民族將之轉化成為自身的文化，當中原勢力或文化式微時，便乘勢直入而危及中土的政治，引發中華文化的因革。中土與周邊文化之相互影響的「文化波動」始終隨著彼此政治勢力的消長而反復再現於中國歷史。此往復循環的文化波動，內藤湖南稱之為「螺旋循環」，而此「螺旋循環」的模式不但是中國歷史發展的法則，也可以說明中國與周邊地域所形成的文化圈之文化發展徑路。⓯

　　至於中國古代何以有「加上」的思惟，蓋由於中國人有尊重典型的傾向，即在既有的典型之上，下工夫而衍生孳乳。換句話說，

⓯　內藤湖南於昭穆時代的論述，參其所著《支那上古史》第四章〈西周の時代〉，《內藤湖南全集》第十卷，頁105-110，東京：筑摩書房，1969年6月。

與其創新，寧尊重典型，是中國人性格的特質。在人格的養成上，所謂「聖人」，是道德修養的究極理想，而「典型在夙昔」，即意味著以古代聖賢的行儀為人生在世的典範。此一尊重典型的傾向亦見於思想傳承與文學創作上。如後世的宋明儒學，即以發揮孔孟儒學的真義為依歸，而展開理學與心學的新局面。魏晉玄學則以老莊為其思想源流之一。貝塚茂樹說戰國諸子的思想不但皆有獨創性，也居於中國思想史上開山始祖的地位，故「戰國時代是中國思想史的黃金時代」❻。換句話說，中國的思想傳承是以先秦諸子為典型而展開的。至於經學歷史亦然，經書大抵形成於戰國時代，經兩漢經注、唐代正義而有清朝考證學的發展。而在中國文學的文體發展亦然，詩雖大成於盛唐，然四言詩蓋源於《詩經》，五、七言與樂府的形式，大抵見於漢代。絕句、律詩的近體詩雖亦隆盛於唐代，魏晉南北朝時，即有對句之法，音韻之學，平仄的格調亦略具雛形，至唐而詩法益形嚴密，詩的形式底定，詩的面目一新。散文的發展亦復如此，唐宋古文家固然有「文以載道」、「文以明道」的提倡以振興八代之衰微；在行文的體裁上，則以秦漢的散文為宗尚，故八大家的古文頗有先秦諸子的神韻，如蘇洵取法《戰國策》的縱橫奇策而長於論辯，蘇軾有《莊子》豪邁飄逸的風格，王安石則有《韓非子》壁壘森嚴的格局。至於黃山谷江西詩派的「換骨奪胎」，李攀龍的「文必秦漢，詩必盛唐」，更是尊重典型以創作詩文的典型論說。因此吉川幸次郎說：典型的尊重，即重視既有存在學說或行為，然後於表現方法上推敲琢磨，以進行新的開展，乃是中國人創

---

❻　《諸子百家》，頁1，東京：岩波書店，1987年4月。

造性根源的所在。**⓱**

　　文化之有時代意義乃在於文化的突破，從歷史的觀點思考時代文化的發展，可分別爲前代的繼承發展與對前代批判反省的兩個類型。周代禮文之於殷商文化，既有繼承性發展的因革，亦有批判性反省的創新，因革與創新即是文化的突破。換句話說突破即是對前代文化的「加上」，文化發展即在加上突破的過程中，凸顯其開創新局面的時代意義。因此周公制禮作樂的聖賢形象雖然是孔子與王莽所塑造出來的，而此理想化之下的「加上」，正可以說明中國人尚古傾向的傳統性格。因革創新的突破與尚古「加上」精神的結合，則產生了中國人創造歷史的動力，如一般以爲唐宋同屬中世，但是超越唐代絢爛華美的外觀而重視素樸沈潛之內在精神則是宋代知識分子於文化意識上的突破，而中國歷史發展的法則亦在此文化突破的意義下衍化孳乳。

⓱ 吉川幸次郎以爲尊重典型是中國文學的特色之一。至於形成尊重典型的原因，是由於中國特有的地理環境與社會環境。中國幅員廣大，在與外國文學接觸之前，中國的思想、文學已經相當發達，只要尚古繼往，就能有新的開展而無需外求發展。科舉制度也是推動典型主義形成的一大助力。就典型尊重的事例而言，杜甫之所以被稱爲「詩聖」，除了杜詩、特別是近體詩格律爲後世詩人所取法以外，日常生活的事物皆成爲詩的題材，誰人皆可模倣，再者杜詩所展現的是人生無限可能的希望，詩的道理無遠弗屆，圓滿具足，猶如聖人的存在。（〈中國文學の特色〉，吉川幸次郎述、黑川洋一郎編《中國文學史》第一章，頁31-39，東京：岩波書店，1992年2月）。

《史記》是中國史學的開端

關鍵詞　京都史學　內藤湖南　貝塚茂樹　宮崎市定

前言：京都中國學派的學問特色

　　1906年京都大學創立文科大學，狩野直喜擔任中國文學教授，翌年，內藤湖南聘任爲東洋史講師，開啓了京都中國學研究的端緒。一般以爲京都的中國學是以清朝考據學爲基底的科學實證之學。❶狩野直喜繼承太田錦城、海保漁村、島田篁村一派的考證學，潛心於清代乾嘉的學術與清朝的制度。❷內藤湖南則是遠紹章學誠、錢

---

❶　狩野直喜説：「我（的學問）是考證學。」（小島祐馬「通儒としての狩野先生」《東光》第五號、1948年4月）興膳宏也説：所謂京都學派的學問，一言以蔽之是清朝考證學。（興膳宏：〈吉川幸次郎先生の人と學問〉，《異域の眼》，東京：筑摩書房，1995年7月）。

❷　有關乾嘉考據的探討是狩野直喜《中國哲學史》（岩波書店出版）一書最精彩的所在。又乾嘉學者所著力研究的《左傳》《公羊傳》，狩野直喜也有《春秋研究》（みすず書房出版）的專著。至於清朝制度的論著則有《清朝制度與文學》（みすず書房出版）。

大昕的學問宗尚，❸以史學的角度綜觀中國的學術發展。其實京都
學派的學問性格，特別是內藤湖南的學問，不純然只是考證而已；
乃是在目錄學的基礎上進行旁徵博引、精詳考證，而建立通貫宏觀
的歷史識見。❹又由於京都自古即是日本文化之所在，而且有與江
戶中期以來考證學風的傳承，在此學術環境下，「學問與趣味兼容
並蓄而渾然融合的研究，才能眞正地理解中國文化」，❺則是京都
學者的爲學理念。❻故京都中國學的學問可以說是以科學實證爲學
問方法的經史文化之學。

　　狩野直喜、內藤湖南是京都中國學的雙璧，其門下弟子有鑽研
史學的貝塚茂樹、宮崎市定，精通文學的小川環樹、吉川幸次郎、
青木正兒，深究思想的武內義雄、小島祐馬，旁通文史的神田喜一
郎、桑原武夫等人展露頭角，形成京都中國學派而鼎盛一時。❼

---

❸　內藤湖南的學問是取法章學誠、錢大昕的記載，見於神田喜一郎的〈內藤
　　湖南先生と支那上古史補遺三題〉（《敦煌學五十年》，東京：筑摩書房，
　　1970年7月）。

❹　以內藤湖南的學問爲精審考證而又有宏觀識見的評論，見於神田喜一郎的
　　〈內藤湖南先生と支那上古史補遺三題〉（《敦煌學五十年》所收）及內
　　藤湖南著《日本文化史》（下）（講談社學術文庫77，1976年11月）所附
　　的桑原武夫的解說。

❺　神田喜一郎〈大谷瑩誠先生と東洋學〉（《敦煌學五十年》，東京：筑摩
　　書房，1970年7月）。

❻　狩野直喜兼治經傳文學，又能詩善文，書法也自成一家。內藤湖南於史學
　　的著述外，也能爲詩文和歌，更著有《支那繪畫史》，論述中國繪畫的歷
　　史。

❼　關於京都中國學者的學問，參見《東洋學の系譜》第1、2集（江上波夫編
　　著，東京：大修館書店，1992年11月、1994年9月），《東方學回想》（全
　　9卷，東京：刀水書房，2000年2-10月），張寶三《唐代經學及日本近代京
　　都學派中國學研究論集》（台北：里仁書局，1998年4月）。

一、內藤湖南的《史記》詮釋

㈠《史記》編纂的時代背景

　　內藤湖南（1866-1934）以爲《史記》是統一綜括之時代潮流下，中國最初而至善的史書。❽就學術史而言，漢初繼承戰國的學風，盛行比較論評諸子百家，進而以著述敷衍解釋先秦諸子的學術思想，司馬談論六家要旨即是《莊子·天下》《荀子·非十二子》的流衍。再就著述體裁而言，戰國至漢初之際，類似類書形式而綜輯諸說的「雜家」取代了諸子百家的「一家之言」，如《呂氏春秋》即是。但是到了統一的時代以後，則逐漸形成統一各種思想的傾向，如《淮南子》既繼承《呂氏春秋》綜輯諸家學說，又嘗試以黃老思想統括各家思想之「雜家」式的著作。至於企圖綜括所有的史家記錄而完成統一性的史書則是司馬遷的《史記》。內藤湖南以爲歷來的載記只是爲了提供君主爲政參考而編集的，然而《史記》不但是打破類書的體裁而且是極有系統地編纂記錄的史書，就內容而言，《史記》不僅是帝王政治參考的類書，更有繼承孔子寄寓微言大義於《春秋》與董仲舒《春秋繁露》維繫道統的用心，是「通古今之變，究天人之際」的著述。

---

❽　內藤湖南的《史記》論述收載於其著《支那史學史》（《內藤湖南全集》第十一卷，東京：筑摩書房，1969年11月。平凡社於1992年11月以「東洋文庫」之名，出版刊行《支那史學史》上、下。）

㈡《史記》的體例及其編纂旨趣

　　內藤湖南以爲《史記》的〈十表〉是開中國年代學的先例，《春秋》雖以年繫事，却未必有年代學的意識，而司馬遷則有明顯的自覺。至於〈八書〉除了記載王者的典章儀式以外，尚有制度文物與天人學術技藝變遷的記述，因此司馬遷所謂的「天人之際」既包含自然天道的形上意義，也有以人爲主的人文精神之建構。〈封禪書贊〉所謂有司記錄可以不錄，實際變遷的原因眞相則不可不書的叙述，蓋可窺知司馬遷編纂八書的趣旨。〈世家〉是封建制度的反映，就全體而言，固如〈太史公自序〉所說的，世家是記載輔助天子之賢人的事蹟，然而探究各〈世家〉的贊辭，則司馬遷的著述旨趣亦可窺察而知。司馬遷以爲天子或諸侯之能永傳其家，必有其因果關係存在。其原因不是如陳杞之由於自身先祖有功於人民，其子孫乃能成爲諸侯，就是如孔子、陳涉有功德之人自然得以列爲世家。就〈世家〉的論述而言，周代與漢初的諸侯皆有輔佐天子之功，故得以配祀世家。除此之外，司馬遷也藉〈世家〉的叙述反映制度因爲時代的推移而有所變化的現象，如〈五宗世家〉、〈三王世家〉的記述則可以反映諸侯制度的變遷。漢初諸侯的封土廣大，是造成七國之亂的原因之一，五宗、三王等諸侯的數目雖多，封土却極小，自然不足以形成反抗天子的勢力，制度的形成與變遷於斯可以考見。

　　內藤湖南以爲〈列傳〉是顯示司馬遷具有卓拔識見的所在。《史記·伯夷列傳》記述了司馬遷標舉「列傳」的用心所在。出身於庶民階層的凡夫俗子不若天子諸侯，即便有顯著的功德，其生平事蹟也未必能傳於後世。許由、務光等人必定是古之賢人，此由鄉土的

傳聞而可以窺察知悉，但是却因爲典籍著錄無傳其生平，以致其事蹟湮滅不傳。換句話說司馬遷載記人物傳記的目的大抵在顯揚幽陋賢人的行誼。再者，古代的官祿大抵是世襲的，只要出身於世族之家，就可以享受俸祿，至於以個人的學力才能，而要垂名青史是不太可能的。但是春秋戰國以後，庶民出身而揚名立萬的個人却輩出於世間，〈七十列傳〉即是反映東周的此一現象。至於取材方面，司馬遷以爲歷代文獻固然可取，而民間傳聞逸事亦不可偏廢，如〈管晏列傳〉的記載大抵不取世間容易知曉的載記，而多採其逸事。內藤湖南以爲僅就歷史的體裁而言，或許沒有詳細載個人事蹟的必要，但是爲了彰明歷史的演變與個人於時代的活動，則有採具編年歷史與個人傳記之記述的必要，《史記·列傳》的歷史意義即在於此。至於〈十表〉，特別是〈三代世表〉、〈十二諸侯年表〉、〈六國年表〉亦能顯示出司馬遷撰述的用心。以「世表」而不以「年表」的方式敘述三代的歷史，是司馬遷愼重其事的所在。〈十二諸侯年表〉則是司馬遷依時繫事以記載時代盛衰爲目的而編纂的，不但有明顯的歷史目的，也有體系性的編纂方法，以明確地表示出其著述體例。又在〈六國年表〉中，亦可窺察其記載繁簡的用心，如秦僅存秦記，故秦的記載極爲簡略。根據歷史記載的繁簡明晦而分別爲世表、年表、月表，足見其用心之周到。關於《史記·十表》的優點，鄭樵的《通志·總序》既已詳細敘述了，然而司馬遷編纂歷史的缺點亦見於〈十二諸侯年表〉。因爲《史記》的體裁既有如《春秋》之敘述義理者，也有如縱橫家之不拘事實的說辭；有引用史官記載的譜諜，也有如曆算根據曆法而推斷年月和數術根據陰陽五行排列帝王順序的材料。換句話說《史記》是正確的記錄與不正確之

家言著述綜合而成的史書。司馬遷雖以「雅馴合理」為歷史取材的標準，系譜記錄、雅馴合理的古代傳說與馳說曆算之家言著述錯雜並存，則是其缺失的所在。❾

(三)品評後人對《史記》編纂法的批評

首先對《史記》全書的旨趣進行非難的是班彪，據《漢書·班彪傳》的記載，班彪以為《史記》以道家為宗尚而背離經學的主旨，又貶抑善正而褒揚游俠、貨殖之徒。但是內藤湖南以為班彪不但未體得「與文而不與質」之理，也不明司馬遷以公羊學之寓褒貶而撰述《史記》的用心。至於《史通》等書所謂周、秦本紀叙述先祖以迄一統之前的歷史，項羽、呂后並非天子而列入〈本紀〉，皆不得史書之體的批評，內藤湖南以為司馬遷編纂〈本紀〉的真意，其一在於顯揚先祖有功於人民，其子孫乃得以成王而享國，周、秦本紀之記述先祖之事即是此意。其二則是代表實權的掌握，項羽、呂后之列〈本紀〉即是此旨。換句話說〈本紀〉不單是編年體的歷史，更有表示當時主權所在的用心，此正是司馬遷的卓越史識。又關於帝王本紀，諸侯世家，公卿以下的列傳，既已具備年代系譜的功能，又別作年表，形同蛇足的非難，內藤湖南解釋說：有了表，則記事得以簡省，而不足以列入〈世家〉〈列傳〉的人，由於收入表中，亦可以記錄其姓名而表示其存在。再者《史通》所謂戰國時，天下

---

❾　武內義雄〈六國年表訂誤〉（《武內義雄全集》第六卷，東京：角川書店，1978年9月），平勢隆郎《新編史記東周年表》（東京大學東洋文化研究所，1995年3月）即對《史記》年表進行刊謬。

未一統，諸侯各國宜有年表，但是漢代既已統一，則無需爲王侯作表的批評，內藤湖南以爲這是未審漢代制度而導致的誤謬。因爲漢代王侯一如春秋時代，各國皆有自身的年曆，在司馬遷的時代，自然有天子紀年與諸侯紀年並存具載的必要。

內藤湖南以爲後世對《史記》的批評而最得體要的是方苞、章學誠、邵晉涵。方苞強調「義法」雖出自《春秋》，却由於《史記》的發揚而後世文章之精深者皆有義法。方苞於〈貨殖列傳〉的評論中指出：司馬遷發明《春秋》義法，以之記述歷史，然而班固以後的史家未能體得此義法，以致文章衰微，史法亦不明。內藤湖南以爲方苞彰明〈八書〉、〈儒林傳〉、〈孟荀列傳〉及漢初功臣傳記的叙述，皆得《春秋》微言以寓褒貶之義法的論述，是清代古文家對《史記》的批評而最有見解的知人之言。至於章學誠的論述而最足觀的是說明司馬遷撰述《史記》因由。《文史通義・史德》指出：一般以爲司馬遷是「怨誹譏謗」而作《史記》，其實並非如此。司馬遷的〈報任安書〉固然有「發憤」之言，然「發憤」未必即是「怨誹譏謗」，乃欲以《詩》六義比興之旨而研究《春秋》，進而以《春秋》的義法撰述《史記》，期能「究天人之際，通古今之變，成一家之言」，絕非如王充所說的「謗書」。

邵晉涵的《史記》品評收於《紹興先正遺書第四集》，內藤湖南以之爲近代最能體得司馬遷著述的用心與《史記》全書趣旨的評論。邵晉涵以爲《史記》的叙事多本「古文」的《左氏春秋》，而筆法則遵《公羊》之義。司馬遷受《春秋》於董仲舒，故《史記》義法乃取之於《公羊春秋》，於文質異同之辨別，人物的論定，多寓「與文不與質」的義法，漢人經學傳承的遵守由此可見。再者《史

記》的文章體例乃參酌於《呂氏春秋》而稍作通變，其綱目之立，首尾貫通的方式，大抵相同。世人稱司馬遷的義法背離經訓，而文章創新獨製，則非得其體要之論。內藤湖南以爲邵晉涵所謂《史記》叙事本古文，義法尊公羊的評論是極爲中肯的，但是《史記》的體例或參採《呂氏春秋》的紀覽論，而內容則大異其趣。《呂氏春秋》類似類書，而《史記》之重視歷史的通變，又以紀年爲本而記述歷史的發展，則是司馬遷的獨創。

㈣司馬遷評述：通古今之變而成一家之言

內藤湖南以爲《史記》行文極具巧思，又頗能反映當時的社會現象。如〈游俠列傳〉與〈貨殖列傳〉的記述即是。前者是在記述政府的制度所未及之處，民間以某種形式或力量取而代之，以施行社會的制裁。後者則在描寫政府的取締無法徹底執行，導致各人得以發揮自身的力量，而形成貧富懸殊的現象。又由於時代的差異，史書的叙述觀點也有所不同。內藤湖南舉游俠形成的背景，來說明《史記》與《漢書》着眼點的不同所在，進而強調司馬遷的卓越見識。《史記·游俠列傳》旨在說明在司馬遷的時代，由於社會不平等的結果，終於出現執行社會制裁而發揮個人力量的游俠。但是到了宣帝的時代，政令嚴肅，發揮個人力量以遂行社會制裁的游論却形成政治的妨害。《漢書》即從政府取締的角度，強調游俠是政令實行上的障礙。由史漢的差異也可以看出司馬遷從歷史的觀點記述〈列傳〉時，有肯定個人能力的特色。至於司馬遷之所以如此立論，是因爲其採取時代變遷的叙事觀點，因爲春秋到漢初，是以個人能力而自由競爭的時代，欲辨明此一時代的社會現象，則不能不着墨

於縱橫天下之英雄豪傑的活動。再者，時代既有變遷，則制度的施行亦不能不因革損益，故一統的天子在統治天下時，參考古今制度，擇善固執，才是最善之策，若以個人的好惡而更改制度，實行禮樂、封禪、平準，就不是治理天下的常理了。司馬遷所謂通古今之變的意義即在於此。內藤湖南以爲一家之言的著述是《史記》的特徵，但是通貫古今之變而體得歷史沿革上的義理，更是司馬遷繼承《春秋》大義而成就風雨大業的用心所在。

㈤《史記》評論：史部書之開端

《史記》所取捨的除了史官的記錄以外，尚有當時的傳說。內藤湖南以爲古代口述傳說的歷史意義未必輕於文獻記錄，口述傳說的載記雖然因爲記錄者的意識差異，不免有主觀偏重的缺失，但是司馬遷綜輯各種口述傳說而取其最雅馴者，可以說是當時歷史編纂法上最善的判斷。故鄭樵、章學誠都說司馬遷是中國第一個綜合史家，而其所編纂的《史記》則是開中國史部書的端緒。就文體與著述風尚而言，當時最流行的是辭賦，由於故事或事物排列之體裁與表現詩人感情之辭賦的結合，終導致漢賦的隆盛。而且二者相輔相成，歷史上的知識、古今沿革、專門學術的排列研究，其最終的目的即在爲辭賦所應用，至於辭賦的流行，類似類書的體裁也逐漸形成，終形成便利人君與時人使用的辭賦。但是司馬遷的《史記》非爲備人君之用而撰述的；是綜括古今歷史流變而成一家之言的著作。雖然背離時代風尚的需求，却有其獨特的識見。再就目錄學史的流衍而言，《史記》也是別出新裁的著述。由於司馬遷之作《史記》是取法於《春秋》，所以劉向父子的《別錄》《七略》將《史

記》收入六藝的春秋類中，未必是失當的部類。雖然如此，《史記》的體裁却異於《春秋》。內藤湖南指出：司馬遷以爲一言一句以寓褒貶、斷事理者，唯聖人始能，其自身只是直書其事，至於善惡的褒貶則是行文當中自然天成的。故撰述的精神雖取法於《春秋》而形式則有所改變。再者統括古今學問之〈八書〉〈十表〉則是《春秋》所無的體裁。劉向董理秘閣藏書時，由於沒有與《史記》同類的書籍，不能單爲《史記》一書別立一目，乃將《史記》收入春秋類。即使在《漢書藝文志》的時代，如《史記》之綜括古今沿革的著述依然不多，故未能形成「史部」的部類。班固的《漢書》以來，歷代的正史大抵倣傚《史記》體裁，或採取部分的體裁而撰述的傳記、制度等史書逐漸增加，到了晉朝，史部就足以形成一個部類，在正史的著錄上，如《隋書經籍志》四部分類中，史部書目儼然是個獨立的大類。因此就目錄發展歷史而言，《史記》確實是史部書目的開端。

二、貝塚茂樹的《史記》詮釋

　　貝塚茂樹（1904-1987）出生於東京而長於京都，1925年4月入學京都帝國大學史學科，1949年4月任京都大學教授，10月任人文科學研究所所長。1961年11月，以《甲骨文時代區分の基礎的研究》獲文學博士。1948年1月，以中國古代史的研究獲得朝日文化賞。貝塚茂樹長於甲骨文與中國古代史的研究，著有《貝塚茂樹著作集》

十卷等書。❿

　　貝塚茂樹的《史記》研究著作有《司馬遷》、《史記》、〈史傳の文學〉〈司馬遷の史學に於運命の問題〉、〈史觀の喪失——司馬遷の史學について〉等論著。⓫貝塚茂樹以與西洋史學對比的觀點，凸顯《史記》的價值，又認爲〈列傳〉是司馬遷最着力的所在，也是《史記》之所以爲中國史書之祖的主要原因，故對《史記·列傳》進行深入研究，探究司馬遷撰述《史記》的用心，論述《史記》刻畫中國古代人物典型的觀點所在。

㈠與西洋史學對比而凸顯《史記》的價值

　　就西洋史學的叙述方法而言，《史記》的〈本紀〉〈世家〉是政治史，〈表〉〈書〉是文化史，〈列傳〉是傳記。近代西洋史學之祖的德國史學家 Leopold von Ranke（1795-1888）主張直接記錄當時歷史事件的，才是正確的史料，至於歷史的研究也非以此種歷史記述爲對象而進行考察不可，進而樹立以嚴密的史料批判爲歷史研究與客觀記述之主旨的新學風。以此學說考察《史記》的叙述觀點，即可理解司馬遷的撰述是合乎近代西洋史學學風的。貝塚茂樹以爲司馬遷以「六藝」爲古典的基準，取捨當時爲數甚多的歷史文獻，

---

❿　貝塚茂樹的著述生平，參〈先學を語る——貝塚茂樹博士——〉，《東方學》第九十一輯，頁164-190。其後收入《東方學回想》第七集（東京：刀水書房，2000年9月）頁175-202。

⓫　《司馬遷》（東京：中央公論社，世界の名著11，1978年10月），《史記》（東京：中央新書，1963年5月），其後與〈史傳の文學〉等論文收入《貝塚茂樹著作集》第七卷（東京：中央公論社，1977年3月）。

採取最可信的載記而編纂《史記》。此一歷史記述的方法即是近代西洋史學的方法，而章學誠的「六經皆史」則是最能發揮《史記》史學精神的主張。再就《史記》的體裁而言，〈本紀〉與〈表〉是理解歷史，特別是政治史大綱所不可或缺的，近代史學於十九世紀才形成這種歷史記述方法，司馬遷却於西元前一世紀即應用之於其著述中，可見司馬遷具有高昂的歷史意識而凌駕於西洋歷史之父 Herodotos 之上，足與西洋近代史學家比肩齊驅。再就西洋史學的發展而言，以文化史的觀點載記歷史是在十八世紀法國史學家 Voltaire（1694-1778）以後，才發展出來的，《史記·八書》是類似於分門別類的文化史，不但記述王朝及其時代的歷史，更超越王朝的制約，清楚地記載制度史、經濟史、技術史、風俗史於時代推移中的變遷。就此意義而言，司馬遷於以帝王、諸侯、武士、貴族爲中心的政治史的主流中，超越政治史的範疇，以庶民爲對象而從事文化史的記述，足見其具有通貫古今中外的歷史識見。

(二)《史記·列傳》於中國史書的價值

中國正史的形式大抵是以編年政治史的〈本紀〉與個人傳記之〈列傳〉爲主要體裁的記傳體，而此綜合性歷史記述的形式是起源於《史記》。貝塚茂樹以爲由於中國的正史頗着力於個人傳記的叙述，細微刻畫個人具有個性的行動，所以漢代以後的記傳體的著述中，最具有史學和文學的價值是列傳。司馬遷之着眼於歷史人物的行動與個性的描寫是前有所承的，貝塚茂樹以爲發揮個性的自覺，是經過戰國至秦漢而到達頂點，此一文化史的時代背景是司馬遷編纂記傳體之《史記》的遠因。至於司馬遷撰述《史記·列傳》的主

要理由，貝塚茂樹則引述 Jacob Christoph Burckhardt（1818-1897）
《義大利・文藝復興的歷史》（1867）所說的「個性自覺的高昂，
乃產生正確記述人之內外在特徵的意念」，說明個人傳記形成的原
因。貝塚茂樹說：即使有個性自覺的文化史的背景，在只有編年體
之《春秋》與故事性歷史記述之《左傳》流傳的漢初，出現描寫個
人及其個性的《史記・列傳》，畢竟有司馬遷自身獨有的理由。司
馬遷生於漢朝權威穩定，英明而專制的武帝在位的時代，其深感上
自王公貴族下至販夫走卒由於受到極大的制約，人人皆顯得微小而
難以自由地發揮個人個性，❷乃取法戰國時代展現個性的文化性自
覺，撰述「列傳」，企圖於歷史的記述中再現逐漸喪失的「個性自
覺」。再者，「傳」原本是以師弟問答的形式而口述相傳經典之義，
《史記》的〈列傳〉則是記載文獻或口傳接聞之歷史或時人的生涯。
就此意義而言，「個性自覺」的意識雖前有所承，而其文化傳承的
理念則是史學精神的究極，又在記述形式上，由口耳相傳經典內容
的「傳」轉為記述個人行動的「傳記」，則是司馬遷獨創的歷史記
述方法。因此，可以說〈列傳〉的體裁是司馬遷首創的。

　　〈列傳〉是《史記》中最精彩的所在。〈列傳〉大抵是記載一
人的生平事蹟，然亦有數人合為一傳的，如〈管晏列傳〉、〈屈原
賈生列傳〉、〈游俠列傳〉即是。這些人之所以同列一傳，大抵是

---

❷　吉川幸次郎以為漢人感受到人有甚多的限定，乃產生微小、不安、悲觀化
　　的傾向，因此文學表現上也頗多悲觀主義的作品。就中國文學發展而言，
　　漢代是悲觀主義盛行的時代。（吉川幸次郎：〈中國文學に現れた人生觀〉，
　　《吉川幸次郎全集》第一卷，東京：筑摩書房，1968年11月，頁105-111。
　　也收入《中國文學入門》，東京：講談社學術文庫23，1976年6月，頁144-152）。

因爲時代雖不同却有著共通的事功、成就或行動。在歷史發展或社會流變中，類型代表的合傳，或反映各個時代的文化現象。至於個人傳記的叙述上，固不乏生動靈現、淋漓盡致的描寫，而發揮其歷史哲學的議論，則是不可忽視的所在。司馬遷重視文獻，但是文獻並非歷史的全部，若有應該流傳於世而却亡逸不存的文獻存在，則是記述歷史的缺憾，於是周遊各地，訪求殘留於民間的傳說。由於其走訪蒐集的結果，古典文獻所未載記的文獻，如堯舜及其以前的聖賢的事蹟，乃得以補足。又在收集古代聖賢傳承文獻的過程中，司馬遷體認到「天道無常」與「君子沒世而名不稱」，乃致力於〈列傳〉的撰述。後者如許由、隨光等古代聖賢，只殘留於口述傳說而未記載於古典，若傳說也湮滅不傳，即使有偉大的事功，其聲名亦將幻滅無存。前者如伯夷、叔齊、顏淵是聖善之人，或餓死或短命而死，盜跖是大盜惡徒，却能保全天壽。從人類的歷史來說，正義之人未必能享有榮華而不義之徒也不一定得惡報。換句話說因果報應未必有必然的關係，即道德天理與歷史事實總是有矛盾的存在。面臨此一矛盾，司馬遷以歷史的批判爲史家的職責，褒貶善惡而傳述歷史人物的事蹟，爲有偉大的事功，崇高的道德而未有相應報酬的人作傳，使忠臣、守節正義之人的名聲知聞於後世，如此，不但沒有「君子疾沒世而名不稱」的遺憾，也能喚起人的道德覺醒，此即是司馬遷撰述〈列傳〉的用心所在。其自身雖遭遇刑罰的命運，却轉化對歷史無常的激憤而發憤著述不朽的著作。故貝塚茂樹以爲司馬遷不但由於編纂《史記》而體得自我超越之道，其筆下的歷史人物也因爲司馬遷的撰述而留名於後世。

(三)《史記》的影響：歷史意識的成立

　　貝塚茂樹以爲中國人極在意自身行爲於歷史中的批判，爲了死後留名青史而謹愼其在世時的行爲，甚至以爲生前的成就固然重要，而死後的歷史論斷更值得珍視。亦即得到良善的歷史評價，才是眞正的不滅不朽。換句話說由於中國人有強烈的歷史評價意識，因而產生以良善之歷史評價爲人生究極的的人生觀。中國史書之所以發達，中國的歷史人物之相競於歷史留名的原因正在於此。此一觀念意識的形成，乃起因於司馬遷的《史記·列傳》。就此意義而言，司馬遷以人物爲本位而編纂歷史，而其所構築的歷史意識，也深深地支配了中國人的生存價值。

　　《史記》的史觀和記述形式，不但爲《漢書》以來的正史所因襲，而且保存整理前朝的史料而編纂前朝歷史的工作，被視爲歷史任務的精神，也肇造於《史記》。再者因爲《史記》體裁綜攝政治、制度、文化、經濟等分野，因此可以說《史記》是最詳密的歷史記述形式。漢代以後之所以採用以此綜合式的形式進行歷史的編纂，固然是社會趨向複雜化的反映，也未嘗不能說是司馬遷的《史記》爲歷史記述提供了古典形式的根本依據。

　　《史記》記述中國古代三千年的歷史，以〈本紀〉〈世家〉〈表〉〈書〉〈列傳〉的體裁相輔裁成，而形成總合性的歷史。再者，以褒貶善惡爲撰述歷史人物的觀點，建立歷史意識，而爲中國人生存價值的根底，誠有其思想內涵。至於文字表現方面，則根據歷史現實而簡潔的論述，爲史傳文學的典範。就此意義而言，《史記》可以說是西漢學問大成的典型著作。

三、宮崎市定的《史記》詮釋

宮崎市定（1901-1995）長野縣人，1922年4月入學京都帝國大學史學科，1944年5月任京都大學文學部東洋史學教授，1947年4月，以《五代宋代の通貨問題》獲文學博士，1958年5月，以《九品官人法　研究》獲日本學士院賞。著有《宮崎市定全集》二十五卷等書。宮崎市定長於中國制度史的研究，又縱橫驅使制度史料而究明中國政治、社會、文化的真象。❸

宮崎市定以為中國的史學創始於《史記》。《春秋》的體裁雖是歷史，却被定義為經書，《戰國策》雖記載戰國的歷史，却以議論的記述為目的，是縱橫家的記錄，故列屬於子書之類。至於《史記》的內容，上古以迄戰國的記載雖轉載《書經》《春秋》《戰國策》的記述，但是其目的既不是傳述經典的義理，也不是宣傳縱橫家的雄辯奇策，而是在於記錄歷史的事實，故司馬遷可以匹配於西洋歷史之父的 Herodotos 而為中國史學的始祖，《史記》則是中國正史的開端。

---

❸ 宮崎市定的生平著述參〈宮崎市定自訂年譜〉（《自跋集——東洋史學七十年》，東京：岩波書店，1996年5月）、《東方學》2000年9月第百輯所載的〈宮崎市定博士年譜〉〈宮崎市定博士著書目錄〉，又關於其學問的介紹，則有日比野丈夫〈宮崎先生を偲んで〉、竺沙雅章〈宮崎先生の追憶〉、橫山修作〈宮崎先生を憶う〉（皆收於《東方學》1996年1月第91輯，〈先學を語る——宮崎市定博士——〉，《東方學》2000年9月第百輯，島田虔次〈宮崎史學の系譜論〉（《宮崎市定全集》月報25，東京：岩波書店，1994年2月）。

　　宮崎市定以爲研究《史記》的著眼點有二，一爲解讀《史記》本文難解之處，發現史學研究的新方法，一爲以文獻學的觀點，探索《史記》取捨史料的根源所在。前者的代表論述是發揮其史學本領，即探究中國古代制度的〈史記貨殖傳物價考證〉與究明社會變遷軌跡的〈游俠に就て〉，後者則是以其博識宏觀的史學修養而進行文獻考察的〈身振りと文學〉〈史記李斯列傳を讀む〉。❹

(一)考證漢代貨物的價格

　　記載漢代物價的史料有三，其一爲散見漢代諸書的斷片，其二爲近代出土的漢簡，其三爲《史記・貨殖列傳》。前二者的史料，前人既有所研究，❺宮崎市定以爲《史記・貨殖列傳》的文字固然難解，却是究明漢代物價的珍貴史料，乃進行詳細的考證。根據〈貨殖列傳〉的記載，宮崎市定以爲司馬遷有每年獲利二萬文的設定。如封千戶之邑的諸侯，每年自每戶徵收二百文的租稅，則有二百萬文的收入；庶民如果有富裕的資產，每年要取得二百萬的收益也非難事；即使沒有豐碩的資產，只要巧妙地買賣商品，也有獲得二百

---

❹　宮崎市定研究《史記》的論文收載於《宮崎市定全集》5（東京：岩波書店，1991年11月）。至於所有著述內容的解說，其自身有《自跋集——東洋史學七十年》（東京：岩波書店，1996年5月）的論述。

❺　研究漢代書籍記載物價的有瞿兌之〈西漢物價考〉，《燕京學報》第5期，1929年。至於居延漢簡的研究則有勞榦〈居延漢簡考釋〉〈漢簡中的河西經濟生活〉，《歷史語言研究所集刊》十一本。平中苓次：〈居延漢簡と漢代の財產稅〉，《立命館大學人文科學研究所紀要》第1號。宇都宮清吉：〈西漢時代の都市〉，《漢代社會經濟史研究》（東京：弘文堂，1955年）。

萬收入的可能。宮崎市定指出：〈貨殖列傳〉「封者食租稅」到「身
有處士之義而取給焉」是記述各種生產資本的數量；「凡編戶之民」
到「則非吾財也」則是記載買賣商品的數量。「陸地牧馬二百蹄，
牛蹄角千，千足羊，澤中千足彘」就可以說是擁有百萬的資產
家。於都市從事商業貿易，假定其利潤爲二成，則一年中買賣「馬
蹄噭千，牛千足，羊彘千雙」，就有二十萬的收益。至於馬牛羊豚
的價錢爲何，宮崎市定參照《史記·貨殖列傳》與《漢書·食貨志》
的注釋而列出馬牛羊豚的價格表：

	相當於百萬錢的資產			二十萬錢收益的販賣數		
	原　文	匹　數	單　價	原　文	匹　數	單　價
馬	二百蹄	A 50	20000	蹄噭千	a 200	5000
牛	蹄角千	B167	6000	千　足	b 250	4000
羊	千　足	C250	400	千　雙	c2000	500
彘	千　足	D250	400	千　雙	d2000	500

買賣在購求利潤，但是就上表所顯示歷來注釋的結果，馬、牛的成
本單價較販賣單價少。若以二成利潤爲原則，則馬的買賣完全沒有
利益。因此，《史記·貨殖列傳》與《漢書·食貨志》的注解就不
能不有疑問了。在不改字解經，而詳密考證以爲新解的原則下，宮
崎市定從動物學的觀點，說明馬爲單蹄，故於馬的解釋可如舊注；
牛爲雙蹄，四肢八蹄合二角，其數則爲十。至於「足」的解釋，則
引證《說文》、《漢書·天文志》、《晉書·天文志》等書，以爲
畜獸的後肢稱「足」或「股」，前肢則爲「肩」，故「牛千足」即

後肢千隻，五百頭。以此考察〈貨殖列傳〉的文字，則可得

	相當於百萬錢的資產			二十萬錢收益的販賣數		
	原　文	匹　數	單　價	原　文	匹　數	單　價
馬	二百蹄	A 50	20000	蹄噭千	a 200	5000
牛	蹄角千	B100	10000	千　足	b 500	2000
羊	千　足	C500	2000	千　雙	c2000	500
彘	千　足	D500	2000	千　雙	d2000	500

雖然如此，馬、牛的成本單價爲販賣單價的四、五倍，顯然理解上有所誤差。宮崎市定以爲所謂「馬二百蹄，牛蹄角千，千足羊，彘千足」固然是與生產有關的數量，却未必一定是相當於百萬錢的生產資產。再推敲司馬遷的用意，此段文字的重點乃在於二十萬的生產利潤，若然，則「馬二百蹄，牛蹄角千，千足羊，彘千足」所指的數量乃是生產育成的可能數字。〈貨殖列傳〉有「水居千石魚陂」的文字，《史記正義》解作「言陂澤養魚，一歲收得千石魚賣也」。所謂「千石魚賣」是指一年的生產量不是資本所有量。由此推論，「馬二百蹄，牛蹄角千，千足羊，彘千足」即是一年生產而得以販賣的數目。既然是年生產量，則生產所得的價格就不是百萬而是二十萬，換句話說馬的單價是四千，牛是二千，羊豚各爲四百。至於買賣利益，一年繁殖馬五十匹、牛百匹、羊豚各五百匹則可得二十萬的利潤。再就二成的利潤來計算，則馬一匹的買價爲五千而賣價則爲六千，牛以二千買進而以二千四百賣出，羊豚各以五百爲進價，而賣價則爲六百。如此解釋，則其表爲《史記・貨殖列傳》所見馬

一年取得二十萬利潤的方法							
生		產		買		賣	
	原　文	繁殖匹數	一匹賣價	原　文	販賣匹數	一匹買價	一匹賣價	一匹利潤
馬	二百蹄	50	4000	蹄噭千	200	5000	6000	1000
牛	蹄角千	100	2000	千　足	500	2000	2400	400
羊	千　足	500	400	千　雙	2000	500	600	100
彘	千　足	500	400	千　雙	2000	500	600	100

牛羊豚的買賣價格大抵如此。此一價格與漢代其他史料，特別是居延漢簡相比，是否可以取得均衡，則又值得玩味。根據勞榦〈居延漢簡考釋〉的考證，居延漢簡所謂「用馬五匹直二萬」，可知馬一匹四千，與〈貨殖列傳〉的馬價大抵一致。至於「服牛二六千，用牛二直五千」的「服牛」或是拉車之牛，「用牛」則是耕作之牛，一匹的價格為二千五百到三千，與〈貨殖列傳〉的牛價極為相近。而羊價為九百至一千，約為〈貨殖列傳〉羊價的二倍。宮崎市定以為居延漢簡的時代尚未完全判明，而且地理位置又相隔甚遠，因此未必能相合。畢竟考證《史記·貨殖列傳》的物價，最主要的目的是在於考察司馬遷所載記的物價體系，進而理解當時的物價。再者正因為物價有地域與年代的差異，才有商業貿易的行為，因此居延漢簡與《史記·貨殖列傳》所記載的物價雖有不同，亦有並存互考的價值。

㈡探究社會變遷

關於「游俠」的性質，宮崎市定說：所謂「游俠」是無特定的

主人，應聘而往，以服犬馬之勞的劍客，日本的「在野武士」、西洋的 free lance 是相同的存在。至於「游俠」在中國歷史上的存在意義，宮崎市定則以為通過游俠的興起、流行而至衰滅的演變軌跡，則可以考察春秋戰國而至秦漢社會變遷的跡象。

春秋初期大抵是小的都市國家或部落國家對立的社會，在各小國之內，士族與庶民之間，有嚴格的區別。士族雖獨占政治的參政權，却也有戰時出征的義務，因此，為了參與戰爭而擁有武器，則是士族的特權。換句話說在春秋初期，為防衛祖國而持武器戰鬥是士族生存的原則。其後，會盟政治興起，共同防衛形成同盟國之間的盟約，為了遂行同盟之誼，士族不僅要為祖國而戰，甚且有為盟國而戰的需要。有時，因為特殊事情，士族移住他國而成為該國的士族，如《左傳·僖公二十六年》所載齊桓公的公子七人留楚而成為七大夫即是。與此上流士族制度逐漸崩壞的同時，士族與庶民之間的階級區別也逐漸消失，如晉於魯僖公二十八年以後實施兵制改革，不但軍隊徵用庶民，而且庶民建立軍功，也能獲得列身士族的機會。其後，一國之主為強固自身的權位，乃將國家的常備軍視為自己的侍衛隊，上行下效，貴族也招集從屬而成為「私屬」。因此寄食於王侯的，不僅是同族、國民，亦有亡命而來的徘徊於其門下。在此狀況之下，為了仕宦於有力者之下，熟習武藝，則是不可欠缺的條件，由於精通武術而得到優遇的士族，如齊莊公之於殖綽、郭最（《左傳·襄公二十一年》），又有克敵而儕身士族，免除勞役，如趙簡子所頒布的軍令（《左傳·哀公二年》）。由此可知，當時貧窮的士族或庶民由於精通武藝，建立戰功而立身揚名。此精通武藝的劍客即是游俠的前身，只是春秋初期尚有上下的主從關係，還未有懷

劍求鬻而遊走天下的「遊士」的出現。

　　春秋末期到戰國，由於諸侯、貴族致力於常備軍的設置，終形成士無定主而任選其主的風尚。春秋末期，仕於知伯的予讓即是代表的人物。至此，不但人主選擇臣下，士亦選擇所事之主而任意去就，至於巧於收攬士民之心的貴族大夫終能篡奪王位而興家建國，如韓、魏、趙、田齊即是。戰國的形勢大抵如是。

　　盛極一時的戰國君主的權勢因為世襲制度的關係，也產生貴戚專權的事，如戰國的四君子即是。孟嘗君等人為了顯貴安身，招致天下賓客，門下食客數千人而誇其權勢。雖然如此，食客大抵去就無常，如孟嘗君罷相，食客皆背去而無顧之者。此離合集散無常的食客可以說是「游俠」的前身。《史記·游俠傳》稱孟嘗君等四君子為「有土卿相」之俠，以區別於自閭巷匹夫出身的俠。其實閭巷匹夫之俠的劍客即是俠的原義，至於四君子並不是俠，而是俠所依恃的王孫貴戚。因為「俠」字逐漸用以形容當時的社會風氣，最能發揮此一風氣的四君子亦被稱謂為俠。再者，「有土卿相」的貴戚君子與閭巷匹夫的食客游俠的結合，形成戰國時代頗為特殊的社會交際的場所與現象。一般以為「市」是經濟貿易行為的場所，却也是士族與庶民娛樂、集會、社交的所在。宮廷固然是以天子王室為中心的社交場所，但是連結市集的交會而企圖形成天下社交中心的「有土卿相」的邸宅，却成為天下游俠集中的所在。貴戚君子固然是利用權位而成為劍客所依恃的對象，但是只有權勢和金錢却未必能無往不利，重視意氣而有恢宏的氣度，則是招集天下賓客所不可或缺的重要條件。因此，在以義與利而結合的團體中，自然也產生「救人之厄」、「重然諾」的道義精神，而此道義精神終成為游俠

社交界的規律。「有土卿相」的俠義氣度爲後世之閭里鄉曲的俠所繼承，終形成游俠的黃金時代。

秦始皇統一六國，以法治主義統治天下，俠被稱爲「五蠹」之一，不但「有土卿相」的俠遭到肅清，民間的游俠也受到迫害。雖然如此，游俠依然潛存於社會的底層，而與不滿秦皇政治或六國後裔的豪族結合，在民間社會形成一股強大的潛在勢力。換句話說秦的統一，「有土卿相」之俠雖然消失，而秦始皇的苛政與二世的失政，却造成民間游俠鳶飛魚躍的情勢，甚至產生閭里鄉曲的豪傑英雄而統御游俠社會。秦朝末年，造成反秦勢力的即是六國王孫的舊貴族與匹夫論客。前者如項梁、項羽，至於季布、張耳是「爲氣任俠」之屬，而彭越、黥布，甚至漢高祖雖是群盜之徒，亦皆屬後者。高祖私淑信陵君而以游俠自任，然於取得天下以後，爲了集權於中央，乃強要天下豪強移住關中，可知其政治措施與秦未必有太大的差異。景帝時，甚至採行誅戮諸國游俠的強硬手段。然如此，民間依然有大小無數的游俠輩出市井，故漢初至景帝時代可說是民間游俠的時代。

漢代天下既定，遂行中央集權政策，因此社交的中心乃轉移至宮廷，社交界終爲世襲的貴族所獨占。鄉曲匹夫之論失去與官方交際活動的場所，遂轉而在向民間結社樹黨，見義勇爲，濟弱扶傾，以發揮孟嘗君以來的傳統精神爲理想的義俠相繼登場。如漢初魯地的朱家「所藏活豪士以百數，其餘庸人不可勝言。……專趨人之急，甚己之私」❻，則是游俠理想的存在。繼朱家之後，則有楚的田仲、洛陽的劇孟，與司馬遷同時代的有郭解。據司馬遷的記述，朱家、

---

❻ 《史記·游俠列傳》。

郭解等人雖不免觸犯法網，然尚能「私義廉潔，退讓有足稱者。……其行雖不軌於正義，然其言必信，其行必果。……伐其德，蓋亦有足多者焉。」⓱頗能垂游俠的典範於後世。

游俠風氣至武帝時代急轉直下，這是因爲天下政治逐漸安定，「不軌於正義」的活動乃被視爲違法的暴力而遭到取締，游俠幾無安身立命的所在。有用的人才終於轉向學術，企求爲世所用，其餘的則沈淪於社會的一隅而結群樹黨，鑽營私益。司馬遷視之爲無賴而歸屬於盜跖之徒，如以掘塚姦事而起的曲叔，以博戲致富的桓發，司馬遷即不記載之於〈游俠列傳〉而歸之於〈貨殖列傳〉。武帝晚年蜂起的盜賊即是以此輩爲多，至於武帝的鹽鐵專賣的經濟政策，或許也爲此輩提供了若干圖謀暴利的機會。至於象徵著獨立不羈之氣概的游俠完全自世間消失的主要原因是游俠的貴族化。

宮崎市定以爲游俠貴族化在漢代初期即開始，中葉以後，由於對待游俠的方針改變，只要游俠社會承認中央政權的威權，朝廷就沒有滅絕游俠社會的必要。由於二者的妥協成立，游俠社交界隱然成爲中央宮廷社交界的下屬支部，游俠遂有貴族化的傾向，而此一傾向到了後漢就更加明顯了。游俠節義勇爲的古風消失，與宮廷結合而形成游俠貴族化的出現，即意味著游俠自中國歷史舞台告退，結束其在中國歷史所扮演的角色。

㈢推察《史記》史料記載的源流本末

與解讀《史記》本文同爲研究《史記》重要之所在的是《史記》

⓱　同上。

史料來源的探究。《史記》根據秘閣藏書、王室記錄、先秦諸子的書籍與民間傳說而編纂歷史，是眾所周知的事，然而其所根據的民間傳說的性質到底為何，則值得推敲。特別是司馬遷何以能生動地描寫荊軻刺秦王，如臨現場地載記鴻門之會的情況，更可堪玩味。宮崎市定以為解決此一問題的端緒是《水滸傳》的編纂背景。《水滸傳》於人物描寫之妙，可說是千古的奇文，但是宮崎市定以為此一描寫的手法並不是《水滸傳》作者的創作，是轉載在此以前的各種說書、講唱或雜技等腳本而來的。宋代以來，江南都市文化繁榮，各地都有所謂「瓦市」之庶民娛樂場所的設立，各種藝人即在此展現其得意的技藝。經年累月，由於民眾智慧的結合，「瓦市」傳承的故事，遂洗練成具有高度藝術的結晶。《水滸傳》即選擇世俗文藝作品中，最膾炙人口的故事而編成的長編小說。其栩栩如生的所在，或許即是市井庶民雲集而藝人表演其特技神采的當下。《史記》的編纂或許也有相同的背景，中國古代也有類似近世都市文化發達的現象，在一般庶民娛樂場所的「市」（「市集」），不但有各種技能的表演，以娛樂市民，也有在不違反當時政治主權者的前提下，提供市民知識來源之歷史故事的說講。漢武帝時，戰國末期到秦始皇時代的歷史事件或漢代初期功臣事蹟，也許正是迎合民眾的熱門話題。《史記》逼真地叙述人物的行動和歷史的場景，其來源或許即是當時市集流行的講演藝術。**⓲**

⓲　參〈身振りと文學──史記成立についての──試論〉（《宮崎市定全集》5，東京：岩波書店，1991年11月）。

結語：京都史學研究的特質

　　東京大學雖然有江戶幕府官學以朱子學爲正統的學問傳統，但是明治以迄戰前，以東京大學爲中心的東京學界幾乎成爲政治的附庸，❶而狩野直喜、內藤湖南於京都開啓以清朝考據學爲基底的科學實證之學風，其後碩學才俊又輩出於其間，如武內義雄、吉川幸次郎、宮崎市定等人，於中國思想、文學、歷史的精湛研究，不但是日本中國學的權威，於世界漢學界亦有舉足輕重的地位。因此近代京都的中國學可以說是日本學術研究的眞　　。

　　內藤湖南以爲《史記》的取材除了歷代史官的記錄以外，尙有當時民間雅馴的傳說。貝塚茂樹說「雅馴」的基準就是「六藝」，以「六藝」的古典準據而取捨文獻，編纂史書，則是近代西洋史學記述的方法。宮崎市定從探本溯源的觀點，考察「傳說」形成的可能現象。宮崎市定以爲《水滸傳》之能傳神地描寫英雄豪傑的神彩，是因爲有近代「都市文化」的極其發達的社會背景，以此窺測《史記》的記述，司馬遷之所以能如臨現場的敘述荊軻刺秦王、鴻門之會的場背，未嘗不能說是當時「市集」之講唱文化的產物。

　　內藤湖南以爲《史記》的記述不但有反映時代社會的現象，也有探究歷史變遷的論述，如〈游俠列傳〉與〈貨殖列傳〉的敘述即是。宮崎市定考釋〈貨殖列傳〉的文字而考證當時的貨物價格，貝

---

❶　坂出祥伸：〈中國哲學研究の回顧と展望——通史を中心として〉，《東西シノロジ——事情》（東京：東方書店，1994年4月），頁17-94。

塚茂樹則以爲《史記‧八書》不但是文化史，更超越以王朝爲中心之
政治史的範疇，記載了典章制度、風俗習慣、經濟技術的發展過程。

　　就內藤湖南、貝塚茂樹、宮崎市定師弟三人於《史記》的研究，
可以看出文獻考證以辨彰學術，考鏡源流而通古今之變是京都史學
研究的特質。再就近代日本《史記》研究的變遷而言，瀧川龜太郎
的《史記會注考證》是集釋考證的著作，內藤湖南所代表的京都中
國學派則著力於司馬遷歷史觀的闡明、究明《史記》的史料源流、
探討《史記》所反映的社會經濟現象、肯定司馬遷及《史記》於中
國歷史的地位，然而近年來新的出土文物發現以後，則有利用既有
的經典文獻與出土文物而對《史記》進行史料批判的研究，如東京
大學東洋文化研究所平勢隆郎教授與愛媛大學法文學部藤田勝久教
授的研究即是。平勢隆郎著力於年表的研究，其以爲《史記》是史
書，則年代的載記非正確不可，乃傾注心力於經典文獻與出土文物
的考察，分析《史記》載記年代錯誤的所在，修正《史記》於夏商
周三代以迄春秋戰國年表的誤謬。❷⓪藤田勝久則以爲與《史記》文
字考證、列傳人物評價有密切關連之戰國史料的研究是歷來所缺乏
的，乃於前人研究成果上，繼承王國維所謂的紙上材料與地下材料
之雙重證明法，分析司馬遷取捨戰國史料的內容及其正確性與否，
究明《史記》於戰國七國史料之編纂過程與撰述方法。❷①以出土文

❷⓪　平勢隆郎：《新編史記東周年表──中國古代紀年の研究序章──》（東
　　京：東京大學出版會，1995年3月），平勢隆郎：《中國古代紀年の研究
　　──天文と曆の檢討から──》（東京：東京大學出版會，1996年3月）。
❷①　藤田勝久：《史記戰國史料の研究》（東京：東京大學出版會，1997年11
　　月）。

獻爲證據而從事新的研究固然有史料批判與文獻考證的學術意義，但是京都中國學派的綜合性史學研究方法則闡明了《史記》之爲綜合性史書的特質，自有其史學的意義。

中國中世文化論：以貴族爲主體

關鍵詞　學問中毒　東洋史形成　貴族時代　中國文化的根本

前言：中國的中世是從東漢末期到唐末

內藤湖南在其所著《支那中古の文化》❶指出：中國的中世是
起於東漢末期而止於唐末。❷在這一段期間，古代相傳的悠久文化，

---

❶　內藤湖南《支那中古の文化》，《內藤湖南全集》第十卷，頁249，東京：
筑摩書房，1969年6月。

❷　內藤湖南於所著《支那上古史·緒言》就中原文化與外族文化的影響關係，
即「螺旋循環史觀」區分中國歷史爲上古（開闢至東漢）、中世（五胡十
六國至中唐）、近世前期（宋元）、近世後期（明清）四個時期和第一過
渡期（東漢末期至西晉）、第二過渡期（唐末至五代）。又《支那近世史·
第一章近世史の意義》強調宋代是中國近世史的開端，而宋以前的唐末五
代則是中世至近世的過渡期。根內藤乾吉的跋文所述，此三部著作皆整理
內藤湖南於大學的講義而成的，《支那上古史》是「東洋史概說」的一部
分，收載於《內藤湖南全集》第十卷的是大正十年（1921）的講義。《支
那中古の文化》是內藤湖南於昭和二年（1927）4月20日至6月29日講授「中
國中古の文化」十次的學生筆記。至於中國近代史，內藤湖南於大正七年

由於文化的「中毒」而產生分解作用，至東晉而完全崩壞。其後於
南北朝時，新文化萌芽，又融合外來文化而形成新的文化，但是新
生的文化又反復著「立破循環」，逐漸分解式微，至唐末而瓦解。
換句話說中國的中古文化可分別爲兩個時期，前一個時期是古代文
化之分解崩壞的過程，後一個時期是中世新生文化立破的軌跡。以
「通變」的觀點掌握歷史變遷的關鍵，進而究明文化發展的經緯是
內藤史學的精神所在，其在中國中世文化的論述中，提出東漢不但
是中國古代文化的終結，後漢文化也是古代文化轉型至中世文化的
津梁，中世則是貴族文化昌盛時期的獨特見解。

一、東漢是中國古代文化的終結

　　內藤湖南以爲漢初尊崇無爲自然的黃老之學而產生貧富不均，
游俠橫行的弊端。景帝時，於黃老之外，又施行刑名之術，以整治
風氣而國基逐漸穩固。武帝即位，於國力雄厚而社會秩序逐漸整然
的時勢上，推行儒家的禮樂，以強化政治的文化色彩。武帝初期愛
好辭賦而寵信司馬相如等文士，其後採行董仲舒的賢良對策而獨尊
儒術。董仲舒治《公羊春秋》，其所進獻的賢良對策中，即有大一

至十四年間，嘗講述數次，收載於《內藤湖南全集》第十卷的《支那近世
史》是綜合內藤湖南講義原稿與學生聽講筆記而成的。《支那中古の文化》
所記述的「中國的中世是起於東漢末期而止於唐末」與《支那上古史・緒
言》有差異，就文化的發展經緯與內藤湖南於《支那近世史》強調宋代是
中國的近世而唐末五代是其過渡期的說法，則中世是五胡十六國至中唐，
而東漢末期至西晉是上古至中世之過渡期的區分，較爲周衍。

統的思想，由於《公羊春秋》的大一統思想既合於漢代的政策，儒
家禮樂的實用性又可以彌補法律的不備，❸武帝乃採行董仲舒罷除
百家而獨尊儒家之議。自是，經學之士的錄用也逐漸增多，獎勵學
術的文風大開。上行下效，當時諸侯，如河間獻王蒐集群書而廣開
獻書之路，禮樂之書多行於世。世稱武帝雄才大略，既打破前代的
慣例而樹立新制度，一改歷來官吏的世襲而拔擢有才之士，於民間
的布衣更加優遇，因此人材輩出。❹至於學術與政治的結合，於政
治施行上附加文化的色彩，也成爲中國長久以來政治上的特色。此
思想的統一和學術與政治的結合不但是武帝最重要的政績，也形成
中國思想統一的局面。

　　漢武帝以後，學問特別是經學思想固然有空前的發展，却也因
爲超出實際生活的需要而產生讖緯、禮儀僵化與重名節而形成黨禍
等「中毒」現象，❺導致社會的混亂。漢初博士之學各有家法，武
帝以後的經學研究即以家法而世代相傳。雖然如此，兩漢經學的內
容亦隨時代的推移而有所演化。一則由於歷代君主廣開獻書之路而
書籍紛紛問世，除博士家之外，秘閣藏書亦大量增加，不但經學的

---

❸　董仲舒所著《春秋決獄》一書，嘗以《春秋》之理作爲解釋法律疑惑與判
　　決的根據。張湯亦引述儒學而爲自己施行的酷政辯護（見《史記·酷吏
　　傳》）。

❹　見《漢書·公孫弘傳贊》。

❺　內藤湖南又以爲如《漢書·儒林傳贊》所說的：說一經而至百萬餘言，大
　　師則眾千餘人。學問廣開利祿之路的商業行爲與於經傳的穿鑿，如解釋《尚
　　書·堯典》的「曰若稽古」四字而費三萬言，說明「堯典」的題意而達十
　　萬字，皆是學問「中毒」的弊害之一。（《支那中古の文化》第二講〈漢
　　の武帝の教育政策の影響〉，《內藤湖南》第十卷，頁215-217，東京：筑
　　摩書房，1969年6月。）

內容有古今文的區分，成帝時，劉向、劉歆父子著錄秘中書而開啓中國書目分類與爲學問而學問之學問意識的端緒。二則無論古今文經學，或圖書的目錄，畢竟都是少數人的學問而非一般人所需求的知識，眞正能滿足一般人的需求而應運以生的是讖緯。武帝的封禪是將古代祭祀儀式宗教化，此原始性的祖先崇拜的宗教化萌芽，進而流傳至民間而發展成讖緯。王莽即在劉歆等人的規劃下，利用讖緯而成就其篡奪天下的策略，光武亦採用讖緯而復興大漢江山。換句話說漢代儒學興起於武帝的時期而經術之運用於政治則在西漢末至王莽之際。❻西漢末期，由於儒術的盛行，朝廷的政治與禮儀皆以經學爲標準。王莽即利用當時以周公的文物制度爲理想的政治思想而遂行其篡奪天下的謀略。王莽既以《周禮》作爲政治施爲的根據，又假託周公攝政的作法而篡奪漢朝天下。至於東漢光武帝以後，經學又有所變遷。東漢教育普及，❼民間的文化水準提高，又由於光武帝重名節，民間的禮儀端正，即儒學之禮儀非僅止於學問的研究，又由於諸實現而達到教化的功能。雖然如此，或有富豪之家刻意地講求繁文縟節以誇示其家勢，更有甚者，則於宦官跋扈之際，趨炎附勢，聲氣相通而沽名釣譽。因此，名節之士乃群起攻伐，造成士人與宦官的衝突而形成黨獄。

---

❻ 就經學演變與朝代更迭而言，西漢末至王莽之際是中國政治與文化變遷上，極其重要的時代。（同上，頁225）

❼ 據王夫之《讀通鑑論》卷六所載：後漢光武帝潛研經學，故後漢功臣多儒者。其後的帝王の故趙翼《二十二劄記》說漢代的天子大抵能自書詔令（卷四）。至於後宮皇后亦有多人爲學能書，如明帝的馬皇后，章帝的章德竇皇后，和帝的陰皇后及和熹皇后，順帝的順烈皇后等。

　　就儒學的發展而言，武帝開爲學者的利祿之路，雖然學問之路也因而大開，❸通一經者皆能授命任官，但是因爲學者不重視道德而未必有節操的觀念，故無劉漢天下或王莽天下的意識，乃產生新莽的鼎革。東漢學問普及民間，❾又獎勵名節，砥礪人格修養的風氣盛行，却也形成爭亂的根源。學問中毒的結果，即反動亦隨之而生。程頤以爲苦節至極的結果，士人即棄節義而尙遣放。（《程子遺書》卷十八）此解脫節義拘束的傾向在漢末時逐漸產生。爲曹操所用的仲長統的〈述志詩〉：「寄愁天上，埋憂地下。叛散五經，滅棄風雅。百家雜碎，請用從火。抗志山西，遊心海左。元氣爲舟，微風爲柁。翶翔太清，縱意容冶」，即意味著反對當時崇尙禮節的風氣，而形成魏晉六朝清談的反動，興起打破名教的風氣。因此，就內在的文化發展而言，由於東漢儒學黨禍❿的「文化中毒」，中國古代文化至東漢末年而終結。

　　除之儒學中毒是中國古代文化終結的原因之外，內藤湖南強調王莽對西域用兵的失敗，不但是新莽政權傾頹的原因之一，也導致

---

❸　博士弟子員的人數於武帝以後逐漸增加，昭帝時有百人，宣帝時倍增，元帝時遂增爲千人，成帝嘗以孔子門下三千，設博士弟子員三千人，西漢末年，大學博士弟子員出身的就非常多了。

❾　據《後漢書・儒林傳》所載：後漢不但有大學，也專爲功臣的子孫與外戚的四姓設立學校，匈奴亦來留學，後漢中葉，遊學者達三萬人之多。除此之外，往學於大學博士之門的亦在萬人以上，要皆造成大學生騷動的根源。

❿　內藤湖南以爲宦官與名士衝突而引起的黨錮固然是學問中毒的現象，但是不知以禮法而節制名節的「苦節」，士人拘於名節的崇尚，弟子爲褒揚業師的名譽而相互攻訐，引發學派之爭，又是學問中毒的一個現象。（《支那中古の文化》第四講〈學問の效果と中毒〉，《內藤湖南》第十卷，頁281，東京：筑摩書房，1969年6月。）

中國文化中止向西域傳播的結果，而意味著中國古代文化終結的重要關鍵。內藤湖南以爲：由於王莽對西域用兵的失敗，中國的歷史乃變成東洋史。中國自古代至西漢末都是文化波及四方的歷史，周邊種族即使有言語風俗的差異，也都受到中國文化的影響而逐漸漢化。然由於王莽的失敗，蠻夷諸邦不但產生不難以武力對抗中國的意識，也因爲中國文化的刺激而產生自身文化的自覺。西漢時，蠻夷諸邦歸服於漢朝勢力的事實，却未有蠻夷諸邦開闢的由來或種族獨立之自覺的記載，但是王莽時代以後，王充《論衡》即有扶餘國開闢說的記載。由此可以推知，四方蠻夷的文化自覺雖有速之別，大抵形成於新莽到東漢之際。換句話說，周邊種族的文化自覺固然是受到中國文化的影響而自然產生的，但是王莽的失敗未可不能說是刺激其加速形成的重要因素。至於《後漢書》記載諸蠻夷的開闢說，則意味著東洋史已經不再只是中國的歷史而是各個種族並存交錯的歷史，文化的傳播也不再是中國文化向四方擴張而統一的波動，相反地，由於周邊種族的文化傳入和武力侵擾而促使中國內部產生動搖。就此意義而言，王莽的失敗不僅是一個王朝的興亡，更意味著中國歷史甚至於東洋史上劃時代的變化。**⓫**

二、後漢文化是古代到中世的過渡

內藤湖南以爲東漢末期至西晉是中國上古到中古的過渡時期，

⓫ 內藤湖南〈前漢之時代（下）〉，《支那上古史》，《內藤湖南全集》第十卷，頁215-217，東京：筑摩書房，1969年6月。

而漢末到曹魏是中國社會變遷的重要關鍵。無論是社會形態、學問的趨勢、社會風氣都有極大的變動。

㈠氏族的尊重與豪族的發達

漢光武帝為外戚四姓設立學校的結果，外戚子弟由於學問的涵養而謙遜慎獨，其家族亦由此而得以永續。本初元年，梁太后下詔大官子弟皆入太學，侯門乃能不至於驕奢而傾頹。據《二十二史箚記》卷五〈四世三公〉的記載：楊震四代任三公，袁安亦世代為三公。此為西漢所罕見的。至於民間則因為天下太平的關係，氏族尊崇的風氣逐漸興盛，名門豪族也漸次發達。因此有關氏族的記錄迭出，如清人輯《風俗通·姓氏篇》即謂後漢姓氏漸興，《潛夫論·志氏姓篇》稱後漢名族的姓名源自三代，實則後漢以迄六朝唐代的大姓大抵起源於後漢。如《新唐書·宰相世系表》所記載唐代大姓中的僑姓、吳姓、山東郡姓、關中郡姓大部分是漢代以來相承的姓氏，而《元和姓纂》所記六朝至唐代相傳繼承的大姓，亦多後漢的姓氏。至於豪族的發生，或因為貧富懸殊，自賣為奴婢的人數遽增，雖有奴婢解放的政策，唯太平社會的持續，蓄奴的豪族依然有增無減。

㈡門閥的錄用

漢光武帝為公平取才而制定選才舉士的制度，然其後間有矯飾行狀以求取利祿者，以故弊害漸生，章帝乃於建初元年下詔：「選舉乖實，俗吏傷人，官職耗亂，刑罰不中，可不憂與。……今刺史守相不明真偽，……每尋前世舉人貢士或起畎畝，不繫門閥，敷奏

以言，則文章可採，明試以功，則政有異迹。」即欲循名責實而舉拔有爲的賢良方正之士。唯所謂「不繫門閥」則可知當時即有閥閱薦舉之實，故《潛夫論·交際》指出東漢中期即有「貢薦即必閥閱」的情形，至後期更成爲社會的風氣，故仲長統《昌言》說：「天下士有三俗，選士而論族姓閥閱，一俗。交游趨富貴之門，二俗。畏服不接于貴尊，三俗」⑫，而極言當時選才舉士的弊端。雖如《通典·選舉典》所載：桓帝作「三互法」期以矯正門閥選舉的弊害，但是三互之法的禁制太嚴，而且閥閱舉士的風氣強於立法的禁制力，其後依然因任私情而以門閥作爲官吏錄用的基準。

(三)學問的趨勢

自成帝劉向著錄群書，典校經傳諸子的脫簡以來，治學問者皆以校勘爲必要的工夫。王充《論衡》的〈正說〉〈書解〉〈案書〉等篇例舉當時書籍的源流與異同，可知民間亦出現比較研究的學問方法。至於古本的發掘與校勘也開始進行，如杜林校勘《漆書》，《說文·序》指出：郡國山川鐘鼎銘文有助於古文字的研究，皆顯示經學的研究既有校勘學與考古學的傾向，與古代之以學問爲思想的產物，或學派家學之表徵有所差異。再者，古今文之學派的紛爭與經書記誦而選才舉士的結果，經書的異本迭出，蔡邕於熹平四年上奏靈帝，訂正《五經》文字，刻於石碑而立於太學門前。此石經的建立固爲校勘的大事業，亦象徵著古今文學的融合，乃後漢經學

---

⑫ 此文未見於《後漢書·仲長統傳》所引的《昌言》，而見於《意林》所輯的逸文。

的趨勢。至於蔡邕之文，不但辭藻華麗且多用對句，開魏晉以後駢文風行的先聲，而且其常為人撰述碑文，又開啟了實用文學的風氣，故顧炎武《日知錄》卷十七〈兩漢風俗〉說：「東京之末，節義衰而文章盛，自蔡邕始」。其後揚雄出而模擬前人作品的風氣盛行，唯揚雄等人的辭賦雖是前人的擬作，其中亦蘊藏著文學鑑賞的品味與藝術性。文學的實用性與鑑賞藝術的結合，乃形成建安文學批評的風氣。換句話說黨錮之後，尚名節守節義的風氣雖然衰微，但是文士多用力於辭藻的營造，文藝創造的風氣於是盛行，故東漢才開始有〈文苑傳〉的記述。

㈣社會風氣的變動

後漢之過於崇尚名節的結果，或拘束於禮儀而苦於節義，或矯飾偽善而釣譽，以致魏晉之際，士人多尚虛無而流於曠蕩。《潛夫論・務本》記述當時偽善之甚的風尚曰：「今多務交遊以結黨助，偷世竊名以取濟渡，夸末之徒從而尚之。……今多違志儉養約生以待終，終沒之後乃崇飭喪紀以言孝，盛饗賓旅以求名，誣善之徒從而稱之。」因此，曹操好刑法而行「申商之術」（《三國志・曹操本紀》）用以整肅漢末以來鬆弛的綱紀，矯正社會的弊端。雖然如此，如《日知錄》卷十七〈兩漢風俗〉所記：曹操任才用能而不顧品德，於是當時「權詐迭進，姦逆萌生。故董昭太和之疏，已謂當今年少不以學問為本，專更以交遊為業。國士不以孝悌清修為首，乃以趨勢求利為先」。明帝時，諸葛誕、夏侯玄等人相善，結黨營私而互脩浮華以謀取虛譽，至於董昭、郭義等人雖明於智計而見利忘義，鮮能信用，要皆不貴敦樸忠信，不疾虛偽不真而導致教毀治亂敗俗

傷化的弊害。⓭至於魏文帝雖慕通達以抑虛名破苦節，然士人亦因而賤守節，⓮質樸的風氣難復而社會淪於流蕩。故王鳴盛《十七史商榷》例舉曹丕與建安文人破禮壞俗的行儀而謂後世文人浮華輕薄的氣習乃肇始於建安七子。尚刑名而不導民以道德，則僞善滋生，賤守節輕禮俗而流蕩成風。在此時代風尚中，爲超然於僞善與浮華的流俗，乃形成「指禮法爲流俗，目縱誕以清高」⓯的清談。正始雖然只有九年，但是王弼、何晏研究老莊而演繹其超脫浮世的議論，爲世人所感服，進而開啓中世以三玄論議之清談的風氣，因此顧炎武說：「至正始之際，而一二浮誕之徒騁其智識，蔑周孔之書，習老莊之教，風俗又爲之一變」。⓰

　　王弼、何晏演說老莊而開啓玄談的風氣，竹林七賢則付諸行動而實踐於生活之中。阮籍之〈大人先生傳〉，嵇康的〈與山濤絕交書〉〈養生論〉大抵皆在高唱曠達超脫而反對後漢以來儒家禮儀尊崇的風氣。至於山濤之徒的巧於渡世，亦意味著後漢崇尚名教的傾向至此完全消失。干寶〈晉紀總論〉說：晉時「風俗淫僻，恥尙失所。學者以老莊爲宗而黜六經，談者以虛薄爲辯而賤名檢。行身者以放濁爲通而狹節信，進仕者以苟得爲貴而鄙居正。當官者以望空

⓭　諸葛誕等人的記述見於《三國志》卷二十八〈諸葛誕傳〉，董昭、郭義等人的批評見載於《十七史商榷》卷四十。

⓮　晉傅玄謂：「魏武好法術而天下貴刑名，魏文帝慕通達而天下賤守節」（《晉書》卷四十七〈傅玄傳〉）。

⓯　《晉書·儒林傳序》。

⓰　《日知錄》卷十七〈兩漢風俗〉。

爲高而笑勤恪」，❿則陳述當時崇尚虛無清談而貶抑道德禮儀的風俗。又文中稱論政治正禮法者爲「俗吏」，以遵禮守節之人爲「俗生」，則意味著以曠達爲高而鄙視篤實謹嚴的處世態度。畢竟於超俗是尚的風氣下，甚少有人獎勵名節。再者由魏至晉的四五十年間，世局遞變，阮籍曠達而善於自守故能保全於亂世，嵇康刻意僞惡而遭殺身之禍，當時的士人大抵以明哲全身保家爲依歸而苟全於亂世，至於君臣大義、名節尊崇、篤實立身的儒家思想則鮮爲人所講述實踐。

西晉葛洪出，既發明道家的思想，又習鍊丹之術企以求取神仙之道，則與王弼、何晏以來論議清談的風氣迥異，而開後世道家與神仙家渾融一體的端緒。受到此一風氣的影響，在文學創作上亦形成雜糅老莊、神仙和佛教入詩的趨勢。《文心彫龍》卷二〈明詩〉謂：東晉文章溺於玄風，《續晉陽秋》則稱：王弼何晏好老莊之說而世間貴之，東晉佛教盛行，郭璞以佛老入詩。即郭璞撰述〈遊仙詩〉以餐雲霞飲仙藥爲逍遙而輕功名賤利祿，其後許詢、孫綽祖述其文風。溫柔敦厚是傳統的詩教，思君憂民是《楚辭》的主旨，建安文學則以文辭的鍛鍊爲美，永嘉詩文於遣詞造句的講究一如建安而文學的表現則有超俗的傾向而呈現出恬淡的情境，至於郭璞則以脫離人間束縛的逍遙自在爲詩文創造的究極，一改永嘉的文風而成爲東晉百年間文學的主流。

---

❿　《文選》卷四十九。

三、中世是以貴族為中心的文化

魏晉的清談及文人放縱的行誼，以致社會形成反名教棄人倫的風氣，故顧炎武《日知錄》卷十七〈正始〉指出：「王弼何晏開晉之始，以至國亡於上，教淪於下。……有亡國有亡天下，……易姓改號，謂之亡國，仁義充塞而至於率獸食人，人將相食，謂之亡天下。魏晉人之清談，何以亡天下，是孟子所謂楊墨之言，至於使天下無父無君而入於禽獸者也。」雖然如此，內藤湖南以為就當時社會的真實情況而言，士人或有清談而放浪形骸者，大抵以明哲保身是尚，如王昶《家訓》所說：「為子之道，莫大於寶身全行，以顯父母。……夫孝敬仁義，百行之首，行之而立，身之本也。孝敬則宗族安之，仁義則　黨重之，此行成於內，名著于外者矣。人若不篤於至行，而背本逐末，以陷浮華焉，以成朋黨焉，浮華則有虛偽之累，朋黨則有彼此之患。……及其用財先九族，其施舍務周急，其出入存故老」，❶❽即以孝敬為先而尊禮儀，睦親族。亦即處世之道一在避禍全身，一在尚禮尊親，以故如朱子所說：六朝之人頗精於禮，於禮論的著述甚多。❶❾又由於禮論的發達，不但社會形成以禮規範家族秩序的風氣，政治上也出現以九品中正推舉人才的方法。州郡置「中正」之官，以有才識之人當之，使推舉鄉里「忠恪

---

❶❽　《三國志》卷十七〈徐胡二王傳〉。

❶❾　隋潘徽等作《江都集禮》一百二十卷，其序文指出著述禮的人甚多，所謂「鄭（玄）王（儉）徐（廣）賀（瑒）之答，崔（靈恩）譙（？）何（承天）庾（蔚之）之論」諸人的禮論皆載錄於《隋書經籍志》。

匹躬、孝敬盡禮、友于兄弟、潔身勞謙、信義可復、學以爲己」❷⓿
的人物擔任官職。九品中正之法原本弊害不多，唯不但「中正」皆
出自地方的名門，而且世代相承，至於被選舉任官的也都是有家世
的貴族，寒門出身的貧士終不得仕宦或身居要職。由於「中正」與
選拔出仕的都出自貴族，九品中正的任用制度便形成門閥錄用的選
舉，作爲貴族之根據的系圖譜籍即爲人所重視。又由於重視譜系，
乃形成嚴於家諱，矜尚門地，區別家世，慎重婚姻的門閥觀念。換
句話說漢代以來尊禮的風氣，至此而轉變成重視門閥，區別士庶的
現象。❷❶

　　由於九品中正的實施而形成如劉毅所說的「上品無寒門，下品
無勢族」（《晉書・劉毅傳》）的現象，進而造成貴族階級的發生。
當時所謂衣冠之族皆豪家勢族，稱之爲「士人」，此外則是民間的
庶人。又根據《通典》卷十六所載沈約上疏文的記述：周漢之道，
以智役愚，以智愚之等級而有職之貴賤。魏晉以來，以貴役賤，士
庶之別判然分明。可知由於九品中正之法而形成貴賤士庶之階級意
識的傾向。不但如此，南朝之際，「士人繁多，略以萬計」，乃形
成以貴族爲中心的中世社會。至於中國的中世貴族社會則有尊重氏
族、譜學發達、束縛於禮儀之生活的現象。

---

❷⓿　《晉書・武帝紀》咸熙二年記載，武帝時以此六項作爲選舉賢人的標準。
❷❶　有關九品中正的論著，內藤湖南的弟子宮崎市定著有《九品官人法の研究
　　——科舉前史》（東洋史研究會，1956年3月，其後收入《宮崎市定全集》
　　6，岩波書店，1992年6月。1997年11月中央公論社亦以文庫本出版），論
　　述漢代以迄南北朝任官制度的歷史變遷及其時代的意義。

(一)氏族的尊重

六朝之重視氏族的情形，詳載於趙翼《陔餘叢考》卷十六〈六朝重氏族〉。施行九品中正之法以來，官吏多採自貴族，且下品無高門，上品無寒士，士人任官有九品，小人之官或可稱之為等外而有七級。貴族皆作譜牒以定等級，門閥分為九等，合二百九十三姓，一千六百五十一家。貴族的歸屬與等級的區分非根據天子的命令或朝廷的制度來施行而是由貴族自身來決定，因此貴族各尊其家世，列官的等次與婚姻連盟皆依照門閥的等級來施行。至後世的唐代，門閥依然森嚴，即使太宗貴為一朝天子，欲打破門閥的階級亦非輕易可行。

(二)譜學的發達

在門閥意識高昂的社會下，譜牒之學也隨之興起。趙翼《陔餘叢考》卷十七〈譜學〉指出：系譜者在明其所自出，《周禮》有宗法而分大宗小宗。大抵血統之親盡於五代，其後因土地之名、官名、先祖之字謚職位而改變姓氏。然漢末以迄六朝，名族勃興，乃欲永續其家世以顯耀其名聲，因此形成家世不止於五代的新譜學。如賈執《百家譜》，王儉、王僧孺《百家譜》皆當時貴族記載其家世永續的家族系譜。此類譜牒皆收錄於官府以為官吏任命之資，故為士人所重視。

㈢禮儀規範的生活

貴族豪門既爲社會的中心，不但門閥的階級意識壁壘森嚴，於禮儀的規範亦極其講究，於是家族的禮儀規範便形成延續家世的法度與上流名門的象徵，因此「家儀」、「書儀」之類的書籍亦爲人所撰述，《隋書經籍志・儀注部》即載記有之。換句話說在六朝時，不但朝廷有禮儀，貴族之家亦有「家禮」「家儀」「書儀」，而且家族的禮儀尤重於朝廷的規章，貴族之家皆以「家儀」、「書儀」爲立身行世的典範。

結語：中世文化是中國文化的根本

六朝時代是以貴族爲中心，這是中國中世的根本，以貴族爲中心的社會形態雖至唐末五代之間而崩頹殆盡，但是內藤湖南以爲於中世所興起的貴族文化，其經學、文學、藝術、生活方式不但有其時代的特色，而且是中國文化的根本，今日的中國文化即構築於中世的貴族文化而發展形成的。㉒畢竟中世時代既是廣義的「格義」時代，也是融通淹博的時代。就學術研究而言，東漢的經說與唐初

㉒ 貴族文化是中國文化根本的主張，見於《支那中古の文化》第十講〈貴族中心時代〉，《內藤湖南全集》第十卷，頁331，東京：筑摩書房，1969年6月。經傳注疏的經學，詩歌的文學，山水畫的藝術，爲中世文化的表徵，亦爲中國文化的根本。至於魏文帝所謂「三世長者知被服，五世長者知飲食」（《太平御覽》卷六百八十九〈服章部〉）雖然如此是在說明當時貴族的理想生活，却也是後世知識階層的行儀規範。

的《五經正義》雖是西漢經學的繼承，却是漢唐經術注疏的大成。魏晉三玄之學雖是東漢經術的反動，却是融通中國傳統思想與佛學的引渡津梁。再者，其崇尚自由的學風與文人性格是上承稷下談士乃至先秦諸子，下啓宋代以來近世的士人意識。至於經典詩文涵養的教養主義與優雅雍容之唯美主義的並重，以「志於道」而「游於藝」為究極的文人意識，則是中國知識分子既有古典的學養，又有書畫藝術修養之文質彬彬的傳統性格的根據所在。至於「九品官人法」的九品官位制度，為後世歷代的朝廷所襲用。因此，內藤湖南所謂「中世文化是中國文化之根本」是體悟中國歷史文化發展的知人之言。

中國近世文化論：宋代
是中國的近世

關鍵詞　宋代爲近世說　武夫跋扈　貴族政治崩壞　宰相地位
推移　近世士風　文化的突破　文化生活

前言：近世的意義

　　中國的近世始於何時，歷來大抵以朝代作爲時代的區分，然則
就史學而言，所謂近世未必只是時代的推移，而非探究形成近世的
內容不可。內藤湖南於所著《支那近世史》，就歷史文化的內容而
強調中國的近世開始於宋代，唐末五代則是形成宋代近世文化的過
渡期。至於近世的意義如何，內藤湖南則從中世與近世的文化差異
性，如君主權力的確立、官吏任用制度的變化與庶民地位的改變、
宰相地位的推移及其風格的變化、經濟形態的變化和文化意識的變
革等現象來說明。

㈠君主權力的確立

中世與近世的分岐，首先就政治情勢而言，是貴族政治崩壞而君主專制代興。以貴族爲中心的政治體制盛行於六朝到中唐，中世的貴族政治既異於上古宗教性的氏族政治，也不同於古代裂土封疆的封建制度，而是名門永續相承，且成爲掌握政治實權之新貴的政治形勢。六朝貴族不但重視出身，撰述譜系以爲官職階級次位的根據，又以貴族的連姻而形成勢力團體，主宰政治的運作。唯中世的貴族政治經過唐末五代的過渡而逐漸衰微，貴族即使位居高職，也未必擁有特權，宋代以後，官職的任用幾乎是天子的權力，明清兩代則完全是君主專制的局勢。換句話說近世以後，君主的地位有顯著的變化。在中世以貴族爲政治中心的時代，君主是貴族階級的共有物，君主未必有絕對性的權力，甚且君主的廢立也依循具有絕對權勢之貴族的恣意而決定，因此六朝至唐代，君主弒逆廢立的事件迭出。近世以後，君主即是絕對權力的主體，既無遭受弒逆的顧慮，相反地卻擁有生殺大權。❶再者唐代中央三省的要職大抵皆貴族出身，未必絕對服從天子的命令，天子於臣下奏摺的批答也未必是命令式的。宋代初期依然存在著唐代的舊制，唯宰相雖形同天子的輔佐，卻擁有實際的政治權力，明清以後則廢立宰相而改置類似天子之秘書性質的殿閣大學士，天子視臣下如從僕，於批奏的文字亦極

---

❶　元代入主中國雖以近世的國家組織君臨天下，帝室卻存在著貴族政治的遺風而有弒逆廢立君主的情形，此或爲文化差異所導致的矛盾現象，乃中國近世政治的特殊現象。

其輕率，即使有諫議大人的設置，如唐代門下省有封駁的權力，於宋代逐漸衰微，明清以後則蕩然無存。至於宦官的存在亦有所差異，唐代宦官之跋扈不但與宰相擁有相對的權力，甚且能廢立天子，故有「定策國老，門生天子」（《新唐書・楊復恭傳》）之稱。明代宦官固然跋扈，卻只在得天子恩寵的時候，一旦失寵則權勢盡失。不但如此，唐代天子與宰相籌劃排除宦官的勢力而不果，在明代，即使權傾一時的宦官亦遭誅殺之患。故宦官權勢的推移，也可說是貴族政治與君主專制之政治局勢不同所導致的結果。至於朋黨性質的更移也顯著地反映出中世與近世之政治階級意識的差異現象。唐代以後的宋明皆有朋黨之爭，然唐代的朋黨是以貴族爲中心的權力鬥爭，宋代以後則是政治主張或學問流派的黨派之爭。換句話說唐宋朋黨性質的差異乃意味著貴族的政治權力逐漸被抽離，由婚姻或親戚關係而產生的黨派逐漸衰微，代之而起的是政治意見或利益關係之黨派的權力爭奪。

(二)官吏任用制度的變化與庶民地位的改變

六朝實行「九品官人法」的任官制度而確立貴族政治的體制，隋唐雖然實施科舉，欲破除「上品無寒門，下品無勢族」之門閥主義的弊端，然「帖括」與「詩賦」的科舉，只是經書的記誦與文學創作能力的考試，可謂是「人品主義」的科舉，依然不免有貴族式的色彩。王安石改帖括爲經義，以策論取代詩賦，其經義雖不免流於文章的遊戲，策論只是歷史事跡的概說，但是由於重視實務，以實用主義舉拔人才，逐漸脫離門閥或人品主義之貴族政治的體制，一般庶民應試的機會增加，任官的比率也逐漸提高。唐代科舉每年

及第不到五十人，而且多數的官吏大抵出自名門，依然未脫離貴族政治的形態。明代科舉及第人數增加，或三年舉行一次，應試者在一萬人以上，而及第者超過數百人。換句話說近世以後，由於官吏錄用方法的改變，任官制度也由門閥登用之貴族政治而轉型爲機會均等之實用政治體制。

　　至於人民的位置，特別是私有財產的問題也隨著政治體制的更移而有所改變。在以貴族爲中心的政治社會中，人民被視爲貴族階級的僕隸，私有財產自然也未必認可。唐代實施租庸調，人民雖有交納地租與農作產物和服力役的義務，卻逐漸脫離貴族僕隸的關係。中唐改行兩稅制度以來，只要於春秋兩季交納穀物租稅，人民就不必非限定居住於某處不可，而且穀物的交納亦可以金錢代替。換句話說唐代中葉以後，人民逐漸解脫僕隸的拘束，盡到納稅的義務，也能獲得某種程度之居住的自由，而土地的產物既可變換銀元以納稅，則說明人民有處理治產的自由。宋代王安石推行新法，人民乃獲得土地所有的實質意義，如青苗法的實施，乃認可人民得以自由處理土地產物，至於改差役爲雇役，富者可釀出金錢而招募勞力，不但官府與人民皆可獲利，也象徵著人民有勞動的自由。故人民地位的變化，可以說是近世政治轉型的結果。

㈢宰相地位的推移及其風格的變化

　　宋代宰相的地位與唐代有所不同。唐代的宰相與天子同爲貴族出身，故宰相與天子的關係就不是主僕從屬的關係，然五代之際，貴族政治逐漸崩壞，到了宋代的政治則以人臣擅權乃國亂之本爲主旨，故人臣未有能專權者。因此，宋代雖沿襲唐代舊制，以中書省

與門下省的侍中為宰相，而多以官位較低的同平章事執行宰相的職
務，又為了防止宰相專權，於宰相之下設置參知政事，稱之為參政
或執政，與宰相並稱為宰執，所以朝廷宰臣未有一人能掌握全權者。
內藤湖南以為這是中國近世理想的君主專制政治的開端。❷至於兵
權的掌握，歷來皆在天子親近的手中，唐代末期的兵權則為宦官所
宰制，或有宦官廢立天子的事件。朱全忠誅滅宦官，任命士人為樞
密使以掌理兵馬之權。宋初則別置樞密副使以削減樞密使的權力。
因此政治與軍事的大權全由天子一人掌握。在此政治局勢之下，不
但宰相的地位異於前代，宰相的風格也有所改變。宋太宗的呂蒙正
與真宗的寇準、李沆尚有唐代的遺風而有司掌政治全權的意識，但
是王旦受命以後，則樹立宋代宰相的風範。王旦謹愨正直，嚴守本
分而執行宰相的職務，亦不枉曲為直，真宗嘗欲以宦官為節度使，
王旦力諫不宜破先例，若許宦官任節度使，他日其或求為樞密使亦
不能不遂其所請。換句話說王旦謹嚴正直以遂行宰相責任的行誼，
乃宋代宰相風範的先例。

　　太宗至真宗之際，由於宋代的制度底定，新的官吏風氣逐漸取
代中世以來貴族政治的官僚氣息。因此內藤湖南以為宋太宗至真宗
的時代是中國歷史中宰相地位與風格變化之重要的過渡時期。其後
的仁宗朝則進而確立宋代新士風，建立宋代永續的基礎，開啟中國
近世士人的風氣。

　　仁宗初年，范仲淹的先憂後樂的胸懷樹立了宋代士人的風氣。

----

❷　《支那近世史　第六章　北宋の承平時代》的〈宰相の風格の變化〉，《內
　　藤湖南全集》第十卷，頁407-409，東京：筑摩書房，1969年6月。

唐代官吏大抵出身於官宦世家，故有政治權位世襲的意識，然宋代新士風則未有官位世襲的意識，乃抱持著以個人之於天下的關係而立身於世的使命感。換句話說宋代士人非以家世的庇蔭而是以個人的人格而立身行世的，故宋代的官吏多君子，且有「爲萬世開太平」的理想，此爲唐宋朝臣政治意識差異的所在。再者，范仲淹獎勵名節而興起宋代士大夫的風氣以來，重視意氣節操的士人輩出。當范仲淹貶官地方時，即有上書天子爲其辯護者，亦有上表天子與主政者爭論政治主張者，由於此一士風的持續，其後遂引發政治衝突的朋黨論爭。換句話說宋代黨派政治的形成乃起因於以范仲淹爲中心之士大夫意識。❸

　　眞宗、仁宗、英宗三代雖太平無事，唯君臣怠於朝政，因此綱紀惡化，政治運作未能圓融，財政也逐漸困頓。仁宗之時雖有政治改革的議論，亦僅止於嚴肅綱紀以維持社會太平而已，眞正傾全力以實行政治改革的是神宗與王安石。

　　神宗英氣風發，嘗謂有宋立朝百年，天下太平，君臣苟安而規律弛緩，以故並非強大之西夏亦未能使其稱臣而憤慨不平，故二十歲即位便登用王安石，使其執政。王安石於仁宗時，嘗上萬言書，力陳建立教育制度以培育人才，使之任事而遂行政治改革的議論。

---

❸　內藤湖南以爲宋代的朋黨是政治主張的論爭，類似今日的政黨政治。其論述見於《支那近世史　第六章　北宋の承平時代》的〈朋黨の出現〉，《內藤湖南全集》第十卷，頁416-417，東京：筑摩書房，1969年6月。至於唐宋朋黨性質差異的主張，則見載於《支那近世史　第一章　近世史の意義》的〈朋黨の性質の變化〉，《內藤湖南全集》第十卷，頁355，東京：筑摩書房，1969年6月。

其受命於神宗而實行的新法即以上奏的萬言書爲根本。❹內藤湖南
以爲王安石的改革其實是社會改革，其立論議的主旨是振興國力在
於強兵，而強化兵力則要有雄厚的經濟基礎，唯社會持續太平的結
果，民間貧富懸殊，故必須解決此社會不公的現象，乃致力於社會
政策的改革，制定有關農田水利、青苗、均輸、保甲、保馬、免役、
市易、方田、學校貢舉等法規，而積極地實施政治改革。探究王安
石的新法，本是確實可行的良策，若全國上下徹底執行，政府的歲
收與人民的收入皆能增加。唯積年的習氣，官吏未必廉潔，百姓安
於太平而未必進取，換句話說未體察官民的素質而推行先進的政
策，終難能奏效。尤以貪官枉法或迎合上位者而搾取人民血汗，遂
有與民爭利之嫌而形成政黨紛擾的結局。

　　由於王安石的政策具體可行，即使司馬光、蘇軾、蘇轍等人以
之爲與民爭利非王道而提出反對意見，神宗依然斷然採行。唯王安
石幕下賓客大抵皆青年才士，爲求榮達而取合王安石之心，未有經
世濟民之恢宏的政治理想，乃形成新舊黨爭，即使兩黨爲首之王安
石與司馬光同時死去，新舊朋黨至哲宗的元祐年間依然相互對峙。
徽宗的時代，熙寧（新法黨）與元祐（舊法黨）交替任用，最後蔡京
受寵而元祐黨便受到強烈的迫害，不但於各郡縣設立「元祐黨籍
碑」，指稱司馬光以下一百二十人爲元祐姦黨，蘇軾、蘇轍兄弟及
其門人黃庭堅的詩文亦遭受禁制，凡是與己不合的，即視之爲異類

---

❹　《宋史・王安石傳》謂：「後安石當國，其所注措，大抵皆祖此書」，可
　　知王安石的新法乃以上奏的萬言書爲根本。萬言書改革論的主旨在於教育
　　制度的建立，新法亦論及人才登用的學校貢舉之法。

而列入黨籍碑。換句話說原本是政治主張不同的政黨政治，到了蔡京以後，卻變成排除異己的工具，種下北宋內政失序而滅亡的根源。

神宗崩逝，王安石的新法即停頓不行，神宗在位十八年之政治改革雖未成功，其弊害甚至導致北宋的滅亡，但是其改革的意識與政策之適合時勢，甚且有能為後世所參採的所在，故李卓吾稱之為「求治真主」。唯後繼的天子與宰相不能取捨長短，北宋終不能永續。

宋代是社會經濟發達的時代，政治的歲收充裕，官吏的收入豐碩，人民的所得也較以往為多。因此朝野都有安逸享樂的傾向，尤其朝廷的濫用錢財的現象更為顯著。真宗時，天下太平，國庫富殖，乃舉行封禪而普天同慶，以消耗多餘的錢財。仁宗時，經濟雖然發達而貧富不均，且政府的歲收也未必增加，神宗時，王安石的新法實施以來，政府的收入與會計增加，官吏的數目與所得也遽增。王安石以後，官吏為了維持朝廷的歲收與自身的所得而不減對民間的稅收，更有甚者，一旦搾取人民的金錢，則不擇手段地增加百姓的負擔，致使人民生活困苦，此為王安石新法的弊端。尤其是蔡京為迎合徽宗的歡心，以「豐亨豫大」之名奉迎徽宗，並極盡所能地收刮民間的財富聚集於宮中，使徽宗縱情於物質文明的奢華，宮殿不但富麗堂皇，神木異石搜羅富藏而珍禽奇獸亦飼養有之。蔡京三度拜相而宦官童貫得勢，徽宗內政紛亂失序而北宋衰亡。換句話說宋代政治與宰相有極大的關連，而宰相氣質的變化是政治的隆污興衰的所在。

宋初宰相如唐代宰相之舊，居高位而無執政之實，若天子之秘書官而已。王旦謹嚴正直以遂行人臣之責，而開啓宋代宰相的風範。

王安石弘毅任重以變革制度，身當政務而曲盡宰相的全責。呂惠卿、章惇雖推行新法，卻無王安石之理想與目的，只是一味地搾取民間的財產而增加政府的收入而已。至於蔡京權傾一時，但求取悅天子以鞏固自身的地位，甚至與子息爭寵於徽宗。因此內藤湖南以爲徽宗時，宰相失德而宦官專權，朝廷與宮中惡政充斥，此爲北宋滅亡的原因所在。❺

㈣經濟形態的變化

唐代開元年間，鑄造開元通寶，其後亦持續貨幣的鑄造，唯貨幣的流通率並不高，貨幣的流通至宋代才逐漸興盛。紙幣亦然，唐代雖有「飛錢」的使用，而紙幣的普及則在宋代以後，北宋改稱「飛錢」爲「交子」或「會子」。再者北宋亦發行有兌換紙幣，南宋紙幣的發行率極高，甚至影響到物價的變動。元代則只流通紙幣而不鑄造銅錢。又宋代以後，銀元的貨幣地位逐漸重要，元滅宋時，自南宋府庫取得大量銀元運回北京改鑄爲今日所謂的「元寶」，足見宋末於銀元的流通，明清以後銀元的流通更加盛行，終取代紙幣的地位。換句話說唐代雖未可稱之爲實物經濟，唯大抵爲以實物顯示財富的時代，多以絹綿表示物品的價值，宋代則以銅錢取代絹綿。故貨幣流通而言，宋代是中國經濟的轉型期，唐代是實物經濟的終止，宋代則是貨幣經濟的開端。

---

❺ 《支那近世史　第九章　黨爭の過激と新法の弊害》的〈宰相の墜落〉與〈宦官の害〉，《內藤湖南全集》第十卷，頁451-452，東京：筑摩書房，1969年6月。

㈤文化意識的變革

學術文化的性質到了近世就有顯著的變化。經學的內容在唐代即有變化的徵兆，唐代初期重視漢代以來的箋注義疏，以「疏不破注」（皮錫瑞《經學歷史》）而敷衍師說爲原則，然中唐以後，於《春秋》的研究則有懷疑古來注疏而建立己見之新說的出現。宋代以後，疑古的傾向顯著，學者致力於千古不傳之遺義的闡揚，以自己的獨見演繹新解是尚。在文學創作上亦然。六朝以迄初唐的詩作盛行五言對句之選體，盛唐詩風一變，李杜以下大家致力於歷來詩作形式的突破，七言歌行之自由長篇的詩作盛行。唐末詞作的創作又打破五七言的形式，乃以自由的文體而賦予文學作品的音樂性，宋元散曲的出現，更凸顯詩歌的音樂性。至於文章的創作，六朝以迄初唐流行駢體四六的文體，中唐韓柳諸家提倡質重於文的古文，宋代以後則以散文作爲文藝創作的主要文體。而平話與雜劇的興起，則意味著不以典雅之古語爲主而以口語俗語自由表現社會萬象的趨勢。換句話說近世的文學是由重視形式之貴族化文學轉變爲不拘形式而自由表現之大眾化的文學。

在繪畫藝術方面，雖然盛唐興起白描水墨的畫風，但是中世大抵以出自畫工之金碧山水的壁畫爲主流。五代以迄宋代，壁畫逐漸爲屏風畫式的卷軸所取代，金碧山水也逐漸衰微而墨畫成爲主流。至於繪畫的風格，五代大抵繼承傳統的風格而重視事物的說明，但是宋代以後的水墨畫則以自由意識的表現爲主體。再就繪畫的道具而言，壁畫大都作爲宏偉建築的裝飾，乃是貴族政治的象徵，卷軸則便於攜帶與收藏，行商遷官亦能攜行觀賞而怡情養性。換句話說

金碧山水的壁畫是局限於專家之貴族社會的產物，水墨卷軸則是士人意識的表現，又便於攜行收藏，易為社會人士所擁有。

綜合上所述，政治、社會、經濟、文化諸方面於唐宋之際都有變化，此即是中國中世與近世的分岐，故內藤湖南強調宋代是中國近世的開端。❻至於中國近世之如何形成，內藤湖南則從貴族政治的崩壞和近世的政局來說明。

一、近世的形成

㈠貴族政治的崩壞

貴族政治的弊害於中世時，已經為當時的明君與賢臣所留意而提出改革的議論。如晉的劉毅曾上疏疾陳九品中正之非，說：「職名中正，實為姦府，事名九品，而有八損」❼。梁武帝在任齊的丞相時，深知九品中正的弊端，即位君主後，既不採用中正的制度，選能舉才亦無貴賤的區分。隋代實行科舉制度用以去除門閥的弊害。至於租稅制度，在唐代以前即有班田制度以防豪族兼併的政策，在兵制方面，為杜絕貴族掌握兵權的流弊，隋朝完備「府兵」的制度而唐代因之。雖然如此，門閥政治卻與唐代相終始，李唐一代依然門閥盛行，非門閥出身即不能被任命為高官。換句話說隋文帝唐太宗等明君雖知貴族政治的弊害，而採行各種的政治改革政策，但

---

❻　《支那近世史　第一章　近世史の意義》，《內藤湖南全集》第十卷，頁347-359，東京：筑摩書房，1969年6月。

❼　《晉書‧劉毅傳》。

是貴族門閥並不因此而崩頹。因此門閥之沒落，貴族政治的崩壞是
有其他因素存在的。內藤湖南以爲貴族政治崩壞的主要原因乃在於
武夫的跋扈，而貴族政治的解體即是唐代滅亡之時，進而強調武夫
的跋扈的唐末是中國中世與近世分界點。❽至於唐代之所以滅亡，
貴族政治之所以崩壞，內藤湖南則以爲是節度使之設置，武夫跋扈
所導致的結果。府兵是爲了征伐而徵兵的制度，其後爲了防備夷狄
而有常備兵的必要，府兵制因而廢除，改設置節度使以統領兵馬。
唐玄宗天寶年間，爲了平定內亂，加強節度使的職權，節度使遂擁
有所統轄地方的兵權與財力。由於節度使逐漸跋扈，上交朝廷的租
稅減少，地方文武官吏的任免大抵爲節度使所操縱，更有甚者，則
據地爲王而興兵叛變。地方節度使既擁有兵權與稅收，再加上內亂
持續，其權力乃逐漸下移，終形成掌握兵權的武夫跋扈的情勢，恣
意擁立節度使，名曰「留後」的跋扈情勢，朝廷亦只能姑息而已。
唐末武夫更爲驕慢，節度使亦有遭受殺害者。懿宗時，龐勛叛亂，
大肆掠奪，沿道節度使或任意肆虐，或派遣使者慰勞，賴新疆夷狄
朱邪赤心之力，乃得以平亂。朱邪赤心以平亂有功而賜國姓，改名
李國昌。六年之後的僖宗年間，黃巢作亂，各地節度使雖奉天子之
命討伐，不但未能平亂，賊軍竟陷落長安，僖宗蒙塵入蜀。其後，
由於李國昌之子李克用的奮戰而收復長安，黃巢部下朱溫叛降朝
廷，討伐黃巢，乃得平亂。李克用與朱溫以平亂有功而權傾一時，
李克用居太原，受封晉王，朱溫授命汴京節度使。其後李克用勢力

---

❽　《支那近世史　第二章　貴族政治の崩壞》，《內藤湖南全集》第十卷，
　　頁361，東京：筑摩書房，1969年6月。

衰微，朱溫結合宰相南司的族群而誅伐北司宦官的勢力，昭宗亦爲其所弒。李唐天子一家與實際掌握權力的名門貴族、宦官俱於唐末的叛亂而滅亡殆盡。

內藤湖南以爲節度使藩鎭而割據地方是唐末攘壞的原因，而受徵召從軍的兵士皆是出身低下的庶民階級而非門閥出身的貴族，長年征戰與內亂的結果，主掌兵權的節度使與實際參與作戰的兵隊因此得勢。由於政治的實權轉移至庶民出身的武夫，導致貴族政治崩壞的現象，再者，夷狄出身的外族以軍功而獲賜國姓，亦象徵著門閥主義的瓦解。換句話說貴族政治的改革不因爲科舉的官吏採用制度，府兵的徵兵制度與租庸調、兩稅之租稅制度等和平的手段而奏效，卻因無學文盲之武夫盜賊的跋扈而崩壞。❾

(二)五代的奇局與宋朝的建立

朱全忠弒唐昭宗，篡奪昭宣帝之位，建都於大梁，改國號爲梁，而開啓五代之五十餘年動亂的奇局，至於周世宗則奠定天下統一的氣運。

五代天子有八姓，大抵爲軍人出身，其中三朝君主爲夷狄出身，又由於五代的局面急遽變化，各國的年數不長，天子皆無後，因此內藤湖南以爲歐陽修《五代史記》之編立〈義兒傳〉與〈伶官傳〉，誠能顯示出五代的政治特色。❿

---

❾　同注❻，頁362-368。

❿　《支那近世史　第三章　五代の奇局》，《內藤湖南全集》第十卷，頁374，
　　東京：筑摩書房，1969年6月。後唐明宗是李克用的養子，周世宗柴榮是
　　周太祖郭威的養子。以有軍事能力之部下爲養子，固然是策略的運用，亦

在長則數十年，短則四年的時代，天子的王位既有朝夕不測之
虞，人民身家安全與財產更難有保障。唐代地方武官是武夫而文官
則是貴族或知識分子，但是五代是群雄割據的時代，不但朝代興革
的天子大多是盜賊草莽出身，文官的職務也由武夫主掌，官吏跋扈，
只顧及自身的權位而不思愛撫百姓，而且一旦發生戰亂，則恣意掠
奪，了無法紀，故民不聊生。至於天子的有德與否，與人民的幸與
不幸有極大的關連。五代的吳越及閩地一帶的君主重視文化，且知
體恤百姓，故長江南北地域的人民幸能安堵。中原地區，戰亂頻繁
而生靈塗炭，後唐莊宗雖然長於戰術，統一北方，建立五代中領土
最大的國家，但是疏於政治的治理，聽信胥吏，任其加重租稅，恣
意的搾取百姓的膏脂，終造成五代政治極大的弊害。逮及周世宗整
肅軍紀，去除軍人的驕慢，於擴張領土後，休養生息，乃呈現出新
的局面，奠定宋代統一天下的基礎。❶

　　周世宗經營天下的方略，一般而言是取自於王樸的〈獻平邊策〉
❷，王樸的獻策乃先取南唐、嶺南、蜀地，南方既定，則北方的幽

是重視系譜之貴族政治崩壞，門閥規律紊亂的結果。至於常樂老馮道則是
無節操而致顯達的代表。

❶ 內藤湖南以為唯有如周世宗之真正的天才出現，乃拯救生民於水火。小川
環樹則以為內藤湖南的周世宗論，乃有諸葛亮、周瑜、魯肅「三少年」之
力而形成三國鼎立局勢的連想，所謂天才救世的持論，是內藤湖南的史
眼。（內藤湖南的諸葛亮等人的論述，見其所著的《諸葛武侯》，《諸葛
武侯》收載於《內藤湖南全集》第一卷，東京：筑摩書房，1970年9月。
至於小川環樹的說明，則見於《內藤湖南》，頁34，東京：中央公論社，
《日本の名著》41，1984年9月。

❷ 《舊五代史》卷一百二十八，《周書十九·王樸傳》。

燕自然歸服，亦即先征伐易取的鄰邊而後攻艱。然王夫之《讀通鑑
論》與全祖望〈周世宗論〉則以爲周世宗之先攻伐南唐固然是從王
樸的策略，然與南唐交戰而取得長江南北之後，則罷兵而轉戰強敵
的遼而收復易州附近的瓦橋關。換句話說周世宗的方略是振興積弱
之國，與其征伐弱國毋寧交戰強敵，克勝強敵則弱敵自然歸服。周
世宗的英斷誠爲平定中國長久以來紛亂的所在，故史臣評曰：「（世
宗）神武雄略，乃一代之英主也，加以留心政事，朝夕不倦，摘伏
辯姦，多得其理。……逮至末年，漸用寬典，知用兵之頻併，憫黎
民之勞苦，蓋有意於康濟矣，而降年不永，美志不就」❸，天下爲
宋太祖所奪。

　　宋太祖隨周世宗征戰而有攻城掠地的才能，且爲人正直寬大而
富人望，故「黃袍加身」而繼立於周世宗之後。宋太祖統一天下的
方略大抵與王樸的策略一致，乃以弱敵的攻克爲優先。❹宋之底定
天下雖經歷十數年，實則並不甚耗費勞力，與唐太宗之統一天下，
自不可相提並論。唐宋建國之前，天下分裂的局勢雖然相同，但是
隋末的群雄，如王世充、李密、竇建德等皆一時的豪傑，故唐太宗
經歷百般艱難才取得天下。五代雖也是割據的局面，但是當時的君
主，或如南唐、蜀之醉心於文學藝術的文弱君主，或如中原之五代
更迭而懷有朝保夕之危懼的君主，大抵皆陷於紛亂困苦而企求和

---

❸　《舊五代史》卷一百一十九，《周書十·世宗紀第六》。

❹　內藤湖南以爲宋代四百年之積弱，乃起因於宋太祖之輕易地取得天下。內
　　藤湖南的持論見於所著《支那近世史　第五章　統一の氣運》的〈太祖の
　　天下經營〉，《內藤湖南全集》第十卷，頁392，東京：筑摩書房，1969
　　年6月。

平。再者，周世宗軍紀嚴肅，又經過嚴格的訓練而善於征戰，宋太祖繼掌兵權，以優勢的兵力討伐各國，而輕易地平定天下。

宋太祖取得天下後，深知五代紛擾不安的根源，其於征伐戰略的才能雖略遜於周世宗，卻以寬大的政策安定亂後的人心，去除人我的猜忌，完成天下統一之後，亦採取穩健和平的政策收回親近諸將的兵權，削除唐末以來藩鎮節度使的權力。杯酒釋石守信的兵權，即是前者的史話。至於藩鎮權力的削弱，則於節度使交替之際，即以文官代之，而地方官吏任免的權力亦收歸中央，由朝廷直接派任，繼而設置通判的官職，通判雖為節度使的屬下，卻掌理當地租稅徵收的財政，再者五代以來節度使所掌理的死刑宣判的權力亦收歸中央，即觸犯死罪的犯人必須上報中央，在中央調查以後，才能執行。換句話說，宋代以後，逐漸形成中央集權的政治局勢。

二、近世的文化

內藤湖南以為貴族政治崩壞而君主專制出現的政治現象，是決定中世與近世之分界點的重要因素。即所謂時代區分，固然有區別時代差異的所在，更有文化突破的意義。故唐末五代到趙宋是朝代的更替，而中世至近世的推移則是「文化的突破」，乃意味著社會制度的變遷和文化內涵的差異。至於突破的意義，不是前所未有的創造而是繼承性的創新，故近世文化是經由唐末大眾化傾向與五代前承中世後啟近世的過渡，到了宋代而有宋初致力於貴族文化之復興，仁宗英宗是新文化成熟期，徽宗是中國美術黃金時代的變遷過程。

㈠唐末文化有大眾化的傾向

唐末武宗與宣宗年間，隨著貴族政治體制的逐漸衰微，文化也有自由表現的大眾化的傾向。如詞的產生，固然音樂性的規律比近體詩更為嚴密，然格式增加，詞句長短變化，俗語亦可入詩，乃表現形式上有自由解放的趨勢。至於散文，於唐代中葉即有近似平話的小說與傳奇出現，唐末更有通俗性的作品行世。再者，印刷術也於此時產生於蜀地一帶。日僧圓載《將來目錄》著錄咸通六年入唐帶回日本的書目中，有西川印子本《唐韻》與《玉篇》。又敦煌發現的《金剛經》亦載記著咸通九年的年號。印刷的勃興有助於學問的普及，因而學問亦有大眾化的傾向。

㈡五代文化前承中世而後啓近世

唐末舉世混亂，文化也衰微不振，五代以後，雖群雄割據而天下大抵為維持小康的局面，保有文化傳統的地域或經濟富裕所在的君主每能致力文化的復興。中原雖紛擾頻繁而各國君主為存文化傳統的名分亦能維持不墜。南唐經濟發達，人民生活安定，在位者雖生活奢華，以能為詩文，又長於書畫，故文化興盛，為五代之最。前蜀沃野千里，在五代以前已經保存有唐代的文化，故文化水準甚高。割據浙江的吳越居水鄉澤國而以貴族文化為究極。南漢得印度貿易之利，又致力於文化的普及，故嶺南地方的文化發達。近代嶺南的出土物中，除漢代南越的遺器以外，大抵以五代南漢的器物居多，石碑彝器的文字多為南漢以後的載記，而漢代以後至唐代之間的遺物則未見，可知南漢以後，嶺南的文化發達。換句話說，唐代

之際，文化並不發達的地方，於五代之時，由於據立的君主致力於文化的弘揚而文風興盛，以故中國各地文化普遍提昇，其影響及於近世。後唐時，中原地區呈現小康的局勢，又由於前蜀的平定，不但版圖擴大，蜀地的印刷技術因而傳入，助長文化的普及。特別是馮道根據唐代開成石經而開版印刷九經，以在國子監印刷，故稱爲監板，爲中國監板的開端。南唐徐鉉、徐鍇兄弟精通《說文》，影響深遠，或謂《說文》之傳於今日，乃二徐之功。故內藤湖南以爲五代之蜀、南唐及中原的文化是宋代文化的根底。至於書畫藝術方面，後唐的楊凝式集唐代以來書法之大成，荊浩關同筆墨兼用，以墨色的濃淡別開水墨畫的異趣，特別是關同非但實景寫生，更開創畫胸中邱壑的畫風。

蜀地的繪畫亦有獨特的風格，貫休禪月大師的羅漢畫是後世羅漢畫的所本，石恪的水墨人物畫渡海東瀛，成爲日本的國寶，黃筌、黃居寀父子巧於花鳥，極盡寫生之妙，入宋以後，獨領繪畫鑑賞之風騷。

南唐後主巧於書畫，尤精通書法而成家，著有書法論，流傳於後世。徐熙工花鳥，黃筌、黃居寀父子善畫珍禽奇獸而徐熙則以疏筆寫野生的鳥獸，宋初黃氏父子的畫風專擅，其後，宋人以徐熙的花鳥畫得自然的逸趣，終取代黃氏父子的地位。至於董源的水墨畫雖不爲時人所重，米芾、米友仁父子推崇之，以爲後世水墨畫的典範，元代以後的繪畫皆學董源的畫風，謂山水畫乃自董源出，視董源爲後世南畫的始祖。與董源同時而身居中原的李成，其畫技巧精神兼備，爲當時第一人，其地位遠在董源之上，至北宋中葉依然爲世人所重。故就五代書畫藝術而言，內藤湖南以爲五代文化前承中

世的遺風而發展出新的風格，進而開啓近世的新藝術風貌。**⑮**

㈢宋初致力於貴族文化的復興

　　宋初繼承五代的文化，於太宗、眞宗年間則大抵以復興唐代貴族式的文化爲目的。在經書研究方面，乃繼唐代的《五經正義》而注疏其他的經典，如邢昺注疏《論語》、《爾雅》，孫奭則大成《孟子》的注疏。於詩歌的創作則延續唐末盛行李義山詩的風氣，而流行西崑體。再者類書的編纂亦承襲唐代舊制，《太平御覽》是六朝以迄唐代類書的集大成，《太平廣記》、《文苑英華》分別收載六朝至唐代的傳奇小說與詩文，《冊府元龜》則收錄歷代史事，以爲政治之資。至於藝術方面，太宗淳化法帖是南唐李後主法帖的增補，乃以王羲之、王獻之父子爲中心，收集其前後書家的作品而出版的。又設置畫院，以「畫院待詔」網羅中原及蜀地的畫家，其後名人輩出，建立宋代畫院派的基礎。

㈣仁宗英宗時代是新文化的成熟期

　　仁宗及英宗的五十年間是宋代文化成熟的時期，太宗至眞宗所致力恢復的中世貴族文化的風氣逐漸衰微，中唐所萌芽的新文化至仁宗及英宗之時而開花結實。歐陽修、三蘇、王安石、曾鞏繼韓愈、柳宗元之後而提倡古文是最足以說明此一時期「文化突破」的現象。

---

⑮　《支那近世史　第七章　文化の變遷》的〈五代文化の集中〉，《內藤湖南全集》第十卷，頁425，東京：筑摩書房，1969年6月。至於五代以迄宋代的繪畫發展，參其所著的《支那繪畫史》（收載於《內藤湖南全集》第十三卷，頁93-170，東京：筑摩書房，1973年12月。

在經學研究方面亦然，中唐以來既有疑經的傾向，仁宗朝以降，懷疑經傳注疏而建立新說的風氣盛行。歐陽修之於《春秋》，王安石之於《易經》、《周禮》，司馬光之於《孟子》都有異乎舊說的獨特見解。至於書法創作上，蔡襄、蘇軾、黃庭堅、米芾四大家一變唐代柳公權、五代楊凝之的體式，而以王羲之爲宗尚而創造新的風格。繪畫亦一改宋初畫院重寫生而以緻密高的畫風，尊崇董源寫胸中邱壑的畫風，而以表現內在精神爲極致，全幅展現出宋代文化的特色。

㈤徽宗時代是中國美術的黃金時代

徽宗時，書畫骨董極爲發達，《宣和書譜》、《宣和畫譜》記載當時收藏的書畫，爲數之多，令人驚嘆。《宣和博圖》則是古銅器的目錄，歐陽修作《集古錄》開啓中國金石學的先聲，徽宗蒐集天下鐘鼎彝器於宮廷，民間亦有古物收藏的風氣，如趙明誠、李清照夫婦編纂其所收藏的骨董而成《金石錄》。古物的收藏固然風行，古物的模造與新器物的製作亦極爲發達，是時所鑄造的器物足以亂眞，後世或有誤認之爲三代彝器者。換句話說考古學的研究雖萌芽於徽宗以前，至徽宗的時代而興盛。至於繪畫風氣，由於宣和畫院網羅當時有名畫家而達於鼎盛，不但是徽宗善於書畫，瘦金成體，畫鷹如生，皇族大官能繪畫的亦不少，尤以北宗山水畫的郭熙與南宗米芾、米友仁父子並起，兩派畫風影響後世深遠。故內藤湖南以爲徽宗時代的藝術可以說是中國美術的黃金時代。❶

---

❶　《支那近世史　第九章　黨爭の過激と新法の弊害》的〈美術・考古學の

結論：近世的文化生活

內藤湖南探究中國近世文化的內容，提出中國的近世是平民發達時代的主張。**⑰**其強調六朝到唐代，政治為貴族所獨占，平民了無社會地位，但是到了宋代，平民取得了參與政治的市民權，王安石之得到神宗的信賴而能實施新法即是最顯著的例子。再者，王安石的政治改革，又意味著庶民得以擁有各種經濟物資。如「青苗法」的實施，人民得以向政府借貸而後交納利息，則象徵著人民擁有土地所有的權力。以雇役代替勞役，政府雇用人民服勞役而支付津貼，則意味著人民有勞動自由與獲得工資給付的權力。內藤湖南又說：不僅物質生活表現出庶民抬頭的現象，精神生活也反映出不受門閥、師承與專家限制之自由創新的士人文化的特質。在經學研究方面，漢時以迄盛唐的學問重視師說家學，中唐疑古的意識萌芽，宋代經學則以破除舊說成規，提出新的解釋為究極。在繪畫藝術方面，文人畫的興起更凸顯出自由寫意取代傳承墨守，專家獨領風騷而轉型為有藝術情懷者皆能寫胸中邱壑的時代風潮。至於工藝的創作亦然，漢代以迄唐代主要是供應朝廷或貴族的需求，甚少經濟效益的考量，宋代以後，所謂「官製」的工藝依然存在，但是以庶民為消費對象之大量生產的形態也出現了，如陶器、布帛的生產即有為了

發達〉，《內藤湖南全集》第十卷，頁452-453，東京：筑摩書房，1969年6月。

⑰ 《東洋文化史研究·近代支那の文化生活》，《內藤湖南全集》第八卷，頁122-131，東京：筑摩書房，1969年8月。

供給社會一般大眾而大量製造的傾向。換句話說，宋代以後，政治、學問、藝術、工藝等領域都呈現出文化突破的現象。

近世的文化突破精神也反映在人民的社會生活，內藤湖南稱之為「近世的文化生活」，進而強調新的生活樣式、重視地方特產、崇尚素樸、復古傾向、古物珍藏的趣味是形成近世文化生活的要素。所謂新的生活樣式是大眾共通的生活方式，既然是大眾共通的生活樣式，對於特殊性的生活需求則逐漸減低。如布帛的生產，在漢代有為天子御用而專門製作的必要，到了中世，為了貴族的需求，要一寸則作一寸，要一尺則織一尺。但是近世以後則不然，如元明以後，稱絹帛為「緞子」，「緞子」即「段子」，亦即織布一匹，有所需求則分段供給販賣。換句話說近世的布帛生產是大量製造，至於天子御用的則稱為「段匹庫」，即派遣官吏至布帛生產地，剪裁官用所需而上貢，而非一寸一尺的特殊性製作。故符應大眾需求的生活方式是中國近世新生的生活樣式。

中國幅員廣大而交通便利，運河通達南北，長江連絡東西，因此於交通便利的所在即形成特產物興盛的現象，如蘇杭與南京居地利之便，由於交通便利，運費便宜，又便於貿易，故蘇杭與南京的絹帛絲織的聲名即遠勝於其他產地的產品。再者，近世以後，由於交通便利，也形成遠地產物的需求，甚至促進海外交通貿易的發達。

至於為了民族的永續或個人生命的延長，生活的方式則有追求自然崇尚簡素的傾向。漢朝以迄唐代是極盡人工之能事而以巧奪天工為究極，庭園樓閣的建造如此，繪畫亦以奇險的山水，細微緻密的刻畫為尚，彫塑亦以彩畫為主。至於個人的養生之法也以外丹藥物的服用而求長生。宋代以後則突破人工的追求而復歸自然的素

樸。宋徽宗雖極盡奢華之能事，然其宮廷的營造則非以人工的彫琢
爲究極，而以近乎自然之森林野趣爲樂，近世的繪畫也以自然的山
水爲主流，彫塑亦以素樸爲高，養生則講求內丹之法，醫療的方法
也以「溫補」取代「對症療法」。由此可知，近世以後的文化生活
有極盡人工化之後，而回歸自然的傾向。**⓲**

漢代以迄唐代有利用出物而從事學問的研究，漢代以銅器出土
爲符瑞，隋代出土秦始皇時代的衡的分銅，即「權」所彫刻的文字
而糾正歷史文字的錯誤。宋代以後不但以出土物爲學問的研究，更
以之爲趣味性的收藏。如歐陽修的《集古錄》，趙明誠、李清照的
《金石錄》都是古物的編纂，固然有學問的意義，而趣味性的成分
亦頗高。明代以後，古器物的典藏逐漸成爲社會的風氣，藏書家的
輩出固然是珍藏古物之趣味性的產物，而有詩文涵養的士人亦醉心
於寫本善本與古器物的典藏，更足以說明古器物的典藏乃是近世士
人生活的要素。

內藤湖南以爲宋代是中國歷史劃時代的關鍵，在文化藝術的意
識上，由師承家學的墨守而轉變爲自由創造，在經濟方面則由貨幣
經濟取代貨物交換的形態，一般庶民也取得社會的市民權，換句話
說由於自衣食住至學問研究、趣味追求等社會生活都有大眾化的傾
向，又由於生活逐漸安定，因此社會一般庶民都有追求理想生活之

⓲ 內藤湖南以爲元代以後，爲了貂皮官服、弓矢、人參的供給能永續不竭而
設立維護森林的法令，雖是政治與經濟的手段，卻也是保存天然資源之文
化性的表徵，爲中國近世文化生活的特色之一。（《東洋文化史研究·近
代支那の文化生活》，《內藤湖南全集》第八卷，頁134-136，東京：筑摩
書房，1969年8月。）

共通性心理，其文化生活也有多樣性趣味的趨勢，進而形成高度的
文化，此爲中國近世的文化生活的特質。故內藤湖南強調宋代以後
的文化是脫離了中世拘束於因襲之生活樣式，創造獨自性而普及於
社會民間的新風氣，進而產生極高度的文化，或可謂之爲「中國的
文藝復興」，宋代至清朝末年的近世文化是凌駕於歐美文化之上
的。⓳

⓳　內藤湖南所謂中國近世文化凌駕歐洲文藝復興之說，見於宮崎市定〈獨創
　　的なシナ學者內藤湖南〉，《宮崎市定全集》24卷，頁261，東京：岩波書
　　店，1994年2月。

清代文化論：
日本研究清史的先聲

關鍵詞　清史研究端緒　清朝文化史學　清朝衰亡論

前言：研究清史的因由

　　明治三十二年（1899）三月十二日，小石川江戶川町發生大火，內藤湖南家遭鄰居火災的蔓延，藏書焚燬殆盡，乃一改以往「雜學」的撰述而以中國問題的研究爲宗尚❶，更強調中日文化同源而以中國問題的研究爲日本人的天職。❷其在大阪朝日新聞記者期間和任

---

❶　內藤湖南以中國問題的研究爲宗尚的記載，見於小川環樹《內藤湖南》，《日本の名著》41，東京：中央公論社，1984年9月，頁19。

❷　內藤湖南〈所謂日本の天職〉，《燕山楚水・禹域論纂》（收載於《內藤湖南全集》第二卷，東京：筑摩書房，1971年3月，頁127-135）。又內藤湖南於〈學變臆説〉（收載於《內藤湖南全集》第一卷，東京：筑摩書房，1970年9月，頁351-355）一文中，提出「螺旋循環」的理論，説明東亞文化以中國爲中心而向周邊發展的軌跡，意謂東亞，特別是中日文化同源，故以研究中國的歷史文化爲日本人的天職。

教京都帝國大學以後，以採訪國際情勢的職務和蒐羅調查中國典籍
史料的必要，前後渡航中國九次，或旅遊中國，與嚴復、文廷式、
張濟元、羅振玉等人會面筆談而撰述《燕山楚水》，或學習滿州語
文，考察滿州情勢，或調查敦煌文書、清內閣舊藏書，影印《滿文
老檔》《五體清文鑑》，鈔寫《四庫全書》的珍本。進而在新聞的
論說，或在京都帝國大學論述講授清朝的歷史文化，撰述《清朝史
通論》《清朝衰亡論》《支那論》《新支那論》等有關清朝和近代
中國的四部著作。❸《清朝史通論》等有關清朝的研究與《支那上

---

❸ 有關內藤湖南遊歷中國，考察中國史跡，調查中國典籍及新出土文物的記
　載，參內藤乾吉編〈內藤湖南先生年譜〉，《內藤湖南全集》第十四卷，
　東京：筑摩書房，1976年7月，頁659-669。特別值得一提的是內藤湖南影
　印的《滿文老檔》《五體清文鑑》是日本利用滿文史料而研究清朝歷史的
　開端。有關內藤湖南調查研究滿州的活動和貢獻，見載於三田村泰助《內
　藤湖南》，中公新書，1972年，神田信夫《滿學五十年》，刀水書房，1992
　年等書。
　《清朝史通論》和《清朝衰亡論》是內藤湖南講演內容的記錄，前者是內
　藤湖南於大正4年（1915年）8月在京都大學夏季講演會的記錄，後者則是
　收集明治44年（1911年）11月-12月，每週五在京都大學，以「清朝の過去
　及現在」為題而講演的記錄，大正元年（1912年）3月改名為《清朝衰亡
　論》而刊行問世。1944年內藤湖南長男內藤乾吉及女婿鴛淵一校訂《清朝
　史通論》而於弘文堂刊行時，《清朝衰亡論》也一併收錄，《內藤湖南全
　集》則分別收載於第八卷及第五卷。《支那論》則於大正3年（1914年）3
　月刊行，收載於《內藤湖南全集》第五卷（東京：筑摩書房，1972年5月
　刊行）。《新支那論》是大正12年（1923年）夏天，內藤湖南病後在有馬
　休養時口述，每日新聞記者岩井武俊筆記，於大正13年9月由博文堂發行，
　亦收載於《內藤湖南全集》第五卷。唯昭和13年（1938年）創元社出版的
　《支那論》則收錄《支那論》《新支那論》及〈近代支那の文化生活〉而
　成的。坂野正高於〈紹介內藤虎次郎《清朝史通論》〉一文中，指出《清
　朝史通論》《清朝衰亡論》《支那論》三書的內容相互補成，可謂是內藤
　湖南中國近代史的三部著作。（《國家學會雜誌》60-1，1946年）。

古史》《支那中古の文化》《支那近世史》等有關中國史學的論著，合稱爲「內藤史學」的四部著作。❹

　　清朝的時代相當於日本德川幕府（1603-1866）至明治時代（1867-1912）的兩個時代。內藤湖南生於慶應二年（1866），即清同治五年。辛亥革命發生於宣統三年（1911），即明治四十四年。換句話說內藤湖南生於清朝與德川幕府的末期，不但親見日本明治維新以後由封建幕府而轉型爲近代化國家的形成軌跡，也目睹中國政權的興亡更革，故《清朝史通論》《清朝衰亡論》《支那論》《新支那論》的四部著作可以說是紀實性的史論，爲內藤湖南於中國現代史研究的代表作。

　　內藤湖南對清朝歷史文物的關懷開始於其擔任新聞記者的時期，而新聞記者的經驗也是內藤湖南成就爲現代史家的原因之一。❺中日戰爭（1894-1895）前後，內藤湖南執筆大阪朝日新聞的論說，陸續論述有關中國政治文化的社論，不但論說中國改革方略，也提倡〈地勢臆說〉（1894年11月）而展開著名的「文化中心移動說」。一八九七年四月擔任台灣日報主筆，在台灣居留將近一年，考察台灣的行政而究明清朝行政的實態，論說〈革新雜識〉（1898年4月）提倡官僚機構的統合以重建財政。其後又在萬朝報論說〈支那改革說の二時期〉（1898年10月）區分清末改革運動爲洋務運動與變法運

---

❹　內藤史學四部著作之說，見於小川環樹《內藤湖南》，《日本の名著》41，東京：中央公論社，1984年9月，頁42。

❺　井上裕正以爲新聞記者的經驗是內藤湖南成就爲現代史家的基礎（〈《清朝史通論》解說〉，東京：平凡社，東洋文庫571，頁384）。本文有關內藤湖南於清朝研究的經緯，頗參採井上氏之說。

動兩個時期。明治三十二年（1899年）八月末至十一月末，遊歷中國的華北和江南，考察中國時勢，會晤清朝的學者，著作《燕山楚水》，確立其研究中國問題專家的地位。有關清史的研究論著也於一九九〇年以後陸續發表，如〈清國創業時代の財政〉（1900年7月，《太陽》6-9），根據魏源《聖武記》，論述明末清初以迄乾隆期的財政變遷，〈清朝興衰の關鍵〉（1901年3月，《太陽》73）則指出清朝政府的崩頹是不可避免的現實，又從軍事和財政兩方面來說明乾嘉之際發生的白蓮教叛亂是清朝衰微的機兆。

　　任教京都帝國大學東洋史講座以後，內藤湖南於一九一一年五月講演〈清國の立憲政治〉，主張中國有實現君主立憲的可能性，唯同年十月武昌起義，內藤湖南又於十月十七日至二十日於大阪朝日新聞連載〈革命軍の將來〉，強調長江流域為攻守的要塞，革命軍的軍事力和軍事費用是其成功的關鍵。十一月十一日至十四日又連載〈支那時局の發展〉的論說，指出清朝大勢已去。十一月二十四日、十二月一日、十二月八日，內藤湖南於京都帝國大學講演〈清朝　過去及現在〉，大正元年（1912）三月由弘道館以《清朝衰亡論》為題出版其講演的筆記。《清朝衰亡論》是內藤湖南十數年考察研究中國時勢的史論。至於整理其在大正四年（1915）八月於京都大學講演記錄的《清朝史通論》則是內藤湖南的清朝學術文化論。茲綜輯《清朝史通論》《清朝衰亡論》《支那史學史》的論述，究明內藤湖南於清朝文化史論的宗尚所在。❻

---

❻　《清朝史通論》分「帝王及び內治」、「異族統一と外交・貿易」、「外國文物の輸入」、「經學」、「史學及び文學」、「藝術」講述清朝的歷

一、清朝帝王政治的特色

內藤湖南在《清朝史通論》指出：清朝帝王政治的特色有不立皇太子、天子長於文事、天子鮮失德而嚴謹於內寵宦官的處置等，至於內政的特色則有重要官位與典禮皆滿漢並置的雙重架構性、創設軍機處而實行獨裁統治、重視聲名而減免租稅、優遇學者而設置博學宏詞科等。內藤湖南強調帝王在清朝政治上占有極其重要的地位，甚至可以說清朝政治除帝王之外無他。在中國歷代政治中，宰相占有相當重要的地位，明太祖雖廢除宰相而內閣大學士執行宰相的職責，清朝雖有內閣大學士的官位而形同虛設，若天子年幼即位則由攝政王或皇太后輔政，及長則還政而由天子親臨政事。又清朝帝王大抵皆具有個人特殊的性格與專權獨裁的傾向，此與清朝不立皇太子的家法有極大的關連。由於天子地位的繼承者不預先策定，故貝勒皆致力於政治文事的修養，一旦獲得皇帝的歡心賞識，才能登上九五至尊的王位。❼康熙雄才大略，以其富機略，故能於七年之內，平定三藩，且撰述《親征朔漠方略》敘述親自率兵遠征準噶

史。其內容而言，雖有涉及清朝內政與外交貿易的論述，但是三分之二的篇幅在論述清朝的經史文學和藝術。《清朝衰亡論》則從軍事、財政、思想的變遷，分析清朝盛衰的所在，《支那史學史·清朝の史學》則是整輯排比之史纂、參互搜討之史考和辨彰學術考鏡源流之史通、地理金石校勘掌故等清領域研究的綜合性論述，故內藤湖南於清朝歷史的研究可謂之爲文化史論。

❼ 太宗文皇帝是四貝勒，雖然在軍隊極有人望，然其之所以能繼承皇位，乃由於其子乾隆幼時敏銳深受康熙歡心喜愛，康熙乃傳位於雍正。

爾叛亂的經緯。又藉由西洋傳教士而積極地吸收西洋的知識，不但學習外國語言、天文與數學，且撰述《數理精蘊》一書。內藤湖南以爲康熙有建立世界性帝國的雄圖見識，奠定了清朝政治的鞏固基礎。雍正則儉約尙廉，學佛參禪，善於文學，唯富猜疑，故既給付「養廉銀」以獎勵廉潔而豐富財政，建「雍和宮」以傳喇嘛教，勤於政事而「硃批諭旨」，却又興文字獄，設立軍機處而誅殺異己。乾隆多才多藝而好大喜功，能爲詩文書畫，又致力於中國周邊種族語言的推行，不但獎勵滿州語文的使用，編纂詞典以便於學習，甚且規定凡入翰林院者必須能通曉滿州語，藉以復興滿州語。又編纂《五體清文鑑》用以提倡其所平定民族，如蒙古、西藏、土耳其語言的研究。乾隆在位六十年，爲清朝的黃金時代。

清朝的天子大抵具有文學的素養，康熙、乾隆、嘉慶、道光、咸豐皆有御製詩文集。至於奏摺的批示，皆能流暢的漢文書寫，與明代天子多無文學修養而以俚俗批奏的情形大有逕庭。再者，致力於文學的結果，欽定叢書汗牛充棟，康熙欽定的《古今圖書集成》一萬多卷，乾隆時的《四庫全書》冠絕古今，於中國文化的薪傳，居功厥偉。

滿清入關，鑑於明代宮室奢侈與宦官爲患的弊害而勵行儉約，嚴謹宮廷的規律以杜絕宦官的跋扈。明代宮中宦官的人數多達十萬人，康熙時代則減至四百人，宮中的費用約爲明代的四十分之一，雍正年間亦然，足見清朝宮中以節約是尙，此爲清朝宮廷政治的特色之一。至於清代各朝的天子亦甚少失德者，明代武宗爲其所寵而巡幸天下，清朝天子則無此事。對宦官的處置亦極爲嚴峻，由於明代因宦官而失國，故清朝明令宦官不得擅自出京。西太后時，宦官

稍有跋扈，安得海受寵於西太后而奉命出行湖南，通關山東時，發覺被捕，巡撫丁寶楨乃依法處死。宦官雖受太后恩寵，觸法則處以刑罰，足見清朝對宦官的取締嚴肅，與明代有天壤之別，亦為滿清雖是外族入主中國而能長久安寧執政的原因所在。

恩威並重是清朝政治的特色，康熙禮遇徐乾學而命其編修一統志，其後設置博學宏詞，命地方官吏薦舉秀才，唯地方官位失責，產生不平與失實的現象。乾隆廣收天下遺書而編纂《四庫全書》，却也禁燬不利朝廷的書目，以制限人民的思想。至於為了懷柔漢人，在官位設置與典儀記載皆實施滿漢並行的政策，不但在重要記錄、奏議是滿漢文並載，重要官吏亦滿漢並置，既有滿人擔任吏部尚書，便有漢人吏部尚書的任命，有滿人左右侍郎，亦有漢人左右侍郎。雖然如此，雍正設置軍機處，藉以監視官民的言論行為而遂行獨裁統治的政治，此為清朝政治的特色之一。

清季政治逐漸出現弊端，政治措施頗多形同虛設，❽再者，減免租稅原本是施恩惠於百姓的措施，結果由於稅收短缺而財政困窮。又由於滿漢在政治勢力上的消長，再加上新舊政治機關與官位的重複設置，行政費用膨漲，清朝政治乃逐漸式微。

二、清朝衰亡論

《清朝衰亡論》收錄〈第一講　兵力上の變遷〉〈第二講　財

---

❽　張之洞與劉坤一提出《江楚會奏變法摺》，列舉清朝末期的政治措施頗多形同虛設的所在。

政經濟上の變遷〉〈第三講（上）思想上の變遷〉〈第三講（下）結論〉三次講演的內容。換句話說內藤湖南是從軍備、財經、思想變遷的觀點，探究清朝盛衰的因由。一般以為清朝的軍紀嚴明而兵力堅強，但是內藤湖南指出清朝的兵力並不強，滿清「八旗」，一旗七千五百人，八旗之兵不過六萬人，其之所以能入主中原，內藤湖南於〈清朝興衰の關鍵〉一文指出滿人之入關是由於明朝的內亂，至於清初三藩的平定是得力於漢人的巧妙驅使，乾嘉之際的白蓮教叛亂是賴地方的鄉勇而鎮壓的，而平定太平天國之亂的湘軍也義勇軍。因此內藤湖南強調白蓮教匪叛亂的平定而形成的兵備政策是清朝兵力盛衰推移的重要關鍵。

乾隆年間，軍隊將領任用的方針有所改變，大抵起用滿州人以代替漢人的將領。而且由於經濟富裕，乾隆又好大喜功，戰功的恩賞亦大異於建國之初。入關之初，有戰功或戰死，僅其子一人入學國子監，即是特別恩寵。但是乾隆的時代，立有戰功者則封爵進官。再加上乾隆晚年施政益加寬大，以致政治腐敗，八旗綠營軍紀敗壞。白蓮教叛亂之際，不但駐守各省的綠營無能克敵，禁旅八旗也毫無奏功。敗軍之將雖議處嚴罰，然由於乾隆政令的寬大而從輕量刑。再者，征伐的費用雖高達一億萬兩以上，而大部分的軍備費用却大多飽入將領的私瀆，即便財政豐盈，七、八年持續支出，亦不免匱乏。嘉慶之際，雖下令整頓軍紀而取締貪污，但是軍風依然頹敗，常備官兵戰敗則逃，白蓮教匪因而到處恣意蹂躪。當白蓮教匪攻打湖北隨州，官兵敗逃，隨州鄉勇與人民堅壁清野而死守城牆，隨州乃不致失陷。朝廷得知鄉勇奏功，乃募集民間義勇軍，不但使其防禦地方，亦派遣為迎戰的先鋒，終平定白蓮教的叛亂。地方官吏苟

且於徵召義勇軍以應敵的便利，朝廷則憂心不已，蓋給與人民兵器固然可以迎陣攻守，也致使人民形成有兵器即可戰爭的觀念。白蓮教叛亂平定之後，乃藉收買兵器的名義而解散義勇軍。一方面清廷也產生常備軍無所可用而非改革兵制不可的覺醒。雖然如此，太平天國叛亂而賴以平定還是曾國藩的湘軍、胡林翼的楚軍、李鴻章的淮軍。然而，長髮賊亂平定後，則不能解散各地的鄉勇，乃配置湘勇、楚勇、淮勇兵備與軍需，而形成「常備軍」與「義勇軍」併存的兵制。

李鴻章的淮勇在長髮賊亂的戰爭中，實施洋式的訓練，攜帶西洋的新式武器而奏功，號稱「常勝軍」。太平天國叛亂平定後，李鴻章當政，以爲洋式訓練與西洋武器攜帶的軍隊必然是攻無不克，戰無不勝的「常勝軍」，但是洋化的軍隊却於中日戰爭中一敗塗地，因而產生非建立接受新式教育，徹底強化組織之新軍不可的革命性自覺。雖然如此，軍隊之革新的「革命主義化」與「鄉勇」效忠將領而不從朝廷命令之地方團練性格的結合，導致派遣至外國接受「革命主義」的「留學生士官」却形成革命的種子。內藤湖南以爲清朝兵制上有以滿州人爲中心而「漢人驅使」，至「義勇軍之利用」，再至「義勇軍之常備」，最後產生革命性「新式兵」的沿革。由於清朝二百多年以來，常備軍失序而仰賴義勇民兵是清朝衰亡的主要原因之一。換句話說清朝軍事政策促使革命思想的形成，武昌起義的辛亥革命則是清朝軍備政策缺失所導致的必然結果。

財經政策的演變也是清朝興亡的重要原因。內藤湖南在〈財政經濟上の變遷〉指出：明朝滅亡的重大原因在於財政的失措與王室的奢侈浪費，因此滿清入關以後，滿清皇室極爲節儉，又爲了安撫

民心而極力減輕其生活的負擔，如雍正雖徵收「耗羨」的附加稅，
却支給官吏「養廉銀」，乾隆以爲歲入豐盈而免除「地租」和「漕
糧」的徵收。內藤湖南強調清朝初期的稅制是徵稅與免稅並存而人
民感受恩惠。官吏爲朝廷徵稅輒增收附加稅以營生，天子免稅而得
蒙受天恩的美名。然而乾隆末年以迄道光末年的六十年間，由於歲
出的增加而清朝逐漸走向衰微。至於歲出增大的原因則有皇族增
加、地租未進、物價高漲、銀價高騰、軍費增加、王室的奢華等。
滿清入關的皇族只有二千人，道光末年則多達三萬人，皇族增加而
皇室的費用自然增大。清朝實施仁政的結果，地方有天災地變等災
害則可不納或延期交納地租的政策，而且十年清查地租的帳簿一
次，十年的時效一過，即可不納地租。康熙到雍正，一年有六十萬
兩的地租未進，乾嘉道光之際，則增至二百萬兩。就歲收逐漸減少
的結果而言，道光二十五年到二十九年的歲入預定金額是四千五百
十七萬兩，二十五年的歲入尚有四千六十一萬兩，二十九年則減少
至三千七百零一萬兩。

　　物價高漲是清朝財政上的一大打擊，根據馮桂芬的調查，祭孔
所用的羊的價格，康熙年間一頭一錢八分，咸豐同治年間則漲了六
倍。順治年間，工匠一日酬勞二十八文，道光初年則爲八十四文，
咸豐同治年間漲至二百二十文，約爲清初的八倍。由此可知物價的
高昂是清朝財政困窮的原因之一。❾至於銀價的變化對中國的經濟
也有深刻的影響。馮桂芬指出：清初的銀價，一兩兌換銅錢七八百

---

❾　康熙年間的羊價載記於康熙所著《數理精蘊》，工匠的酬勞支給情形則見
　　於韓桂家的帳簿。（內藤湖南《清朝衰亡論·第二講　財政經濟上の變
　　遷》），東京：平凡社，東洋文庫571，頁343-344。）

文，咸豐同治年間則僅存十分之四五的價值。人民地租交納銅錢，
交付朝廷，兌換銀兩，由於銀價高騰，政府的收入乃大爲減少。至
於常備軍的增加與薪俸的提高也擴大政府的支出，清朝初期的常備
軍僅有八旗和各省的綠營，太平天國亂後，各地義勇軍也編入常備。
至於常備軍的薪俸，清初兵士的一日支給是五分，太平天國亂後則
漲爲二錢，因此軍需費用大幅增加。再者，清初治理黃河泛濫的費
用約要百萬兩，道光咸豐年間則需要千萬兩。政府歲入減少而歲出
劇增，國庫逐漸空虛而國勢呈現衰微的機兆。再者，政府的歲入雖
然減少，但是王室的資產却有增無減，如西太后垂簾聽政時，官吏
奉迎太后而賄賂金銀財寶，以致皇室擁有莫大的財富，明末王室奢
侈的現象再現，亦爲清朝衰亡的主要原因之一。

　　內藤湖南又從「種族觀念」與「尊孔思想」的觀點，說明思想
的變遷也是清末變革思想的形成而導致鼎移的原因所在。近代中國
由於列強入侵而形成攘夷的「民族意識」，一方面又由於滿清政府
的衰微，對抗外來勢力的「民族意識」也轉化爲漢族推翻滿族的種
族意識。在學術思想上，康有爲等人研究春秋公羊學而鼓吹尊孔的
思想，而《老子》《墨子》與佛教的研究也極爲盛行，如章太炎鼓
吹《左傳》而反對公羊學，對東京的中國留學生產生極大的影響。
至於龔定庵、魏默深雖是公羊學家，而龔定庵也潛心於大藏經，精
通天台、華嚴、禪宗，稱佛教爲大法，尊之爲西方聖人之教。魏默
深則好《老子》，著有《老子本義》，且皈依佛門，信奉淨土。再
者，當世的學者，如沈曾植、文廷式、夏曾佑、章太炎皆深於唯識
的研究。由於諸學的並盛，尊孔子爲聖人的思想固然有之，但是以
孔子爲唯一至尊的宗教性信仰則未必普及。至於留學歸國的青年，

接受外國新潮的民主思想，就無視傳統儒學的倫理，於父子、君臣的社會政治倫理亦漠然置之。換句話說由於外來勢力的刺激而引發的「種族觀念」與內部「尊孔思想」的變化，傳統的尊王思想乃蕩然無存。內藤湖南稱此君父威權的瓦解和儒家傳統的失墜之現象爲「近世思想的變調」，而強調就當時中國情勢而言，變革是大勢的推移，革命主義與反傳統思想的形成是自然的趨勢。不過內藤湖南又預言：辛亥革命的成功固然是無可置疑的，但是革命思想的反動，於不久的未來也將在中國的土地產生。

內藤湖南從軍事、財政、思想三個角度說明清朝衰亡的原因，進而指出辛亥革命是清朝盛衰趨勢上的必然結果。就清朝衰亡的原因而言，內藤湖南的分析尚未周全，如官吏的腐敗、社會經濟上的問題、清末的外交關係等問題都與清朝的盛衰息息相關，但是正當辛亥革命的戰火在中國展開的同時，內藤湖南在新聞和大學的講堂，以史學的觀點進行客觀明確的分析，不但有記載當時世界局勢的時代意義，而且以綜合性的觀點探遡清朝盛衰的根源，又將辛亥革命視爲清朝歷史演變的必然趨勢，則是其以「通變史觀」，把握清朝歷史發展的全面性與重大事件的關鍵性而展開的史家識見。❿

三、清朝的經學與文學

內藤湖南以爲清朝文化中，最爲興盛的是學術研究，至於學問

---

❿　有關內藤湖南於清朝衰亡論上的問題點及學術價值，參井上裕正〈《清朝史通論》解說〉，東京：平凡社，東洋文庫571，頁399-400。

的中心則是經學。其強調兩漢以來的經學研究有所謂的漢學、宋學、明學，而清朝的經學研究則有空前的發展。清代經學的特徵在於一反明代空疎講學的風氣而以實事求是爲依歸。顧炎武雖是朱子學者，却反對理學講述的風氣而重視實證之學，遂被尊爲清代漢學的開山始祖。黃宗羲雖宗尚陽明學，亦講究實證之學，二人各出身於浙東和浙西，故世稱顧炎武爲浙西學派的始祖，而黃宗羲則爲浙東學派的始祖。康熙尊崇宋學，雖有理學的講述，却重視書籍的編纂以爲講學的依據，故有徐乾學蒐集網羅宋元明三代經書，而以納蘭成德之名編纂的《通志堂經解》，李光地《朱子全書》的刊行問世。影響所及，民間亦有《三禮義疏》的編纂。換句話說學問的研究不事空談而崇尚事實，又在宋學的研究上，不拘限於《四書》而兼及《禮》的研究，可以說是康熙時期學問的特徵。

清代經學的特色在於「漢學」，清朝所謂的「漢學」是指漢代學問的研究，即不重視講述之學而崇尚實證的研究，不事外在裝飾或浮泛空虛的學問而追求實用性的樸學。清初漢學雖尚屬草創，而閻若璩的《尚書古文疏證》《四書釋地》，朱彝尊《經義考》，胡渭《禹貢錐指》《易圖明辨》等著述皆是樸學的研究，開啓實事求是之學問研究的風氣，奠定乾嘉考證學術的基礎。

清朝漢學至乾隆年間而極盛，內藤湖南以爲上有所好而下必從焉，由於乾隆的學問喜博覽，故民間亦逐漸形成旁蒐博引以爲考證校勘的學問風氣。以蘇州惠棟爲首的吳派學者重在博覽群書而成就精深細密的經史研究著述，以安徽戴震爲首的皖派學者則建立學問的方法，以窮究經典的原始本義，又通過書籍的記載，探索古代社會生活的實態。吳、皖是清朝漢學的二大派，其學問皆是以漢學爲

基礎，故可以說清朝經學即是漢學。至於朱筠、紀昀的「北學」與阮元、畢沅的「揚州之學」則致力於古籍的考校解題與編輯。浙東的章學誠則以史學方法通觀學術的源流與變遷。「常州之學」則一變吳皖以來的學風，吳、皖二派以東漢許鄭的學問爲宗尙，常州的學者則以爲《公羊傳》存春秋大義，乃主張學問宜以漢武帝全盛的公羊學爲研究的對象。龔自珍、康有爲鼓吹公羊學，晚清之際，公羊學一時興盛。

晚清大家輩出，且經學諸子與佛學的研究亦極興盛，然而內藤湖南以爲最值得注視的「小學之新派」與「校勘學」「金石學」的研究。所謂「小學之新派」是指研究文獻史料的更新，就歷來的小學研究而言，文字則以《說文》爲研究對象，音韻則由《唐韻》上遡古韻，訓詁則以《爾雅》《廣雅》爲主，但是吳大澂則以出土的鐘鼎銘文作爲考證經書的依據而有卓越的成就，羅振玉亦爲古文字學的大家。至於「校勘學」不僅是清朝經學的基礎，也是中國所有學問基礎，紀昀撰述《四庫全書總目提要》，校勘文字的正誤，判別書籍的良善與否。阮元、畢沅糾集學者校刊群書，樹立清朝校勘學興隆的基礎，盧文弨則建立清朝校勘學的基礎。日本江戶時代山井鼎《七經孟子考文》與根本遜《皇侃論語義疏寫本》傳入中國，亦有功於清朝校勘學的發展。再者，「金石學」的研究，顧炎武爲開山的始祖，則有運用於經學的研究、或作爲古玩而收藏、或作爲書法藝術的研究對象、或作爲歷史研究的史料等發展。

內藤湖南於清朝乾嘉漢學的學派區分與學術風氣的敘述是依據土地、師承淵源、家學與學問影響等因素來論述。如蘇州與揚州爲歷史淵源深遠而人文薈萃文風鼎盛的所在，故吳派與揚州的學者既

精於經學的研究，也長於詩文的創作。如王漁洋沈潛於學問的研究，為一代詩宗，汪中既是經師，而詩文亦獨領騷，焦循於經學與詞曲都有精密的研究。戴震既長於音韻的學問，也精審於訓詁的研究，建立研究小學的方法，研究《考工記》以究明周代的器物，又留意義理的疏解，著述《孟子字義疏證》以申明《孟子》的思想。段玉裁、王念孫精於音韻、訓詁的學問，程瑤田、凌廷堪則深於《三禮》的研究。蘇州惠周惕、惠士奇、惠棟三代相傳而吳派漢學大成，惠棟博覽經史諸子而精於《易》，弟子江聲、余蕭客能傳其學，至於兼通經史的錢大昕、王鳴盛則間接受其影響。江永繼承顧炎武重視音韻研究的學風，戴震繼承江永的學問而深化音韻的學問，奠定乾嘉考證學的基礎。朱筠、紀昀出身於北方的直隸，故稱之「北學」，張之洞雖非北地之人而其於學問的鼓吹類似朱、紀，亦可歸之於「北學」的系統。至於畢沅、阮元雖是揚州的學者，養客以從事於書籍的考校刊行，有功於清朝漢學的發展，則同於「北學」的朱筠、紀昀。

內藤湖南以為在清初古文草創時期，侯方域、魏禧、汪琬三家皆襲宋明文風，尊尚唐宋八大家之文，顧炎武、黃宗羲則不以「文」為主，而以「質」為要，文辭卓然，自然成家，後世考訂家之文多出自顧、黃。朱彝尊、姜宸英折衷三大家與顧、黃的文風，而表現出以學問涵養為文的異趣，清朝古文於是萌芽。袁枚雖為乾隆三大家之一，而主性靈，不拘束於古文駢體的法則，以自由抒發為高妙，為駢散不分的先驅。乾嘉古文極盛以來，清朝古文則有以唐宋八大家為宗尚的桐城派主宰文壇，雖屬古文而文近駢體之陽湖派與雖宗桐城而旁通經子史書之體的湘鄉派繼起，以文選體雜入古文之駢散不分的文體興盛，晚清受新思潮的影響而主張自由寫作之新聞體出

現的演變。至於清詩的發展，內藤湖南則列舉清初、康雍、乾嘉、道咸以後大家，敘述其變遷大勢。內藤湖南以爲清初錢謙益、吳偉業二人建立清朝詩歌的基礎，康雍年間的王漁洋傳錢、吳二大家的詩風而主神韻格調，爲一代正宗，朱彝尊以學養作詩，與王漁洋並稱「南朱北王」，查慎行推崇白樂天、蘇東坡的詩風而與王漁洋異趣。乾嘉詩人輩出，沈德潛重格調，袁枚主性靈，門戶並立而各領風騷。至於三大家的袁枚、蔣士銓、趙翼「皆出新意，袁氏尤有意與王士禎爲敵國，趙亦推查（慎行）排王，蓋一時風氣如此」。道咸以後諸家「多由蘇（東坡）黃（山谷）入玉溪生（李商隱）以窺工部（杜甫），所謂江西詩派者也。……近時作家往往宗選體，王湘綺尤以此體主盟一代」。**⑪**

　　綜觀內藤湖南於清朝經學與文學的論述，其要旨在於辨析各家學問的旨歸異同，究明經學研究的源流沿革與文學發展的沿革，皆極爲簡要，爲日本研究清朝學術的先聲，固有其學術的地位。

四、清朝的史學

　　內藤湖南以爲清初以迄乾隆期之以舊史修補與舊史考訂爲主體

---

⑪　內藤湖南〈清朝史通論綱目・文學〉，《清朝史通論》（收載於《內藤湖南全集》第八卷，東京：筑摩書房，1969年8，頁465-466）。〈清朝史通論綱目〉雖爲內藤湖南講述《清朝史通論》的提綱，有關清朝政治、經濟、文學、藝術的綱目、書目、沿革變遷、優劣品評皆記載有之，依循其章節而廣徵據證，固可究明清朝文化史的全貌，故謂之「清朝文化史綱目」亦無不可。

的史學則是顧炎武與黃宗羲的學問傳承。乾嘉時期的史學則是以考證方法運用於史料修訂上，浙東萬斯同以來的修補舊史一派即有整輯排比之考證學風的出現，至於浙西之舊史考訂一派則於舊史修補上進行考證校訂的工作，特別是錢大昕的史學，不但應用考證方法於史料研究而建立史學方法，更開創新的史學研究領域而改變乾嘉以後的史學風氣，可以說是具有清朝特色之史學的開創者。蓋錢大昕精通數學與天文學，潛心於史料的判別與選擇，留意沿革地理的學問，並運用校勘學、金石學、經學於歷的研究，因此宋代王應麟以來，明代楊愼、顧炎武的考證方法，至錢大昕而大成。又錢大昕之重視元代的歷史研究以後，清朝考證史學一派的學者，如祁韻士、張穆、徐松、何秋濤、洪鈞、李文田、柯劭忞等埋首於西北塞外的歷史地理的研究，中國史學遂有由中國史發展成東洋史的傾向，此爲中國近代史學的發展。再者，乾嘉以後，於考證史學確立之上，又有歷史研究的文字亦宜簡潔精鍊的風氣產生，特別是在地理志的撰述上，除了精詳的考證外，又形成以文學的手法撰寫地理志的體裁。換而言之，學問藝術化不但是中國文化的特產，也是中國近代史學的變化。到了清朝末期，由於甲骨彝器的出土，遂興起古代研究的學風，即古史研究是中國現代史學的潮流。

乾嘉史學沿襲明末遺風而以舊史修補與考訂爲主體，錢大昕開啓元代歷史研究的風氣而促使中國史學有發展成東洋史之近代化的傾向，又由於甲骨鐘鼎的出土，遂興起古代研究的現代史學，此爲有清一朝近三百年的史學發展大勢。

內藤湖南除研幾通變以闡明清朝史學的全體變遷之外，也留心清朝金石學、野史與掌故等歷史領域的流變。在金石學的研究上，

內藤湖南以爲顧炎武、朱彝尊、全祖望等人利用金石於經學的研究；其後則以金石爲愛玩，或潛研其書法；錢大昕則重視金文，並以之爲史料；阮元更視金文爲學問而潛心研究；劉喜海的金文研究則是收藏與鑑識兼具。至於野史的研究則有清初沿襲明末的遺風，大量出版野史的書籍；雍正乾隆嘉慶三朝野史衰微；道光以後野史有再度流行的傾向；清末以來野史盛行，爲「說部類」的全盛時代。掌故之書收入雜史，其研究盛於野史，康熙、乾隆時，開博學鴻詞科而有關掌故的資料大量問世；嘉慶到道光之間，學問藝術化的學風一時盛行，如王士禎所收集的文雅性的掌故再度流行；道光以後，由於社會擾攘不安，經世濟民的學風興起，實用性的掌故也爲人所重視；清末以來，掌故與野史則合而爲一。⓬

五、清朝的書畫藝術

內藤湖南在〈清朝史通論綱目·藝術〉指出：其於《清朝史通論》的論述中所舉清朝書家皆專門名家，而儒林文苑兼善臨池者概不載入。至於清朝書法的發展，清初的書家大抵承襲明末以來臨帖閣帖的風氣，傅山、王鐸則是清初的大宗。唯是時亦有務奇拔橫逸以自立蹊徑者，如冒襄、周亮工即爲其代表。康雍年間，由於康熙喜董其昌的書法，故董其昌的書風盛行，康雍的名家多由董其昌入米芾，唯處治世而書法的風格稍事收斂。然姜宸英、王澍兼習碑帖，

⓬　內藤湖南於清朝史學的論述見其所著《支那史學史·清朝の史學》，《內藤湖南全集》第十一卷，頁294-447，東京：筑摩書房，1969年11月。

開清朝書法風氣之先。乾嘉的大家張照、劉墉自帖學入手，別出機軸而集大成，有清一代無能與之爭鋒者。繼之而起的梁同書、梁巘、王文治、鐵保亦主帖學，而以南北出身的不同，書風也有「梁王南人，動失輕俊，冶亭北士，輒病鈍重」❸的差異。翁方綱兼習碑帖，風氣一變，爲乾嘉最後的大家，又比較新舊拓本的異同，潛心於法帖的研究，後世的書論亦無人能出其右。道光以後，鄧石如善寫北碑而得其真髓，包世丞鼓吹提倡，而宇內風行，書家爭趨北碑，趙之謙、楊守敬、吳昌碩等大家輩出，道咸以迄清末可謂是北碑的全盛時期。

內藤湖南以爲清初的四王吳惲不但綜合了宋元以迄明末的畫風，也融合了南北宗的畫風，因此不但開啓清朝的畫風，也意味著清朝繪畫藝術的完成。雍正、乾隆的畫家繼承前代的畫風而逐漸脫離明末的畫風，又受到學術思潮的影響而展現出新的格局。清朝雍正、乾隆以後雖然沒有像四王吳惲的大家出現，甚少墨守師門傳承的拘束而得以自由發揮的風氣則是近代性的進步。至於脫離技巧的模倣而以自由的手法表現個性的畫風與學術風潮的變遷不無關連。康熙年間的經學是以宋學爲主流，即使有異說也不超離宋學的範疇，乾隆的學者不但以漢學爲主，於事物的思惟皆以新人耳目爲究極，此學術思潮亦影響及於畫壇。宋明畫院於繪畫的技巧上，必有一定的法則，遵守其法則而臨模，乃能成家，但是雍正、乾隆以後，

---

❸　內藤湖南〈清朝史通論綱目・藝術〉，《清朝史通論》（收載於《內藤湖南全集》第八卷，東京：筑摩書房，1969年8月，頁468）。內藤湖南於〈清朝史通論綱目・藝術〉的記載中，有品評書畫名家的優劣得失，可以窺知其於清朝書畫論的所在。

則以超越技巧是務，興之所至而揮筆成畫，這是清朝繪畫的新風氣。如果說考證學是代表清朝的近代性學問，超越技巧門派而自由揮灑的畫風則清朝近代性繪畫。⓮再就山水畫而言，歷來的畫家好深山幽谷，激流險灘等奇特之處，宋明畫院於技巧上有一定的法則，乾隆朝的山水畫風景雖是平凡無奇，却以表達心境爲高，又以自由的手法表現個性而不拘束於既成的技巧家法。因此乾隆時代的繪畫大抵頗有趣味，也具有特色，雖未必有大家獨領風騷，而具有個性的畫家卻輩出於其間。嘉慶、道光之際流行輕妙清雋的氣風，道光末年以來，內憂外患頻繁，而特出的藝術作品迭出，咸豐以後的作品雖不饒輕妙清雋的氣風，却有疏宕沈實的筆力，故其成就遠在嘉慶、道光的名家之上。如湯貽汾即取法於在嘉慶、道光的畫風而加上疏宕的骨力，戴熙則致力於清初沈實的畫風，表現出亂世悲壯的心境。清季戰亂連綿，名家甚少，唯趙之謙無視古來的法則而別出蹊徑，獨樹印象派的畫風而鶴立於畫壇。嘉慶、道光以後的畫家雖致力於清新的趣味，大抵不出元明大家與四王吳惲的規範，蓋繪畫至晚季而益加衰微，亂世之際，名家難能輩出於間，此乃是時代必然的趨勢。就清朝繪畫發展的大勢而言，清期四王吳惲既開啓清朝的畫風，而清朝的畫風亦於焉大成，雍正、乾隆時代雖各派紛然勃興而達於全盛，然畫風不免流於單調，嘉慶、道光以後的山水畫大抵繼承四王吳惲，特別是王原祁的系統，咸豐以後雖有疏宕沈實之風，由於世變憂患而激越雄壯之氣不發，名家凋落，大家輩出的氣運遂逐漸

⓮ 乾隆以後畫風與學術風尚的關係，《支那繪畫史》（《內藤湖南全集》第十三卷），東京：筑摩書房，1973年12月，頁236-242。

衰微。**⓯**

結論：開啓清史研究之端緒

　　內藤湖南於《清朝史通論》「第一講　帝王及び內治」的開端敍述《滿文老檔》《三朝實錄》《方略》《聖訓》《國史列傳》《論摺彙存》《聖武記》《湘軍記》《湘軍志》《東華錄》《清朝全史》等有關研究清朝歷史的文獻資料，又於末尾附載「清朝史通論綱目」存其論述的旨要，並列舉相關文獻史料及著述，奠定研究清朝歷史的基礎。尤以滿洲史料的涉獵研究，開啓日本以滿洲語史料研究清朝歷史的風氣之先，可謂是京都中國學派，甚至是日本研究清朝歷史的啓蒙。

　　內藤湖南的史學是以清朝歷史研究爲起點，而其清朝歷史文化的研究則爲京都中國學派研究清朝歷史的基礎。與內藤湖南並稱爲京都中國學雙璧的狩野直喜（1866-1947）於明治34年（1901）8月留學上海，結識羅振玉，涉獵「亞洲文會」圖書館所藏歐洲東洋學的著作，洞察新方法的建立與新領域的開拓是西歐東洋學的精彩而爲日本漢學闕如的所在。其知交於內藤湖南亦在此時。

　　狩野直喜於明治36年（1903）4月歸國，參與臺灣舊慣調查事業而編纂《清國行政法》，於其以制度和文學的關係研究清朝文化而講述《清朝の制度と文學》有極大的影響。狩野直喜約與內藤湖南

⓯　內藤湖南的清朝繪畫論見於所著《支那繪畫史》（《內藤湖南全集》第十三卷），東京：筑摩書房，1973年12月，頁213-274。

同時講述清朝的學術文化，《清朝の制度と文學》一書是整理其大正七年至十三年講述筆記而成的，《中國哲學史》是明治三十九年至大正十三年的講述筆記，詳細論述清朝的學術和經學思想，特異於井上哲次郎、遠藤隆吉東京大學哲學系統之經學非哲學的主張，足見其對以考證學爲主體之清朝經學的重視。**⓰**就此意義而言，清朝文化是內藤湖南與狩野直喜二人的「文化宗主」，以清朝的考證學作爲學問的基礎而開創京都中國學的文化史學。

宮崎市定（1901-1995）繼承內藤史學，利用《東華錄》《清朝實錄》《硃批諭旨》等有關清朝之滿漢文史料，探究清朝政治、經濟、科舉、文化、對外貿易等問題，拓展清朝史學研究的領域。**⓱**

以司馬遷「通古今之變」，劉向、劉歆父子辨彰學術考鏡源流和章學誠的「獨斷」史論，而成就「通變史觀」，用以探究中國歷史的沿革變遷是內藤湖南史學的眞髓所在。**⓲**其於清朝歷史的論

⓰ 狩野直喜《清朝の制度と文學》，東京：みすず書房，1984年出版，據宮崎市定〈解說〉指出，此書是狩野直喜於大正7-13年講述的筆記。《中國哲學史》，東京：岩波書店，1953年12月出版，據吉川幸次郎的〈跋文〉叙述，此書是狩野直喜於明治39年-大正13年的講述筆記。

遠藤隆吉繼承其師井上哲次郎融合東西哲學的觀點，著作《支那哲學史》（明治33年，金港堂）即以清朝是經學的時代，而未論述清朝的思想。（詳見町田三郎〈遠藤隆吉覺書〉，《明治の漢學者たち》所收，東京：研文出版，1998年1月，連清吉譯《明治的漢學家》，台北：學生書局，2002年12月）。

⓱ 宮崎市定於清朝歷史文化的研究收載於《中國史》《明清》《雍正帝》《科舉》《近代》（分別收錄於《宮崎市定全集》1，13，14，15，16各卷，東京：岩波書店）。

⓲ 連清吉〈內藤湖南的中國史學論〉，漢學研究國際學術會議，台灣雲林科技大學，2002年11月。

述，固然有以「大勢論」和「沿革論」探究清朝興亡的大勢，說明清朝政治社會發展的經緯。❶但是就《清朝史通論》以三分之二的篇幅在論述清朝的經史文學和藝術，而《清朝衰亡論》則從軍事、財政、思想的變遷，分析清朝盛衰的所在，至於《支那史學史·清朝の史學》則是整輯排比之史纂、參互搜討之史考和辨彰學術考鏡源流之史通、地理金石校勘掌故等清領域研究的綜合性論述，故內藤湖南於清朝的研究可說是探究清朝政治社會學術變遷沿革的文化史論。換句話說內藤湖南以「實事求是」的考證學作為理解中國歷史文化發展的方法，又如司馬遷之訪求故實以旁搜滿洲史料作為通變獨斷的佐證，進而建構清朝文化通史。因此 Joshua·A·Fogel 說《清朝史通論》網羅豐富的清朝史料，詳細記述清朝的思想文化史，見解之卓超和內容之豐富皆優越於梁啓超的《清代學術概論》，於清朝歷史的研究有其重要的地位。❷

---

❶ 馬彪〈「內藤史學」と清朝の史論「大勢論」について〉，《內藤湖南の世界》，名古屋：河合文化教育研究所，2001年3月，頁327-361。

❷ 井上裕正譯·Joshua·A·Fogel 著《內藤湖南ポリティックスとシノロジー》（Joshua·A·Fogel，Politics and Sinology：The Case of Naito Konan(1866 1934)，〈Harvard East Asian Monographs 114〉，Cambridge（Massachusetts）and London，Harvard University Press，1984），）〈第四章 京都帝國大學就任と清朝史研究〉，頁123-173。東京：平凡社，1989年6月。

中國繪畫史論：
體現中國文人遊於藝的才性

關鍵詞 關西文化 南畫 北畫 通變 考源 定位 京都中
國學

前言：內藤湖南講述《支那繪畫史》的根源所在

　　內藤湖南的學問是文化史學，其所成就的是通儒之學，既以通
變的史觀，究明中國歷史的發展，又以東亞文化架構世界新文明的
宏觀，解析中日文化的幽微，說明其所以可能的所在，主張學問與
藝術的精通是傳統文人的氣質。更建立「歷史考證加上說」以考證
中國古書的成書次第，探究中國古代思想發展的軌跡，進而以文化
突破的觀點提出「宋代為中國近世說」，強調清朝學術文化於中國
歷史的意義，撰述《清朝史通論》，開啓研究清史的先聲，樹立京
都中國學的基礎，是內藤湖南研究中國歷史的的結晶。說明文化發
展徑路的「螺旋循環史觀」，解釋文化形成經緯的「文化中心移動

說」，強調中國文化是日本文化催生劑的「鹹鹽說」，而「應仁之亂」是成就日本式文化的關鍵，都是內藤湖南於東洋文化史研究上卓越的論說。❶至於《支那繪畫史》❷的講述則是學問與趣味兼容並蓄而渾然融通於其生命才情之中的寫照。然則內藤湖南何以會有《支那繪畫史》的講述，探究其緣由，大抵有京都的文化傳統與關西的財力，明治以後是日本美術的黑暗時代，以中國繪畫及其歷史流變意義的理解，培養藝術的鑑識能力，重振日本美術的水準等因素。

京都、奈良、大阪所在的關西是日本文化的發源地，歷史文化

---

❶ 有關內藤湖南的學問，參連清吉〈內藤湖南——日本近代的文化史學家〉，《笠征教授華甲紀念論文集》，台北：學生書局，2001年12月，頁307-324。

❷ 《支那繪畫史》收錄於《內藤湖南全集》第十三卷，東京：筑摩書房，1973年12月。此書的《支那繪畫史講話》是內藤湖南於大正十一、十二年（1922、3）在京都大學文學部以「支那の繪畫」「支那繪畫史（五代以後）」為題的「特殊講義」的筆記，經作者增訂，陸續於大正15年（1926）5月至昭和6年（1931）12月在《佛教美術》刊載，昭和十三年（1938）弘文堂出版《支那繪畫史》時，收載〈清朝の繪畫〉（大正5年8月一19日，大阪朝日新聞）〈元末の四大家〉（大正9年2月，《歷史と地理》5卷2號）〈四王吳惲〉（大正7年9月30日富岡桃華《四王吳惲》序）〈清朝畫の話〉（大正4年1月《藝文》6卷1號）等論文。於《內藤湖南全集》刊行時，又增補內藤湖南有關繪畫的其他述作，名為「繪畫史雜纂」而一併收錄。至於內藤湖南之重視學問藝術兼修的才性，由其稱揚對其有知遇之恩的高橋健三（1855-1898）繼承家學，於法學的研究之外，又有書畫的素養，故無世俗學者之孤陋寡聞的通病的論述，可以窺知一二。（〈高橋健三君〉，《內藤湖南全集》第二卷，東京：筑摩書房，1971年3月，頁671。又京都中國學之融合學問與趣味的學風，內藤湖南的弟子神田喜一郎也說：「學問與趣味兼容並蓄的圓融研究，才能真正理解中國文化。」（〈大谷瑩誠先生と東洋學〉，《敦煌學五十年》，東京：筑摩書房，1970年7月，頁182。）

淵源流長，再加上物殖富饒，貨物流暢，豪商庶民富而好禮，於是
人文藝術薈集，儒者文士輩出，形成日本文化的中心。再者，關西
不但古寺遍在，宅第幽深，又有學問的傳誦，詩文的酬唱，書畫器
物的收藏與鑑賞，於是京洛的風雅華鼎盛。內藤湖南自明治二十七
年（1894）擔任大阪朝日新聞的記者，四十年（1907）任教京都帝
國大學以來，於京阪生活四十年，與友人墨客論學談藝，朝夕優遊
於融合寬闊與優雅之關西獨特的文化，歷覽古祠寺觀的建築彫刻，
披閱官府、寺院和私家收藏的繪畫精品，❸又得到公家或本願寺等
宗教法人的資助，遊歷中國的名勝古蹟，探訪中國的出土文物與藝
術精華，乃成就其富贍典雅的碩儒風範。

　　內藤湖南以為日本繪畫史可區分為藤原時代、鎌倉時代、東山
時代、德川時代四個時期，藤原時代以佛畫為主，初期墨守西域、
唐土傳來的畫風，以森嚴雄健見長，延喜（901-923）以後則轉趨於
優婉華麗。鎌倉時代以繪卷為主，神佛緣起之宗教趣味的風俗畫是
此時的風尚。東山時代的特色在於山水釋道與禪宗茶道之畫風的盛
行。德川時代的文化普及於民間，其繪畫的表現也趨於複雜多岐，
既有出於文人詞客的南畫，也有反映庶民趣味的浮世繪。藤原時代
到東山時代的繪畫鑑賞大抵以中流以上的階層為主，德川時代的浮
世繪則是順應庶民趣味的產物，又由於印刷術的發達，頗能滿足大
眾的需求，則是日本繪畫史上的特異現象，明治的繪畫依然流行此
一趨向。換句話說前三期的繪畫是以貴族性的畫風為主流，江戶時

---

❸　內藤湖南《支那繪畫史》引證的繪畫，頗多關西一帶私家收藏的中國歷代
　　名畫。

代以來則是庶民趣味的時代。內藤湖南以爲庶民時代的形成固然象徵著文化的普及，但是藝術品味的低落，特別是明治維新以後，一方面由於歐風洋畫的興起而產生卑視東洋傳統文化的風潮，一方面由於浮世繪對歐美繪畫有所影響而產生日本繪畫優越性的自滿心理，導致藝術鑑賞的素養日益微薄，形成雅俗不分的現象，甚且產生美術材料的精粗猶勝於繪畫技術之精粗的偏差價值觀。再加上印刷技術的進步，不但可以大量複製，繪畫應用的範圍廣泛，而且照像製版精良的足以亂眞，贗品泛濫而無能辨識。因此內藤湖南強調：洞察時代的趨向及其利弊得失，以適應時代的潮流是日本繪畫界起弊振衰的理念，至於走出黑暗時代的根本解決之道則是遊歷中國的名山大川，觀賞中國歷代名畫，研究中國的畫論，究明中國繪畫的流變及其因革的意義，以培養繪畫的鑑賞能力，再發揮日本繪畫藝術的長處，汲取西洋繪畫的特點，乃能確立正確的價值取向而開創新機。❹

一、中國繪畫史

殷商的鐘鼎彝器及陶器所彫刻的文字、動植物的圖像雖未必是純粹的繪畫，卻已具備繪畫的性質。周代則有懸掛繪畫於宮闕和製

---

❹ 日本繪畫史的分期，見於內藤湖南〈平民の時代〉，《支那繪畫史》（《內藤湖南全集》第十三卷，頁481-486。至於日本近世以來的繪畫的利弊，不但〈平民の時代〉一文有所論述，〈繪畫の賞鑑〉、〈鑑賞を修養せよ〉、〈日本畫家は如何に支那を觀ゐか〉（《同上》頁494-495、508-516）也有議論。

作壁畫的記載，前者見於《周禮・秋官・大司寇》，後者見於《孔子家禮・觀周》。戰國之際，已有畫工的存在，不但壁畫的內容豐富，如《楚辭・天問》王逸章句記載楚國宗廟有為數甚多的天地山川神靈的壁畫，而且色彩鮮明，如《史記・田單傳》所載五彩龍文的火牛，即可說明戰國時代的繪畫已經相當進步。❺兩漢的宮殿石闕頗多彫刻天地山川鬼神以至上古帝王的壁畫，功臣、列仙、列女等人物肖像的繪畫也甚為流行，至於門扉繪畫神荼鬱壘以避諱鬼神，也成為一般的風俗。❻最值得注目的是朝鮮樂浪出土的後漢明帝永平十二年所製作的漆器，不但漆器畫有類似男女的神像和青龍白虎的圖畫，而且玳瑁製的盒子也繪畫著極為細密的人物群像。❼內藤湖南以為樂浪漆器的男女神像描繪領巾飛躍的筆意與永康元年的神獸鏡有同一意趣，唯漆器的年代早永康於青龍白虎鏡百年，其

---

❺ 內藤湖南以為《孔子家禮》雖為偽書，而孔子觀壁畫之事或為可信。王逸章句是後漢壁畫盛行之說，是否以楚國的事實則未可知，唯戰國畫工的記載見於《莊子・田子方》和《韓非子・外儲說》，〈田子方〉的時代固為可疑，《韓非子》則較為可信。因此戰國時代有專門的畫家以繪製圖像是可以確信的事實。

❻ 兩漢宮闕壁畫的記事見於《漢書》的〈郊祀志〉、〈景十三王傳〉，王延壽的〈魯靈光殿賦〉，至於後漢安帝時的嵩嶽太室石闕、嵩嶽少室石闕、開母廟石闕，孝堂山石室，武梁石室的畫像也是例證。人物肖像則見載於《史記・留侯傳》的論贊，《漢書》的〈霍光傳〉、〈蘇武傳〉，王充《論衡・須頌》。又後漢明帝永平年間畫光武帝雲台二十八將，畫禹貢圖賜王景，章帝建初六年賜東平王蒼列仙圖，順烈梁皇后繪劉向《列女傳》的圖畫以自諫戒也足以說明人物畫盛行的情形。至於畫門神以避邪的風俗則見於應劭的《風俗通》。

❼ 樂浪出土的漆器藏於朝鮮總督府博物館（即今韓國國立博物館）。

繪畫的精巧卻猶有過之，繪畫與金石刻畫畢竟有所差異的事實由此可以察知，至的繪畫與高句麗古墳的四神畫、隋鏡的四神像相比，其技巧並無太大的差別，可知後漢初期的藝術已到達高峰，至唐代吳道子的畫風盛行之前，其間的畫風並無甚大的變化。由於樂浪漆器的出土，不但得以看見金石刻畫以外的眞實繪畫，而且可以糾正以武梁祠畫像石等想像漢代繪畫風貌的誤謬。

　　晉朝以來，畫工輩出，不但繪畫發達，畫論也盛極一時。東晉顧愷之的畫風與畫論於中國繪畫史上，都具有劃時代的意義。當時一般流行的畫題是肖像、人事、動物及山水等，顧愷之的畫雖然未必有新的題材，但是用筆比漢代更爲綿密，於人物的刻畫則著重於個性的描繪與內在精神的表現。其畫論❽所說「四體妍媸，本亡關於妙處，傳神寫照，正在阿堵之中」，固然是說明人物畫之「點睛」以活現人物神采的困難，又說嵇康〈絕交書〉的「目送飛鴻」也甚難描繪，但是其以爲「手揮五絃，目送飛鴻」是嵇康高風亮節的所在而繪畫之，此正足以表示其致力於人物精神刻畫的畫風。至於現存顧愷之的「洛神賦圖」與「女箴史圖」，❾其神女的衣著迎風飛揚。後世謂「吳帶當風」，其實在吳道子之前，顧愷之已有此一畫風了。

　　南齊謝赫《古畫品錄》建立「氣韻生動、骨法用筆、應物象形、隨類賦彩、經營位置、傳移模寫」等六法，作爲品評人物、動物、

---

❽　顧愷之的畫論是中國最古的繪畫論著，收錄於唐張彥遠的《名畫記》。

❾　「洛神賦圖」爲端方所藏，「女箴史圖」今藏於大英博物館。內藤湖南以爲前者雖是宋人的摸本，但根據阮元《石渠隨筆》與胡敬《西清劄記》的記載，當爲顧愷之的畫。至於後者則有米芾與董其昌的記錄可以作爲顧愷之所畫的傍證。

樹木、房舍等繪畫的標準。此六法的意義與品評等次雖因爲畫的題材與時代思潮的傾向而有所改變，大抵爲後世論畫的依據。謝赫之後雖有因應時代的必要而建立新的繪畫批評標準，或出現別的論畫六法，然爲論畫者所重視的，依然是謝赫的六法。蕭梁的時候，又有袁昂的《書評》和鍾嶸的《詩品》問世，可以說齊梁之際是藝術批評極爲興盛的時代。

閻立本是唐初肖像畫的代表畫家，其《歷代帝王圖》於細部刻畫的部分雖然比顧愷之的「女箴史圖」更爲纖巧，而細線描繪與以淡墨綿密渲染的手法則是顧愷之畫風的祖述，在吳道子出現以前，唐代初期人物畫的手法即以此爲宗尚。吳道子與李思訓、李昭道父子並稱，大小李將軍遵守綿密的古風而巧於金碧山水的繪畫；吳道子則以肥瘦分明的「蘭葉描」和筆意自在的「白描」改變歷來以細筆綿密的畫法，而成爲唐代人物畫的主流。

張彥遠的《歷代名畫記》稱王維的畫是破墨山水，今日所傳「江山雪霽圖卷」雖施渲染而未見皴法，其所描繪的山水，若印象派的畫，皆彷彿於眼前。王維的畫未見重於當時，如張彥遠雖有稱譽卻不若吳道子；然蘇東坡反之，以爲王維猶勝於吳道子，又宋趙大年、元趙子昂以來的士大夫畫皆模倣王維，董其昌《畫禪室隨筆》乃尊王維爲南宗之祖而與北宗之祖大小李將軍並稱。

晚唐有張彥遠與朱景玄論畫大家二人，尤以張彥遠的《歷代名畫記》❿與宋郭若虛《圖畫見聞記》、鄧椿《畫記》堪稱中國繪畫史的正史。張彥遠批評綿密，細論歷代畫家的長短，於畫家未審察

---

❿　內藤湖南於中國繪畫的議論頗參採張彥遠《歷代名畫記》之說。見《支那繪畫史·唐朝の繪畫（下）》，《內藤湖南全集》第十三卷，頁81。

歷史事實的批判尤有見地。如吳道子畫子路而帶木劍，閻立本畫王昭君戴幗帽，前者始於晉朝，後者爲唐以後的畫風，皆與歷史事實不合。此雖未必是繪畫的弊病，卻可以說明唐代既有不能無視歷史事實之歷史意識的存在了。

荊浩與關同不但是唐末五代的大家，於中國繪畫史亦有舉足輕重的地位。荊浩祖述吳道子和項容的筆墨而自成畫風，吳道子以來水墨白描的畫風因而大成。又苦心經營於岩石遠近的畫法，頗爲後世山水畫所取法。再者，荊浩的畫雖不如王維的抽象而近於寫生，與關同的寫胸中邱壑而渾然天成相比，荊浩的山水畫則類似於說明性質的寫生，但是就山水畫發展的歷史而言，荊浩是介於王維和關同之間的過渡性人物。荊浩著有古稱《山水訣》，今名《山水錄》或謂《筆記法》的畫論，論畫有「氣韻思景筆墨」六要，與謝赫的六法相比，荊浩著重於墨，其將氣與韻分別而論，則較謝赫進步，於郭若虛的氣韻論有所影響。又將畫二分爲「眞」與「似」，以爲「似者得其形而遺其氣，眞者氣質俱盛」，此不但是荊浩論畫的特色，也是當時繪畫的特色。關同學畫於荊浩而青出於藍，其關山疊時代變遷，流派的源流嶂的渲染有董源巨然之意，樹木的刻畫有李成郭熙之法，因此關同的山水畫可謂是後世山水畫諸流派的始祖，同爲南北宗所祖述。關同最好秋山寒林，善以淡彩寫田園景色，又能揮灑胸中邱壑，故世稱「關家山水」，尤以「關同待渡圖」爲左右批判宋畫的最大鎖鑰。《宣和畫譜》評之曰：「筆愈簡而氣愈壯，景愈少而意愈長，宛如詩中淵明，琴中賀若。」

中國文化到了唐末五代之後而有所變化，不但社會狀況有顯著的變化，繪畫也有所變遷。隨著貴族的沒落而庶民階級的興起，質

樸的文化取代了絢爛華麗的文化，著色畫的衰微而水墨畫的興盛。至於在水墨白描上，注入筆墨用法的藝術性追求則是完成於五代宋初之間。再者，五代至宋初的畫風既由於都城所在的不同而分別爲中原、蜀、南唐的三種風格，又因爲朝代更迭，時代擾攘而感時興嘆，以致畫家輩出於其間。故五代至宋初是中國繪畫發展上，極爲重要的時期。

　　五代宋初之際，活躍於中原的大家是李成與范寬，出身於蜀地的是黃筌，專擅於南唐的是徐熙、董源和巨然。李成的山水寫胸中邱壑，宋初畫論稱譽之爲古今山水畫家的第一人。范寬學於李成，以爲前人之法皆近取之物，故學古人之畫不如就實物而學，然則師物又不如師心。范寬的畫有明顯的北畫的風格，於後世的北畫有深遠的影響。內藤湖南以爲北畫經李成、范寬而至燕文貴、許道寧，再至郭熙而大成。黃筌的畫極爲精密，其勾勒的手法與徐熙的沒骨法相互輝映，至於其花鳥畫既形成一派，也改變了宋代的畫風。南唐畫家而開創後世繪畫風氣的是花鳥的徐熙和山水的董源。黃筌的畫綿密華麗，又仕於朝廷，故畫院的畫家多取法於黃筌的畫風，徐熙的畫有自然的逸趣，又在野不仕，故爲文人畫家所取法。因此《圖畫見聞錄》說：黃筌的畫風富貴而徐熙的畫風野逸。於後世山水畫有深遠影響的是董源的山水畫。當時稱董源下筆雄偉，有嶄絕崢嶸之勢，然今日所傳的是其寫胸中山水的淡彩之畫。又董源開創皴法以描繪山稜凸凹形勢的風氣之先，故或謂之爲南宗畫真正的始祖。巨然爲董源的門下，或謂巨然氣質柔弱，《宣和畫譜》評其畫爲「幽處可居，平處可行，奇處可驚，嶮處可畏」，於元末四大家有極大的影響。

　　北宋眞宗至神宗之間是五代以來水墨畫完成的時代，神宗時，郭熙大成前代的畫風，其後畫風有所變革而文人畫與院畫體的畫風判然分別。趙大年的畫風學於王維，畫題不取深山大湖，幽谷寒泉而以書家筆意描寫近郊的風景，爲後世文人畫的萌芽。李龍眠的人物畫近於白描，以文人的風格，簡素的筆意刻畫其人的風骨。米芾、米友仁父子首創米點山水的風格，以文人畫的精神注入於山水之中，又以逸趣優遊的趣味繪畫，鞏固了後世南畫的基礎。崔白的花鳥畫著重於實物的寫生，於花鳥的色彩亦忠實地繪畫，此一畫風不但一改宋初的畫風，也成爲徽宗畫院畫風的基礎。因此五代至神宗之際可以說是中國繪畫鼎盛時期，徽宗宣和畫院以後，雖然畫家的人數增加，造就天才的時勢既已喪失，南宋繪畫的規模氣勢與精神皆益形衰微，元代雖有新手法的產生，似有復興的趨勢，終止於部分性的發展而已。

　　南宋高宗的中興館閣儲藏不及徽宗的宣和御府，唯徽宗至孝宗、光宗之際的畫院興盛，畫家輩出，可以說是宋代藝術的黃金時代。李唐是北宋以來的山水大家，畫風學於李成，而用大斧劈皴畫長卷大作。馬和之的畫有唐初以前的風格，人物畫頗有吳帶受風的逸趣，用筆飄逸而著色不多。劉松年是李唐以後的大家，畫風比李唐更有北宗的色彩，唯規模小而且拘制於定式，筆力不及李唐。

　　南宋畫院以孝光二宗與寧宗以後爲分界而畫風有所變化，前期是宣和畫風的祖述，流行細密寫生的畫風，寧宗以後的山水畫有將山峰偏置而好「邊角之景」的傾向。馬遠畫殘山剩水而全境不多，夏珪雖取法北宋畫院的風格，卻不墨守成規，用筆又極爲精巧，爲南宋山水畫的第一人，李唐以後無出其右。南宋畫院的畫風由馬、

夏二人的繪畫可以窺知一二。換句話說南宋畫院前半期的畫風祖述北宋宣和精密的畫風，李唐以來墨守李成、范寬的山水畫風格，後半期的馬遠雖不出李唐的畫風，而夏珪則遠紹米友仁的畫風，與畫院之外流行米友仁的畫風而南畫興盛的情勢相互輝映。

元代雖繼承南宋畫院的畫風，亦以復興的精神而有差乎前代的開展。提倡新畫風的是趙子昂。趙子昂詩文書畫俱長，雖受南宋畫風的影響，卻致力於文人畫的描繪，為元末四大家的先驅。趙子昂貴古意而尚質樸，人物畫雖不多，卻悉學唐代手法而捨南宋畫院的筆墨，畫馬則取法於韓幹，著色的花卉則近於宋趙昌而不取宣和以後的畫風。唯趙子昂雖致力於古意新風的提倡，卻未自成一家，大成其畫風復興運動的是世稱元末四大家的王蒙、黃公望、倪瓚、吳鎮。一般以為元末四大家除王蒙學趙子昂以外，其餘諸人皆學董源、巨然的畫風，其實元末四大家是繼承趙子昂的復古主義，雖以前代名家為師，卻縱其才能而變化古法，黃公望、倪瓚、吳鎮雖取法於董源、巨然的畫風，卻無董源、巨然之跡，如董源山水雄偉，巨然平穩，四大家則趨於閑散淡泊。趙子昂極盡於繪畫藝術的鍛鍊，四大家則曲意於畫工的超越而以逸趣變化為極致。故元末四大家的畫風雖胎源於前代名家，卻以自身的手法表現各自所見的自然山水，如黃公望的禿山，倪瓚的平遠山水即是。換句話說自我作古，不主形似而學古人繪畫的精神是元末四大家的特色。由於四大家重視率意而以自然的手法刻畫山水，不但極盡中國繪畫的變化，明代以後文人畫的畫風也因此開啓流行。

元朝絕少以南人為大官，江南的文人墨客亦以詩文繪畫為優遊。元末四大家的畫風固然以逸趣為高，由於倪瓚、王蒙生存至明

代初期，故明初江南一帶不但畫風鼎盛，而且有著以文人畫是尚的傾向。憲宗成化至孝宗弘治之間，由於畫院作家輩出，畫院的畫風隆盛，唯此時的畫風頗多北畫的癖好，筆力固然縱橫，畫品卻日益低落。明代中期特別留意的是南北宗的融合，如唐寅雖學於北宗，而其取法的北宗則是與南宗無大差異的北宗，換句話說唐寅時，即有融合南北的傾向，至清初的王翬而大成。明末畫家重視個性的發展，畫風異於前代，爲清朝後期畫家所取法，雖然如此，明末的畫風大抵是以董其昌的畫風爲中心。董其昌精通各種繪畫而以董源的水墨爲宗尚，清朝前期的畫家即取法董其昌而學董源的畫風，因此清朝前半的南畫宗並不輕視繪畫的技巧。

清初的四王吳惲不但綜合了宋元以迄明末的畫風，也融合了南北宗的畫風，因此不但開啓清朝的畫風，也意味著清朝繪畫的完成。再者，六人出身於太倉州（婁東）與常熟（虞山）二地，婁東派與虞山派的畫風遂成爲中國繪畫的正統。因此四王吳惲不但於清朝畫風變遷上有重要的地位，於中國繪畫發展史上也有不可或缺的地位。

雍正、乾隆的畫家繼承前代的畫風而逐漸脫離明末的畫風，又受到學術思潮的影響而展現出新的格局。就山水畫而言，歷來的畫家好深山幽谷，激流險灘等奇特之處，宋明畫院於技巧上有一定的法則，明人則講究筆力和筆意，故大家輩出。乾隆朝的山水畫風景雖是平凡無奇，卻以表達心境爲高，又以自由的手法表現個性而不拘束於既成的技巧家法。因此乾隆時代的繪畫大抵頗有趣味，也具有特色，雖未必有大家獨領風騷，而具有個性的畫家卻輩出於其間。嘉慶、道光之際流行輕妙清雋的風格，道光末年以來，內憂外患頻繁，而特出的藝術作品迭出，咸豐以後的作品雖不饒輕妙清雋的風

格，卻有疏宕沈實的筆力，故其成就遠在嘉慶、道光的名家之上。
如湯貽汾即取法於在嘉慶、道光的畫風而加上疏宕的骨力，戴熙則
致力於清初沈實的畫風，表現出亂世悲壯的心境。湯貽汾與戴熙的
格局和逸趣雖不如清初的四王吳惲，卻徹底於疏宕沈實的筆意，足
以並稱為咸豐期的二大名家。清季戰亂連綿，名家甚少，唯趙之謙
無視古來的法則而別出蹊徑，獨樹印象派的畫風而鶴立於畫壇。嘉
慶、道光以後的畫家雖致力於清新的趣味，大抵不出元明大家與四
王吳惲的規範，蓋繪畫至晚季而益加衰微，亂世之際，名家難能輩
出於間，此乃是時代必然的趨勢。就清朝繪畫發展的大勢而言，清
期四王吳惲既開啟清朝的畫風，而清朝的畫風亦於焉大成，雍正、
乾隆時代雖各派紛然勃興而達於全盛，然畫風不免流於單調，嘉慶、
道光以後的山水畫大抵繼承四王吳惲，特別是王原祁的系統，咸豐
以後雖有疏宕沈實之風，由於世變憂患而激越雄壯之氣不發，名家
凋落，大家輩出的氣運遂逐漸衰微。

二、中國繪畫史論

　　內藤湖南論元末四大家的畫說：「要貞定元末四大家於中國繪
畫史的地位，必先辨明在此四人以前的山水畫的變遷與四大家對後
世繪畫的影響。大體而言，中國的山水畫自成系統而展開，自魏晉
以迄清初有一千三、四百年的歷史，唐代山水的傳承未可詳知，五
代以迄宋末有不少名畫存在，可謂之為中古期，至於近世期則是始
於趙子昂與元末四大家而終於清初的四王吳惲。就此意義而言，元
末四大家可以說是支配了中國三百年間的畫風，有極其重要的位

置。」⓫由此可知以考究源流變遷，辨彰異同所在與繼承關係，而說明時代的特質、個人的風格與歷史定位是內藤湖南論述中國繪畫史的觀點。茲以時代的變遷，流派的流衍，劃時代的關鍵人物，繪畫與社會變遷、思想潮流、風土、個人境遇的關係，成說的考辨等，說明內藤湖南論述中國繪畫史的主旨所在。

㈠中國畫風的時代變遷

　　時代有所推移即各個時代的畫風也有其變化，故內藤湖南綜觀中國繪畫的流衍而指出各時代畫風與畫論的特質。內藤湖南以為後漢初期的繪畫藝術既已登峰造極，三國是繪畫鼎盛之晉朝的先驅，南朝齊梁是藝術批評隆盛的時代，開元天寶是文化蛻變，中唐舊文化破壞而新文化建設的時代，唐末五代的山水畫盛行，南唐是過渡期，北宋是中國繪畫最為興盛的時代，北宋徽宗以來，畫院的畫風盛行，宣和以迄南宋孝光年間是畫院的鼎盛時期，元代提倡復古運動，至元末而大成，明代既有畫院的畫風亦有文人畫的風行，清朝前期有綜合南北宗畫風的傾向，後期則有超越技巧的拘束而自由表現個性的風氣。至於畫風、畫論、品評標準也因時代的風潮而有所變遷。如對於開元天寶的馬畫，杜甫褒曹霸而貶韓幹曰：「幹唯畫肉不畫骨，忍使驊騮氣彫喪」，張彥遠則褒揚韓幹。杜甫與張彥遠的不同見解，固然是曹霸韓幹師弟畫風的差異，也可以看出時人對馬愛好的變遷。張彥遠《歷代名畫記》批評史道碩的八駿圖說：「皆螭頸龍體，矢激電馳，非馬之狀也」，即說明六朝以來畫馬而重在

⓫　〈元末四大家〉，《支那繪畫史》（《內藤湖南全集》第十三卷，頁278）。

鋒稜瘦骨蹄輕驍騰的描繪，曹霸即繼承舊風。玄宗愛馬，不但設馬監之官以養朝廷馬廄四十餘萬匹之馬，又以馬之圓肥安徐作爲太平的象徵。韓幹以寫實畫馬，故畫肉不畫骨。蘇東坡稱韓幹「韓生畫馬眞是馬」（〈韓幹馬十四匹〉），李龍眠、趙子昂的畫馬皆取法韓幹。再者，山水樹石之畫風的變遷，張彥遠亦紋述有之。六朝以來，畫山則如「鈿飾犀櫛」，畫水則以流水爲重，畫人則大於山。唐初閻立本、閻立德畫岩石則重彫透，畫樹則「刷脈鏤葉」，吳道子出，以「怪石崩灘」的筆勢而得寫生之妙。其後韋偃、張璪繼之，而以寫生的畫風取代歷來著重形式的畫風。吳道子所開啓的畫風至大曆、貞元之間而圓熟，各種畫風也逐漸有新的開展。

南齊謝赫《古畫品錄》所謂「氣韻生動、骨法用筆、應物象形、隨類賦彩、經營位置、傳移模寫」的六法是後世繪畫批評的原則，唯謝赫的六法是品評人物、動物、屋宇、樹木等繪畫的標準，而且六法的意義也多少隨著時代的推移而有所變化。如謝赫所謂的「氣韻生動」原來是指神采躍動，但是宋代山水畫盛行以後，「氣韻生動」是用以表示畫家的人品，到了近代則指用筆、用墨之技巧的靈動。至於品次的等級也因時代而有異動。晚唐張彥遠《歷代名畫記》區分畫品爲「自然、神、妙、精、謹詳」五等，其不以形式、色彩完備和畫具的精巧爲尚，而以畫的自然天成爲高。朱景玄的《唐朝名畫錄》大抵與張彥遠的《歷代名畫記》同時，其分畫品爲「神、妙、能、逸」四等，「神、妙、能」與當時「上、中、下」的用法相同，所謂「逸品」是指不合於畫之本法的作品。北宋黃休復《益州名畫錄》亦分畫品爲「逸、神、妙、能」四等，然其以超越法則爲最高，故以「逸」爲第一。徽宗時，畫院隆盛，纖巧綿密爲尚畫

風盛行，故不以逸於法則爲高而以寫生入神爲上品，因此品畫的等次又復歸於晚唐「神、妙、能、逸」之舊。⓬

　　在品畫標準的時代變遷中，中古期畫風與近世期畫風的分界點是自我作古，雖取法於前人的繪畫，卻不主於形似而學其精神的出現。趙子昂開啓復古的風氣，元末四大家則脫離歷來畫院畫家以纖巧綿密爲尚而重視法則的畫風，提出以文人逸趣作畫的畫風，展現出新的境界，至清朝初期的四王吳惲，此以文人逸趣是尚的畫風爲中國近世三百年繪畫的主流。

㈡中國繪畫的源流與發展

　　在說明中國繪畫派別流衍的關係時，如荊浩與關同的師弟相承，大小李將軍的父子相傳，婁東、虞山的地域關係，畫院形成的帝王嗜好等，固然是重要因素之一，跨越時空而辨彰畫風的異同，進而探究前後的影響關係，亦爲架構派別的傳承關係，考鏡源流與究明發展的關鍵所在。內藤湖南指出就畫風綿密而言，中國人物畫有後漢樂浪出土的男女神像而東晉顧愷之女箴圖而初唐閻立本歷代帝王圖的繼承關係。⓭至於文人畫的畫風，自宋趙大年、元趙子昂以來，皆模倣王維以渲染的手法而寫富有詩意之景的畫風。⓮對於

⓬　畫馬風格的邊變，見於內藤湖南《支那繪畫史》（《內藤湖南全集》第十三卷，頁73-76。六法的時代變遷，見於頁48-49，四等品評標準的變化則見於頁82-83，108，153）。

⓭　人物畫的傳承，見《支那繪畫史》（《內藤湖南全集》第十三卷），頁26，54。

⓮　文人畫的論述，《支那繪畫史》（《內藤湖南全集》第十三卷），頁68。

馬的描繪，曹霸與韓幹有異，曹霸畫馬的翹舉之姿，如朝鮮古墳龍虎飛躍之狀，據張彥遠《歷代名畫記》稱：此乃六朝以來的古風。韓幹則以安徐之體爲主，後世的李龍眠、趙子昂皆取法韓幹畫馬而畫肉的畫風。**⑮**

　　董其昌以爲山水畫有南宗北宗二流派，畫金碧山水的李思訓、李昭道父子是北宗的始祖而發明渲染法的王維是南宗的開祖。明末某些論畫家則以荊浩、關同爲南宗的始祖，北宗則始於李成、范寬。但是內藤湖南以爲王維的山水畫雖有詩意，唯「江山雪霽圖」的筆法則近似於印象畫，荊浩用心於遠近的刻畫，雖不像王維那般抽象，卻偏向於北宗寫生的說明畫，其弟子關同則寫胸中的邱壑而一氣渾成，既有南宗之逸趣，亦有北宗的法則，以後世山水畫諸流派所本。就此意義而言，中國山水畫發端於王維，荊浩是過渡，至關同而大成。董源既寫胸中邱壑，又發明皴法以描模山川形勢，爲南宗眞正的始祖。李成、范寬雖不畫金碧山水，其畫風迥異於董源，故後世以二人爲北宗之祖。李、范的畫風爲燕文貴、許道寧所繼承，至郭熙而大成。南宋李唐繼承郭熙北宗的畫風，其後劉松年、馬遠、夏珪、梁楷等人繼之，而畫院的畫風盛行。北宋米芾、米友仁父子傳南宗的畫風，趙大年遠紹王維的畫風，南宋雖不盛傳南宗的畫風，元初高克恭學米芾、米友仁父子的畫風，趙子昂模倣王維的畫意而提倡文人畫，元末四大家學董源的畫境，清初期六大家又以文人逸趣是尙，南宗的畫風遂成爲中國近世以來繪畫的主流。不但代表著

---

⑮　畫馬的演變與傳承，《支那繪畫史》（《內藤湖南全集》第十三卷），頁74。

中國文化的精神，也是世界上最燦爛的文化之一，於今日藝術有著極深遠的影響。❶❻

㈢劃時代的畫家

　　開風氣之先，更革舊制前規，集諸法之大成皆可謂之爲劃時代的存在，如董其昌所謂南北畫宗，乃以李思訓、王維分別開啓金碧著色、淡彩水墨的先聲，明王定堂則從變革前人法則的觀點說六朝畫風至王維而一變，至五代荊浩、關同再變，王世貞亦稱山水畫至二李一變，荊、關、董（源）、巨（然）再變。至於內藤湖南所說的北宋眞宗以迄神宗是五代以來水墨完成的時代，北宋的畫大成於徽宗時代，則是集大成的例證。然而從文化與時代變遷的角度，探討因革情形，究明影響關係，也是說明畫家於中國繪畫史之地位的重要根據。如荊浩的水墨畫乃取吳道子的筆和項容的墨而成，就山水畫的發展而言，王維的抽象，荊浩的寫生，關同的渾成，荊浩乃是山水畫過渡期的人物。又將荊浩《山水訣》所提出的「氣韻思景筆墨」六要與謝赫的六法相比，可知荊浩把氣韻分別爲二而著重「韻」，至於「筆墨」的比重，則「墨」重於「筆」，似比謝赫較爲進步，於郭若虛的氣韻說有所的影響。關同的畫揮灑胸中的邱壑而一氣渾成，渲染山崖之法有董源、巨然之意，於樹木的刻畫則有李成、郭熙之法，故關家山水爲南北畫派的畫家所取法。董源以皴法描繪山稜凸凹形勢，是前代所未嘗有的技法，南宗畫派的皴法雖有各種變化，而開皴法風氣之先的是董源。巨然爲董源的門下，時稱董源下

---

❶❻　山水畫的發展，《支那繪畫史》（《內藤湖南全集》第十三卷），頁89-90，114，278-280，311。

筆雄偉，有嶄絕崢嶸之勢，巨然氣質柔弱，然《宣和畫譜》評其畫爲「幽處可居，平處可行，奇處可驚，嶮處可畏」，米芾、米友仁父子亦推崇備至，巨然的山水富有逸趣，於元末四大家有極大的影響。元末四大家雖取法於董源、巨然的畫意，考其畫跡，除黃公望以外，殆不留董、巨之跡，雖脫胎於前代名家，卻學其意境而不求形似，於前人的氣質之外，蘊釀出逸趣，此近世繪畫之清新境界的創出，於中國繪畫史上自有其重要的地位。至於黃公望之「大要去邪甜俗賴四個字」的山水樹石論，是後世南宗畫家的金科玉律，清初四王的王時敏、王鑑即祖述黃公望，其後的山水畫，大抵通過王原祈而黃公望一派的畫風鼎盛吳鎮有骨力勝於興會的傾向，明代初、中期，特別是沈石田的南畫多流行此一畫風，可謂是梅道人的時期，至於倪雲林之極意超越畫院形式的畫風，則爲明清隱者僧侶所取法。元末四大家的於作畫的形式雖多少有所差異，然重視神來興會的精神則是四人共通的所在，此畫風即成爲後來畫家作畫的標準，至清初的四王吳惲而極於全盛。中國近代山水畫的畫家或遠紹董源、巨然，或祖述米芾、米友仁父子，其實皆通過元末四大家的精神與手法而學作古畫，換句話說中國近代畫家甚少能超越元末四大家的範疇而創作新的畫風，故中國近代山水畫可以說是始於元末四大家而終於清朝初期的四王吳惲。❶

---

❶　定位中國畫家的論述，《支那繪畫史》（《內藤湖南全集》第十三卷），頁278-284。

(四)繪畫與社會變遷、思想潮流、地域風土、個人境遇的 關係

中國文化至唐末五代而有極大的變化，社會結構的顯著變化、學術思想的流變與繪畫的變遷有頗爲相應的所在。內藤湖南以爲唐末五代隨著貴族的沒落與禪宗的流行，歷來以著色爲主的繪畫逐漸衰微，取而代之的是水墨畫的興起。貴族社會所宗尙的是華麗輝煌的文化，但是禪宗的悟境雖高妙而語錄所使用的是白話俗語，由於宗教上的思想普及於知識程度不高的庶民階層，時代文化的形態也由絢爛轉變爲素樸。此一時期的繪畫是以水墨白描爲主，在表現手法上雖然是反映庶民性質的素樸，但是在繪畫的內容上卻有高尙的思想。禪宗思想助長平民階層的興起，繪畫也由絢爛的著色而趨於就水墨，此正是社會變遷、思想沿革與繪畫藝術演變相互輝映的所在。**⑱**

內藤湖南又以爲清朝雍正、乾隆以後雖然沒有像四王吳惲的大家出現，甚少墨守師門傳承的拘束而得以自由發揮的風氣則是近代性的進步。至於脫離技巧的模倣而以自由的手法表現個性的畫風與學術風潮的變遷不無關連。康熙年間的經學是以宋學爲主流，即使有異說也不超離宋學的範疇，乾隆的學者不但以漢學爲主，於事物的思惟皆以新人耳目爲究極，此學術思潮亦影響及於畫壇。宋明畫院於繪畫的技巧上，必有一定的法則，遵守其法則而臨模，乃能成

---

⑱ 繪畫與社會變遷、思想潮流的關係，《支那繪畫史》（《內藤湖南全集》第十三卷），頁93-94。

家，但是雍正、乾隆以後，則以超越技巧為務，興之所至而揮筆成畫，這是清朝繪畫的新風氣。[19]如果說考證學是代表清朝的近代性學問，超越技巧門派而自由揮灑的畫風則清朝近代性繪畫。

山水畫與風土的關係甚為深遠，郭熙於《林泉高致》指出：「近世畫手生於吳越者寫東南之聳瘦，居秦者貌關隴之壯浪」即說明山水畫家所寫的山水大抵為其出生居處的景緻。至於南宋寧宗畫院所表現出的南宋畫風則可用以說明風土與繪畫的關係。內藤湖南以為南宋偏安，故有如馬遠殘山剩水的畫風出現，又當時畫家多居住於杭州一帶，故所畫的大抵是西湖周邊的景物。董其昌之評山水畫家，如李思訓寫海外之山而有仙人住處的縹緲，董源的江南山水是以南京山水為背景，李唐的中州山水則是河南的寫照，至於馬遠、夏珪的殘山剩水則在寫錢塘的山水，皆與居住地域的風土有密接的關係。[20]至於南宋寧宗（1195-1210）與金世宗（1161-1189）既是名君，故君臣共享風流，以保太平，畫院鼎盛而畫家亦受到優渥的待遇，可謂是中國繪畫史的風雅韻事。

東晉南遷以來，江南文風逐漸興盛，蒙古入主中國，漢人與士人受到岐視而甚少為世所用，雖然如此，士人乃形成一個獨立的社會。特別是江南地方，士人之間不但交往頻繁，而且大抵相與於文學藝術的優遊而不問世間的俗事。如元末四大家都出身於江南，不仕於元朝而逍遙於山水田園，其繪畫大抵表現出閑散淡泊的畫風。

---

[19] 乾隆以後畫風與學術風尚的關係，《支那繪畫史》（《內藤湖南全集》第十三卷），頁236-242。

[20] 繪畫與風土的關係，《支那繪畫史》（《內藤湖南全集》第十三卷），頁154。

至於影響清朝繪畫頗爲深遠的四王吳惲也大多數是活躍於江南的畫家，師弟相承，婁東、虞山二派的畫風乃成爲清朝繪畫的正統。換句話說江南的繁榮，其風物入詩入畫，固然是得力於江山之助，而江南之爲中國文化藝術中心的形成，歷史淵源與時代風尚的影響也未嘗不是重要的因素。

(五)既有成説的考辨

　　京都中國學的本領在於考證，以清朝考證學與西歐理性主義爲基礎而鑽研東洋學術，進而架構東洋的文化史學是內藤湖南的學問宗尙所在。至於以章學誠「辨章學術，考鏡源流」而究明學術的異同與通變，則是內藤湖南的史學觀。內藤湖南之論述中國繪畫的歷史發展，亦有根據通變的史觀，即以繪畫發展的原始本末爲觀點，對既有的成説進行考辨的所在，如對南北畫的源流發展的考辨即是。南北宗畫派的區分肇始於董其昌，其所著的《畫禪室隨筆》說：「禪家有南北二宗，唐時始分，畫之南北二宗，亦唐時分也。……北宗則李思訓父子著色山水，流傳而爲宋之趙幹、趙伯駒、趙伯驌，以至馬、夏輩。南宗則王摩詰始用渲染，一變鈎斫之法。其傳爲張璪、荊、關、董、巨、郭忠恕、米家父子，以至元之四大家」。內藤湖南以爲北宋的山水畫未必有南北宗的區別，大小李將軍的畫風爲當時的名家所共傳，並非北宗所專有，再者山水畫的名家甚多，卻未必非是南宗不可。至於畫風只區分爲專家與文人的餘技，董源、巨然的畫未必受到重視，至李公麟、米芾出，士大夫的文人畫才逐漸發達而有與南宗畫結合的傾向。至於王維的畫雖然受到蘇東坡的推崇，然在當時卻只是接近吳道子一派的畫風而已，而且吳道子只

有佛像傳世，所以不可謂之爲南宗畫的開山始祖。又明末的論畫家謂荊浩、關同爲南宗之祖，但是內藤湖南以爲荊浩的畫風有北宗的法則，關同的畫則爲後世南北畫派的諸畫家所取法。董源遠遡東晉，水墨類似王維，又寫胸中邱壑，其麻皮皴的畫技又爲南畫的精華，可謂是南畫眞正的鼻祖。❷

結語：融合學術與風雅的京都中國學派的學風

清朝考證學與西歐的實證主義是京都中國學派的學問根底，而京都的歷史傳統與典雅文化則蘊釀出京都中國學派兼具風雅的學問特色。因此既有學者的博識融通，又有文人的風雅優遊乃是近代京都中國學派學者的風範。不僅內藤湖南既有文化史學的論述，又有中日繪畫藝術的鑽研，狩野直喜旁通經學文學，又善於詩書，其友人長尾雨山（1864-1942）雖是東京帝國大學古典講習科出身，但是其《中國書畫話》的講述，則是在大正三年（1914）至昭和十七年（1942）以詩文書畫而優遊自適於京都的晚年。❷富岡桃華

❷ 青木正兒繼承其師內藤湖南之說，以爲董其昌南北畫宗之論有所偏頗，不但南北畫宗的始祖未必是王維、李思訓，更進一步地指出：歸屬南宗的王維、荊浩、關同、李成、范寬、郭忠恕等人都應改隸爲北宗，而荊浩爲北宗中興之祖，其後關同、李成、范寬三家鼎立。至於南宗的中興之祖則是董源，如黃公望《寫山水訣》云：「近代作畫，多宗董源、李成二家」，元代董源的畫風盛行，南畫成爲主流。〈南北畫派論〉，《中國文學藝術考》，東京：弘文堂，1942年，頁295-313。

❷ 《中國書畫話》，東京：筑摩書房，1965年3月出版。神田喜一郎於序文指出：長尾雨山的《中國書畫話》深入淺出，內藤湖南的《中國繪畫史》

（1872-1918）為富岡鐵齋之子，既有家學淵源，任京都帝國大學文科大學講師，輔翼狩野直喜、內藤湖南成就京都中國學於世界漢學重鎮之地位。雖英年早逝，以其淵博的學識，運用清朝金石學的方法而深入古鏡的研究，又鑽研清朝初期的南畫，不但精詳地探究四王吳惲繪畫的特色，更匹配六人於清初朱彝尊、王漁洋在詩壇，顧炎武、閻若璩在學界的地位，足見於學問的廣識與非凡的見識。狩野直喜的《桃華盦古鏡圖錄·序》稱譽富岡桃華的「學問尚洽，不主一家，和漢典籍皆能究其原委，自經史諸子百家，以至書畫金石之細，無一不淹貫。平居慕王伯厚、閻百詩之風，一事之不知，以為深恥，一物之不明，盡心檢討，爬羅剔抉，必得其要然後止」，蓋能道破富岡桃華學問的特色。㉓神田喜一郎（1897-1984）繼承內藤湖南的學問，不但貫徹歷史考證的學風，也堅守渾融學問與趣味於學問研究的理念，更潛心於日本古典文化的發揚。由於擅長詩文，所以受聘為台北帝國大學的教授。《敦煌學五十年》是兼顧歷史考証與東西文化交流史之世界性新學問的論述，《中國書道史》的研究與《書道全集》的編集是反映了京都學派融合學問與趣味的學術

是以歷史的觀點探究中國繪畫的發展，二書比較參看，即可理解中國繪畫藝術的全貌。至於吉川幸次郎的解說則指出：沈潛於中國的學問、藝術、生活而蘊釀出異於「和臭」，一掃「日本的歪曲」之清新的學問藝術風尚，是狩野直喜、內藤湖南、長尾雨山三人的共通所在。而「學問的實踐」與「藝術的實踐」又是三人體得中國最新學風與趣味之學問宗尚所在。

㉓ 富岡桃華學問的論述，參狩野直喜〈富岡鐵齋翁〉，《讀書纂餘》，東京：みすず書房，頁180-185。神田喜一郎〈支那學者富岡桃華先生〉，《敦煌學五十年》（《神田喜一郎全集》第九卷，東京：同朋舍，1984年10月，頁386-413。）

理念。❷青木正兒（1887-1964）以實證與獨創的精神，繼承狩野直喜、幸田露伴、王國維的成果，著作《中國近世戲曲史》，開拓中國戲曲研究的新領域，又留意中國文學之美感意識的歷史變遷，又撰述《支那文學藝術考》探究中國文學、書畫、自然觀等分野之重要問題的沿革。誠如吉川幸次郎所說的：青木正兒之實證與獨創的學問精神固然與其狷介不羈的性格有密接的關連，❷然則以實證熟慮而究明中國文學戲曲的歷史發展，又以敏銳的鑑賞力從事美感意識的分析，未嘗不反映出京都中國學派重視實證與獨創而開拓新的研究領域，又以詩文書畫的造詣優遊於藝術風雅境界的學風。至於吉川幸次郎說狩野直喜、內藤湖南、長尾雨山的共通點是：從本質上把握尊重祖述實踐中國文明而於日本創造新的學問體系與美的體系。❷此一論述道破京都中國學的學風與精髓所在。

❷ 神田喜一郎的學問，參連清吉〈神田喜一郎及其《敦煌學五十年》〉，《第一屆台灣儒學研究國際學術研討會論文集》1997年4月，頁471-491。

❷ 吉川幸次郎的青木正兒學問論，見所著〈青木正兒博士業績大要〉，《東方學》第三十一輯，1965年11月，其後收入《東方學回想》III，學問の思い出（1），東京：刀水書房，2000年3月，頁181、2。又《東洋學の系譜》（東京：大修館書店，1992年11月，頁262-270）亦收載有水谷眞成〈青木正兒〉。

❷ 同注❷。

螺旋循環史觀：文化發展論

關鍵詞　螺旋循環史觀　文化自覺　文明對話　普遍價值觀

問題提起：「螺旋循環史觀」是東亞文化形成論

　　有關文化發展，有所謂由於各個地域的人或集團配合自身生存的自然生態，根據固有的文化傳統，吸收外來的知識、技術、制度而自發性的創造出文化的「內發性」（endogenous）發展的理論。❶而探究東亞文化形成與發展的問題時，恰如宇宙太陽系的形態，是以中國爲中心，其周邊地區受中國影響，引發文化的自覺而後創造出自身的文化。根據內藤湖南的說法，東亞文化是萌芽於中國黃河流域的文化，而後向西邊或南方展開，再向東北發展，最後跨海傳到日本。❷即發生於黃河流域的中國文化傳到周邊邊地區後，刺

---

❶　鶴見和子《內發的發展論》，東京：東京大學出版會、1989年。

❷　〈日本文化とは何ぞや（その二）〉，《日本文化史研究》（上），1987年3月，東京：講談社學術文庫，《內藤湖南全集》第9卷，東京：筑摩書房，1997年7月。

激周邊地區民族，喚起該地域的自覺意識，逐漸形成其自身的文化形態，最後影響及日本，日本也創造出「日本的」的文化。因此在思考東亞文化全體發展的問題時，所謂中國的、日本的、韓國的國家主義或民族意識，就各國而言，固然是相當重要的問題；但是就文化發展而言，則不是以民族爲主體的自我展開的過程而已，是超越民族的獨自性和差別性而產生三度空間之文化繼承與融合的過程。換句話說東亞文化的發展是超越民族的境界，以東亞全體爲一的文化形態而構築形成的。

　　東亞文化的傳播是中心向周邊影響的正向運動和周邊向中心影響的相反方向運動交織而成的「螺旋循環」。❸內藤湖南說：東亞文化的中心在中國，中原文化首先流傳到周邊的地區，周邊民族受到中國文化的刺激，也形成文化的自覺。中世以後隨著周邊民族的勢力增強，文化擴張的運動也改變其方向，逐漸由周邊向中心復歸。此正向運動與相反運動，作用與反作用交替循環即是東亞文化形成的歷史。❹因此，就東亞文化發展而言，其主體雖然是中國的文化，中世以後則形成包含中國以內的東亞文化的時代。至於東亞文化形成的軌跡，則是最初發生於黃河流域的中國文化逐漸發展而影響周

---

❸　內藤湖南〈學變臆說〉說：文化傳播的路徑不是直線的，而是螺旋狀而提昇。（《淚珠唾珠》所收、《內藤湖南全集》第1卷，筑摩書房，1996年1月）。

❹　同注❷。有關內藤湖南「螺旋循環史觀」的學說，參宮崎市定〈獨創的なシナ學者內藤湖南博士〉，《宮崎市定全集》24，東京：岩波書店，1994年2月，小川環樹〈內藤湖南の學問とその生涯〉，《內藤湖南》，東京：中央公論社，1984年9月。

邊民族的「中心向周邊」的發展徑路。周邊民族吸收中國文化而產生「文化自覺」，周邊民族自覺的結果，終於形成影響中國的勢力，周邊的文化也流入中國，即「周邊向中心」發展的文化波動。本文擬根據「中心向周邊」傳播而形成「周邊地區文化自覺」，其後「周邊向中心」回流影響的徑路，探究東亞文化的發展軌跡，說明東亞文化的形態。

一、中心向周邊傳播

安井小太郎說：到江戶時代爲止的日本的學問始終是模倣中國的。❺西村天囚的《日本宋學史》指出：以朱子學爲主的宋學最初傳入日本的時期，是在日本的南北朝初期，即距離朱子的時代約有一百五、六十年。又伊藤仁齋或荻生徂徠的學問，類似中國明朝中葉的學者，伊藤仁齋和荻生徂徠與明朝中葉的學者的年代，亦有一百三、四十年到一百六、七十年的差距。此學問流傳的情況，內藤湖南以天候氣象的自然現象來說明。內藤湖南說：連結同一緯度地區的同一時期的氣象溫度，可形成一條曲線；然而此一曲線與地球的緯度有相當的差距。在中國形成的風雲，於一些時日之後，也吹到了日本。此一曲線與思想的層面有深遠的關連，中國產生的學問於一百五、六十年之後，也傳到日本。❻茲以日本江戶後期接受清

❺ 安井小太郎〈《篁村遺文》跋〉。

❻ 內藤湖南〈履軒學の影響〉，《先哲の學問》，東京：筑摩叢書，1987年9月。

朝考證學的概況，說明東亞、特別是中日文化之「中心向周邊」傳播的情形。

　　江戶時代所謂的折衷學派，只是折衷古注、新注、仁齋、徂徠之說，尚未能樹立一家之言而開拓新局，代表的學者是井上蘭臺、井上金峨。至於井上金峨的門下山本北山似有別立一派，如清儒考據學的趨向，但尚不能超越折衷學派的境域。至其弟子大田錦城（1765-1825）之時，才有眞正的考據學的盛行。大田錦城的《九經談》卷五指出「予作大疏，以古注爲主，古注所不通，則以朱注補之，朱注所不通，則以明清諸家之說補之，諸家所不通，則以一得之愚補之」。大田錦城的學風是純然的考據學，其說兼採漢宋、參酌明清而成一家之言。因此日本的考據學可以說是以大田錦城爲嚆矢。❼

　　與大田錦城幾乎同時，亦宜歸屬爲考證學者的是龜井昭陽（1773-1836）。龜井昭陽的家學雖然是古文辭學派的傳承，其著作大抵是經學的研究爲主，學問的特色則既有古學派嚴密於字句考證的本領，更留意於文章全篇段落章節的前後連屬，進而以構圖的方式顯示文章的脈絡關係。❽因此龜井昭陽的學問乃超越古文辭學系

---

❼　安井小太郎〈大田錦城〉，《日本儒學史》卷6，富山房，1939年4月。有關安井小太郎的《日本儒學史》，參連清吉〈安井小太郎及其《日本儒學史》〉，《東亞文化的探索──傳統文化的發展》，黃俊傑・町田三郎・福田殖主編，台北：正中書局，1996年11月。

❽　町田三郎先生〈『漢學』二題〉，川添昭二《地域における國際化の歷史的展開に關する總合研究──九州地域に於ける》所收，1989年3月科研成果報告書。

統的藩籬而進入嚴謹考證的領域。至於其之所以重視經學，誠有反省傳統漢學研究的用心，探究其以經學爲中心的治學態度，乃不滿於幕府官學以宋學爲中心的學界趨勢，主張復古而以五經爲中心，從事根本學問的研究。

安井息軒（1799-1876）兼修漢唐古註、宋儒新註、清儒考證之學，又出入仁齋、徂徠的古學，其《論語集說》《孟子定本》《管子纂詁》皆足以代表日本考證學的著作。故安井息軒可以說是幕末考證學之集大成者。如《論語集說》一書並舉古注、即魏晉何晏集解、皇侃義疏等及朱子集註，又兼收清朝考據學家的考證與伊藤仁齋、荻生徂徠等江戶儒者的注釋，更旁徵經傳諸子史書的典故，以爲自身見解的根據而補正諸說的不足與脫誤。由於旁徵博引與取捨精當，故明治四十二年（1909），服部宇之吉監修《漢文大系》（富山房出版）時，即以安井息軒的《論語集說》《孟子定本》《大學說》《中庸說》爲卷首。❾

有關江戶時代的儒學，安井小太郎指出：江戶時代的儒者是以《四書》與古文經學的研究爲主。❿至於江戶儒者的研究方法，雖然未必有如清朝儒之於校勘與辨僞方面有原則的發現和專門論著的撰述，又古籍亡佚的輯佚工作也未必有關注。但是探究大田錦城等人的學問，或可以窺知日本的考證學的特色。大田錦城的學問在旁搜博引的基礎上，以「實事求是」，即實證爲原則，追求文獻考證學的究極。晚年又主張以文獻考證爲基礎，精確地發揮聖人之道，

❾ 連清吉〈安井息軒：集日本考證學的大成〉，《日本江戶時代的考證學家及其學問》，台北：學生書局，1998年12月。
❿ 同注❼。

探究學問的究極，企求重建儒學的精神。換句話說，大田錦城反省當時的儒學研究缺乏實用性，因此，在考證學流行的時代中，「實事求是」的學問方法固然是極爲必要的手段，但是聖人之道的發揚與實踐，才是學問的究極。江戶末期於經傳有深入探究的學者並不多，異於當時的學術潮流，埋首於經學研究，獨樹一格的是九州出身的龜井昭陽。龜井昭陽說：「余用畢生之力於詩書、猶先考之於論語」（《家學小言》第二十五章）正說明自身學問的宗尚乃在於經書的研究。至於龜井昭陽於經學研究的特徵，不僅是經書的注釋而已，乃在於精確地解釋經書的內容，進而分析文章的構造，探究全書的體例，尋求考證原則與方法的建立。雖然龜井昭陽未必發明了明確的考證經書的法則，但是龜井昭陽重視經書之構造性分析的研究方法，乃開日本經學考證方法的先聲。

　　幕末昌平黌教授安井息軒於經學研究的一貫態度是不拘泥於古注或新注而唯善是取。因此，於其經書注釋中，不但有漢唐古注、宋明新注，也有清朝考證學成果的引述，至於字句考證則頗爲精審，論斷亦極其愼重。此一學問態度乃反映了幕末既不極端地傾向朱子學，也不一味地倒向漢唐注疏之不執著於學派學統的學風。**⓫**

二、周邊地區的文化自覺

　　由於日本幕末尊王攘夷論，即抵抗西洋強大勢力而高唱大日本

⓫　參連清吉〈清代與日本江戶時代經學考證學的異同〉，《日本江戶時代的考證學家及其學問》，台北：學生書局，1998年12月。

主義思潮的影響，在學問研究方面，以日本爲中心的思想也盛極一時。特別是幕末到明治初期，反對西洋至上之風潮而產生與西洋文明對抗之東洋傳統漢學復興的主張，其代表的儒者是安井息軒。安井息軒以爲維繫西洋文明之基督教所架構的是神主支配的世界，但是儒家經典所重視的是士大夫爲主宰的世界。又基督教的宗教精神是萬民平等，儒家的理想社會則是秩序整然，二者是扞隔不入的。再以科學理性主義檢尋聖經的記載，則聖經所記載的奇蹟和預言，是荒誕不經的，又聖經原罪論乃違反宗教淑世的精神。於是安井息軒撰述《辨妄》一書，批判聖經的虛妄，質問西洋文明的合理性，向西洋傾向的時勢提出了質疑。⓬雖然如此，到了明治十年前後，幕末的漢學家於先後死去，以松崎慊堂、安井息軒爲中心的幕末漢學隆盛期亦已成爲歷史的痕跡，西洋的學問如排山倒海而不可抑制地充斥日本全國。維新政府感受東洋的傳統學問將沈淪不復，乃於明治十年，在東京大學設置和漢文學科，企圖維護逐漸衰退的日本傳統學問。再者當時無論研究歷史或政治學，都必需要有和漢古典、歷史、文學等基礎知識，又於十五年五月、設立以「國學」爲主的「古典講習科」。同年十一月、文部省專門局長濱尾新提出設立漢文學講習科的必要。於是以「國學」爲主的「古典講習科」稱爲「古典講習科」甲部、以「漢文學」爲主的稱爲「支那古典講習科」屬於「古典講習科」乙部。修業年限爲四年。招收四十名學生。但是由於大學經費短缺，而且受到一般社會流行尊重「洋學」風氣的影

⓬　安井息軒的基督教批判，參考町田三郎先生〈安井息軒覺書〉，《東方學》
　　72輯，1986年7月。

響，明治十八年停止招收古典講習科的學生，明治二十年將古典講習科的修業年限縮短了一年，翌年廢止古典講習科。雖然古典講習科的歷史甚短，畢業生也才有四十四名，但是由明治後半到昭和初年，由於古典講習科發揮有其承先啓後的功能，代表日本東洋學的才俊輩出，建立日本近世中國學的基礎。因爲「古典講習科」所講授的是以《皇清經解》爲中心的實證之學，開啓近代的「漢學」研究的先聲。又由於漢學研究領域的擴大而開展了嶄新的研究領域，如林泰輔的中國古代史和甲骨文的研究，長尾雨山的中國藝術論，安井小太郎日本漢學史即是。再者「古典講習科」的畢業生不但自身活躍於當時的日本漢學界，亦於大學培育人才，建立了近代中國學研究的基盤。確立了承先啓後的地位。❸

明治十年「西南戰役」以後，日本國內政治安定，逐漸發展成亞洲中唯一的近代國家。明治十八年，締結天津條約，日清兩國在政治上形成對等關係，日本人的中國觀自此以後也有了重大的改變。在中國學研究上，日本漢學研究有足以與中國本土學問匹敵的傑作存在，而日本文化亦擁有日本獨特的形態，可爲東洋文化代表的思惟逐漸形成。特別是明治末期以來，由於研究方法新穎，成果堅實，以超越中國本土的研究而達到世界學術水平爲目標，逐漸走向確立日本近代中國學的道路。

明治三、四十年代，由於日本獲得中日、日俄戰爭的勝利，穩固其亞洲先進國家的地位，完成近代國家的政治體制。隨著時代的

---

❸　關於「古典講習科」，參閱町田三郎先生的〈東京大學『古典講習科』の人人〉，《九州大學哲學年報》51期，1992年3月。

推移，日本人自以爲是先於中國實踐近代化的先進國家，形成日本比中國優越的價値意識。在此風潮的影響之下，日本的知識階層的中國觀自然也有所更易。漢學者固然尊重中國傳統的學問，然而在民族意識的高昂，提倡日本主義的聲浪不絕於耳的情勢下，❹先哲前賢著述而足以匹敵中國學者的編纂，以史學觀點整理江戶儒者學說的撰述一時興盛。前者的代表是服部宇之吉編修的《漢文大系》、早稻田大學出版的《漢籍國字解全書》。後者的代表則是以學案、學派的形式論述江戶時代儒學史的安井小太郎的《日本儒學史》。

《漢文大系》是從明治四十一年（1909）到大正五年（1916）的七年間刊行而成的，全書共二十二卷，收載三十八種書籍。按四部分類的話，可分爲

經部：易經、書經、詩經、春秋左氏傳、禮記、四書、弟子職、小學。

史部：戰國策、史記（列傳）、十八史略。

子部：老子、莊子、墨子、韓非子、管子、荀子、淮南子、七書、孔子家語、近思錄、傳習錄。

集部：楚辭、唐詩選、三體詩、古文眞寶、文章規範、古詩賞析。

---

❹　神田喜一郎説：大抵以中日戰役爲契機，一般人日本人對中國文化的態度遽變。（《日本における中國文學Ⅱ》，《神田喜一郎全集》第7卷，1986年12月，京都：同朋舍）中日戰爭的結果，與其説一般日本人輕視中國，毋寧説誘發蔑視中國文化的風潮。漢學、漢詩文之所以受到嚴重的打擊，與此社會背景有極大的關連。（《日本における中國文學Ⅱ》，《神田喜一郎全集》第7卷，1986年12月，京都：同朋舍）。

服部宇之吉編集《漢文大系》目的有二，一爲系統的介紹具有代表性而且是常識性的中國古典及其精審的注釋，二爲蒐集日本幕末到明治時代儒學家的研究成果。至於《漢文大系》所顯示的意義，則在於介紹中國最新的學術研究，推崇日本幕末以來前賢於漢學研究的成果。因爲《漢文大系》所收集的中國古典注釋不但有漢魏唐宋的注解，也有孫詒讓《墨子閒詁》、王先謙《荀子集解》等清人的注釋。至於日本前人的注釋，特別是諸子的注疏更是大量的收錄。如安井息軒的《四書注》《管子纂詁》，太田全齋的《韓非子注》等。因此《漢文大系》的編集固然可以代表日本近代學術研究的成果，更重要的是，在日本近代化國家確立的時代背景下，其學術研究上，特別是諸子研究，也有足以與中國當代的學問，即清朝學術比肩的成果，這或許是服部宇之吉編集《漢文大系》最大的用心所在。❶

《漢籍國字解全書》是早稻田大學出版部於明治四十二年（1910）到大正六年（1917）的八年間，分四次出版而成的。全書收集了江戶時代的國字解，特別是日本漢學鼎盛之元祿（1688-1704）至享保（1716-1736）年間的「先哲遺著」和當時學者的新注而成的。

　第一輯：四書、易經、詩經、書經、小學、近思錄、老子、莊
　　　　　子、列子、孫子、唐詩選、古文眞寶。

　第二輯：春秋左氏傳、傳習錄、楚辭、管子、墨子、荀子、韓
　　　　　非子。

---

❶　有關《漢文大系》，參町田三郎先生〈漢文大系について〉，《九州大學文化史研究》34輯，1989年3月。

第三輯：禮記、莊子、唐宋八家文讀本。

第四輯：文章規範、續文章規範、十八史略、戰國策、國語、
　　　　淮南子、蒙求。

　　所謂漢籍國字解，是中國古典的國字化，即融和漢學與國學的
注釋，換句話說是漢學的日本化，此乃形成日本文化的重要關鍵。
因此，《漢籍國字解全書》雖然和《漢文大系》同樣是整理漢籍，
但是《漢籍國字解全書》的主要目的在保存日本文化的遺產與發揚
近代日本學術研究的成果，不止是江戶時代到明治大正期漢學史的
參考資料，更是探究日本近代學術文化的重要依據。再者，《漢文
大系》的編集有兼收中國與日本於漢學研究成果，進而顯示日本漢
學特色的用心。❻《漢籍國字解全書》則全盤顯示漢學日本化的色
彩，換句話說日本本土文化意識的顯揚是《漢籍國字解全書》的編
集目的。

　　《日本儒學史》六卷是補訂安井小太郎講授於東京文理大學及
大東文化學院的原稿，在昭和十四年（1939），經過門人的校正，
附錄安井小太郎的「日本朱子學派學統表」及《日本漢文學史》的
稿本，由富山房出版的。安井小太郎以爲元祿時期，反朱子學的古
學派，即山鹿素行的古學，伊藤仁齋、東涯父子的古義學，荻生徂
徠的古文辭學的盛行，是江戶時代儒學的鼎盛時期。至於文化文政
（1804-1829）到嘉永安政（1848-1859），朱子學與陽明學的復興，
漢唐學及考證學依次興起，則是江戶期儒學的第二個高峰。《日本

---

❻　關於《漢籍國字解》的論說，參町田三郎先生〈《漢籍國字解全書》につ
　　いて〉，《東洋の思想と宗教》第九號，1992年5月。

儒學史》的體例，是先辨明江戶儒者學問的系統和學派的歸屬，然後　述生平傳略，論述其學術的內容及在儒學史上的地位，進而品評其學術的優劣得失。換句話說安井小太郎並非列舉先哲的著作和學說而已，是以學術史的觀點，進行取捨品騭。就此意義而言，安井小太郎的《日本儒學史》可以和黃宗羲的《宋元學案》《明儒學案》相提並論。

三、周邊向中心復歸

　　明治三十三年，內藤湖南以爲日本近代中國學宜以融合東西學術，創造第三新文明爲目標，至於學問的方法則是清朝的考證學，因爲　川末期的漢學是固守傳統而無進展的學問，而清朝學者的考證學，乃體得了西歐理性主義的學問方法，因此日本的學者應提昇自身的學問而到達清朝考證學的學問水準，進而確立研究方法，樹立東洋學術，開拓世界文明的新局面。[17]以內藤湖南、狩野直喜爲中心而創刊的《支那學》雜誌，則是實現以合理的科學的精神爲治學的態度，蒐集了達到世界學問水準之研究論著的具體成果，確立了日本近代中國學的基礎。再者以內藤湖南、狩野直喜爲中心之京都中國學派所從事的「敦煌學」與「俗文學」的研究，更開啓以「與中國當代考證學風同一步調」之新學風爲目標，而形成合乎世界學術水準的學問。至於內藤湖南有關「日本文化史」的一系列研究論

---

[17]　內藤湖南〈讀書に關する邦人の弊風付漢學の門徑〉，於《內藤湖南全集》第2卷，《燕山楚水》，東京：筑摩書房，1996年12月。

述，更是脫離傳統漢文的「場」而以世界爲目標之學風下的產物。內藤湖南以爲富永仲基的「加上說」不但江戶時代漢學研究中最獨特且有邏輯性的理論，也是通用於世界的研究方法，⑱因此祖述富永仲基獨創性學風，發揮其博學識見而提出的「文化中心移動說」、「螺旋循環史觀」。雖然內藤湖南自稱其研究爲「獨斷史觀」，由於有歷史文化的底據，何嘗不是放諸四海皆準的學界通說。再者一般以爲應仁之亂是日本黑暗時代，但是內藤湖南却認爲當時的公卿盡其所能地保存書籍和文化，則是象徵著具有「日本文化素質」的時代。賀茂眞淵、本居宣長主張日本具有優異於中國學問的特殊性，而鼓吹日本主義。內藤湖南則以爲日本文化中固然有中國文化的存在，但是由於前人的愛惜保有與融合受用，中國既已亡佚的文物，却尙存在於日本，進而形成「日本的」文化，此「受容而變容」的文化即是日本獨特的文化形態。明治以來，以「受容而變容」的形態融通西洋近代文化與東洋傳統文化而形成的日本近代學術文化，即通過各種管道而傳入中國。⑲

---

⑱ 內藤湖南《先哲の學問》，筑摩書房，1987年9月。宮崎市定說：顧頡剛以「加上說」論述中國古代史的發展，（《古史辨》自序）或受到富永仲基「加上說」和內藤湖南「加上原理」的影響。（宮崎市定〈獨創的なシナ學者內藤湖南博士〉，《宮崎市定全集》24，1994年2月，東京：岩波書店）。

⑲ 內藤湖南〈日本國民の文化的素質〉，《日本文化史研究》（下），1987年3月，東京：講談社學術文庫，《內藤湖南全集》第9卷，1997年7月，東京：筑摩書房。內藤湖南〈日本國民の文化的素質〉，《日本文化史研究》（下），1987年3月，東京：講談社學術文庫，《內藤湖南全集》第9卷，1997年7月，東京：筑摩書房。

　　吉川幸次郎爲內藤湖南、狩野直喜之後，京都學派中國學的代表學者之一。其在《支那學》發表的〈日本の中國文學研究〉[20]是繼承內藤湖南、狩野直喜通向世界學術之學風的著作。吉川幸次郎首先整理明治時代到昭和初期，日本有關中國文學研究的論著，探究日本於中國文學研究的歷史發展，進而指出近年研究的偏差與將來研究發展的課題。其以爲以返本開新的歷史觀點，對戲曲、俗文學等新領域，從本質內涵上進行精密的研究，則必有著實新穎的成果。吉川幸次郎的論述，乃有袂別明治時期的漢學研究，超越中國本土的文學研究，躋身世界學術水準，確立日本近代中國學於世界中國界之地位的意義在焉。

　　日本近代以來既繼承包含中國文化在內的日本傳統文化，又融合西洋文化而形成日本近代文化。十九世紀以後，日本的近代文化不但傳入中國，也影響其周邊的國家，引發亞洲各國東洋文化的衝擊，形成東洋化的風潮。就東亞文化傳播的發展徑路而言，這是由周邊向中心逆向傳播的現象。回顧東亞文化傳播發展的歷史，東亞是一個文化共同體，再審視現代東亞各國的文化現象，融通中心所在的中國文化與周邊位置的日本近代文化而形成東亞現代新文化，或爲當今東亞文化的理想形態。

四、東亞的文化形態

　　東亞雖然包含數個國家和地區，然就文化形態而言，則是以相

---

[20]　收入《吉川幸次郎全集》第17卷，東京：筑摩書房，1969年3月。

同基底而形成的共同體。既是共同體，則必須有共通的文化認同意識來維繫其存在。換句話說東亞的國家和地區，雖然以其自身的傳統思想文化而展開，形成其獨自的文化形態，但是探究其基底，則是儒家和佛教的思想文化。而東亞各國的佛教並不是印度佛教，是融合中國思想文化而開展的佛教。因此東亞的文化就可以說是儒家文化，東亞的文化形態即以儒家思想爲普遍性價值觀而形成的文化。

眾所周知的，儒家思想是中國傳統思想文化之普遍性價值觀的所在。唐宋以來，中國文化東傳日本，儒家思想根植於日本社會各階層，而「愛物」以產生的惜物保有的精神則中國所闕如。在探究東亞思想形態的問題時，會通儒家「安仁」與道家「安順」之極致發用的「和諧」㉑及日本惜物而保有的精神，或爲圓滿具足而有「普遍性價值觀」的東亞文化形態。因爲由於「和諧」的體得珍惜而長久保有，才能構築協調性的社會組織。《論語・學而》說：「禮之用和爲貴」，禮的作用在於調和的追求，即秩序整然而且諧調的社會才是理想的社會。《孟子・梁惠王下》說：「君子不以其所以養人者害人」，「所以養人者」是指生養眾生的土地，爲了食糧或財產的取得而殘害百姓是君子所不爲的。土地再貴重，也是生養大眾的大地，爲了爭奪土地而犧牲人命是本末倒置的行爲。換句話說，「和」的究極意義不但是以調和的精神孕育出的共同社會之結合意識的倫理思想，同時也是泯除彼我的差別，進而產生人與自然共生

㉑　余英時先生說：「維繫自然關係的中心價值則是『均』『安』『和』。……均衡與和諧都是獲致的，而是必須克服重重矛盾與衝突才能到達的境界。」（《從價值系統看中國文化的現代意義》，台北：時報文化出版公司，1984年3月。）可知「和」是中國文化價值的中心所在。

的和諧思想。

　　東亞各國的文化雖然是以儒家思想爲主體而形成的；但是依然有其獨自開展而成的所在。在自身歷史文化的發展過程中，由於與隣接國家的交錯，終不免會發生文化的衝突。雖然如此，杭庭頓說：今日世界應有阻止文化、文明間衝突的必要性之認識，進而呼籲「文明化對話」以探索減少文化、文明差異之道，增進文化、文明的共通融合性的互動，是世界平和的重要課題。㉒若然，以「和」而開展出來的人與人共生、人與自然共存的思想則是東亞地區的共同意識。

結　語

　　日本儒學的特質在於庶民化、文物保存的精神與禮文制度化，㉓即使明治維新全盤西化的時代，尚能維繫其傳統文化的精髓。此西洋科技與東洋文化兼容並蓄的文化傳統持續至戰前。戰後日本雖依然遵行其禮文制度；其立禮的涵義却逐漸爲人所淡忘。經濟優先、科技第一而文化其次的結果，即使政府提倡教育改革，依然無法挽回人文教養日趨微薄的事實。至於當代研究中國學的學者或許是維持江戶時代古義學派政教分離而專事學問的傳統，也或許是不屑明治期東京部分學者依附政府，致使學術淪爲政治的附庸的學問形

㉒　杭庭頓（Huntington）《THE CLASH OF CIVILIZATIONS AND THE REMAKING OF THE WORLD　ORDER》的日譯本《文明の衝突》，鈴木主稅譯，東京：集英社，1998年8月。

㉓　辻達也《江戶時代を考える》，頁179-181，東京：中公新書，1990年9月。

態，❷甚少以社會關懷和社會教化的實踐爲其職志的。金谷治先生強調對現代有強烈的關心是中國學者共同的傾向，這是中國人的傳統，也是中國思想的特色。❷此一論述正可以透露出日本中國學者對現代社會漠然無關的消息。

　　戰後的台灣維繫了中國傳統文化，特別是1975年以來，台灣的新儒家更開展了儒學的進路。相對於中國大陸和臨國的日本而言，知識分子關懷時代，而且能提出具有文化慧命的理論架構是台灣新儒學的特質。就今日的時代趨勢而言，以台灣鄉土文化建立的人文心靈和文化理想的新儒學爲原點，恢宏儒家以「和」爲主體的「普遍價值觀」，構築共生共存的倫理，則是東亞社會的終極理想。

❷　坂出祥伸〈中國哲學研究の回顧と展望——通史を中心として〉，《東西シノロジ——事情》，東京：東方書店，1994年4月。

❷　金谷治先生〈中國の傳統思想と現代〉，《中國思想を考える》，東京：中公新書，1993年3月。

結論：日本近代的文化史學家
——內藤湖南

關鍵詞　文化中心移動說　螺旋循環史觀　加上說　宋代為中
國近世說　鹹鹽說　文化史學家

前言：學術成就的背景

　　內藤湖南的著述以史學的研究居多，涉及的領域則涵蓋了中國
歷史、文化史、繪畫史等範疇。中國史學的研究是內藤湖南的本領
所在，東洋文化史與日本文化史的著作，則是「內藤獨斷史學」的
產物。至於中國目錄學與中國繪畫史的撰述則反映出京都特有環境
所產生的學問。敦煌學與甲骨金文的研究則是京都學派以清朝考證
學為基礎而揚名於世界學術界的代表性學問。換句話說內藤湖南的
學問是史學，至於其歷史研究，則不只是史料整理排比的「史纂」
而已，也不只是文獻參互搜討的「史考」而已；乃是以博學宏觀的
識見，以東洋學術於世界學術之地位為前提而鑽研學術，故小川環

樹盛稱内藤湖南是「文化史學家」。❶

　　一般以爲日本人並不長於建立論理的研究方法，但是於日本近代東洋學界，以博覽的識見爲根底，進行精密的文獻考證，樹立富有邏輯論理性學說的是内藤湖南。如以文化性「突破」（breakthrough）的觀點，陳述宋代的社會文化諸象迥異於唐代而提出「宋代是中國近世」的主張，繼承富永仲基的「加上說」而論斷中國古代思想形成的先後次第，強調「應仁之亂」是日本創造獨自文化之畫時代的歷史事件，說明文化形成經緯之「文化中心移動說」，究明文化發展徑路的「螺旋循環說」等都是内藤湖南於東洋文化史研究上卓越的論證。

　　何以内藤湖南得以才學識見兼備而發明通古今之變的學說，樹立獨創綜括性之學問，或與其新聞記者的經歷，生活所在的關西之獨特文化與生存時代之明治的風氣有關。内藤湖南說旅遊以增長見識與交際而開拓人生哲學的思考方式是新聞記者的特權。❷内藤湖南即善用記者的經驗，養成寬廣的視野，透徹的洞察力與敏銳的判斷能力而開展其優異的見解。

　　關西是大阪與京都文物集中的場所，融合自由奔放之商人性格與素樸典雅之上流風情，形成寬闊與優雅兼具的獨特文化。四十年

---

❶　内藤湖南的史學研究具有獨斷性的說法，是桑原武夫的見解。桑原之說見於内藤湖南《日本文化史研究》解說（《日本文化史研究》下，頁174，東京：講談社學術文庫，1976年11月）。小川環樹的贊辭，見於其所著的《内藤湖南》（頁41，東京：中央公論社，1984年9月）。

❷　武内義雄〈湖南先生の追憶〉，《支那學》第七卷第三號，頁73-78，1934年6月。

既執著於東洋古典文化的涵詠，又與關西的文化民情朝夕相處，終成就優遊於東洋史學與雅典文化的老儒碩學而爲日本近代東洋學界的典型。

內藤湖南之所以有日本集合東西學術而爲創造第三文明之所在，沈潛於清朝考證學與西歐理性主義的學問而確立研究方法，開拓東洋學術甚且世界文明新局面的主張，是衍生於明治時代文明開化的時代風潮，蓋時代思潮開化更新，學問的研究也非有以合理爲典範與論說體系化的意識不可。

內藤湖南的學問之有獨創性與圓融性而能成一家之言，是建立於學問領域廣博之上的必然趨勢，而博學宏觀的識見與優雅寬綽的才性的形成，則與其所處的時世、生活的場所、個人的經歷有極大的關連。

一、思想形成論——加上說

「加上說」是富永仲基（1715-1746）學說，見於所著的《出定後語》一書。此書旨在論述佛教的歷史，婆羅門教是以超越人間苦界而轉世昇天爲教義的宗教，天原本是唯一的，但是後起的宗派爲了超越原有的宗派，乃於舊有的天之上，加上一個天，如此天上有天，婆羅門教即有二十八個天，富永仲基稱此現象爲「加上」。小乘佛教是以阿含經爲經典的。其後以般若經爲經典的宗派出現而自稱大乘以卑視小乘。其後以法華經爲宗尚的法華宗，提唱華嚴經的華嚴宗，以楞伽經爲經典的禪宗等佛教的宗派先後出現，而且自稱自身的宗派教義爲最高至上。這也是佛教宗派以「加上」的形式而

發展的軌迹。換句話說由單純素樸而複雜高遠，乃是思想發展進化的原則。富永仲基即以此思想進化論反觀思想學派成立的歷史演進，指出素樸的學術思想是最初的存在，高遠的思想則是晚出的。

內藤湖南應用富永仲基的「加上說」，客觀地把握學術思想發展的順序，架構中國古代思想的歷史。內藤湖南以爲中國人有尚古的傾向，時代越久遠就越優異。就諸子學派的形成而言，其所宗尚的始祖越古遠，則其產生的時代就越晚。孔子以周公爲聖賢，墨家以夏禹爲聖王，孟子祖述堯舜，道家尊崇黃帝，農家以神農爲始祖。就中國的歷史而言，是「神農→黃帝→堯→舜→禹→殷→周」。就所尚越古則其說越晚的「加上說」而言，則中國思想學派的興起順序是「孔子→墨家→孟子→道家→農家」。因此內藤湖南說中國諸子的學問興起於孔子，孔子所尊敬的是周公，即孔子以周公爲儒家學術道統的聖賢。墨家晚出於儒家，爲了表示自身的學說優於儒家，乃以早周公的夏禹爲學派的始祖。其後孟子攻擊墨學爲異端，以禹傳位於子啓，不若堯舜禪讓傳賢之德，因而主張儒家的起源並非始於周公，乃可上遡至堯舜。道家晚出於孟子，爲超越孟子所尊崇的堯舜，乃稱自身的學術淵源黃帝。至於孔子問禮就教於老子的主張也是後出道家之徒的加上之說。至於以神農爲始祖的農家，則又更爲晚出了。

內藤湖南亦用此理論考察中國經典的成書經緯，如其以《易經・繫辭》有「包犧神農」之說，就上古帝王序列而言，乃於《呂氏春秋・尊師》所述「神農、黃帝、顓頊、帝嚳、堯、舜」之上，加上「包犧」，又佐以〈繫辭〉「太極生兩儀」之說類似《呂氏春秋・大樂》的「本於太一，太一生兩儀」，「河圖洛書」之說類似《禮

記・禮運》的「河出馬圖」等實際例證，論斷〈繫辭〉必晚於《呂氏春秋》，乃是漢初之作。又以儒家思想的發展，探究《尚書》編次的先後次第；以時代的思潮、文章的體例與經傳的用字例，考察《爾雅》各篇成立的時代。內藤湖南以爲孔子的政治理想在於周公禮樂制度的重建，故《尚書》最初成立的是有關周公記錄的五誥。換句話說〈周書〉反映孔子及其門下以周公爲理想的寄托。其後魯承周統，宜立魯爲王，尊孔子爲素王，孔子繼承殷之血統，因而產生尊殷的思想，故於〈周書〉之前編次有關殷商的諸篇。九流並起，對抗於墨家之尊夏禹，儒家乃祖述堯舜，故有〈堯典〉、〈舜典〉。至於記錄皋陶掌刑名的〈皋陶謨〉，乃法家名家興起以後之晚周思想，雖爲《尚書》的主要篇章，卻爲最晚出的部分。

內藤湖南以爲《爾雅》是解釋諸經的字書，其成書的經緯與經書形成的次序息息相關。唯《爾雅》十九篇的成立時代既有不同，各篇又有最初撰述，姑謂之爲原始經文的部分與後世附加增益的部分。其從思想的推移發展、經書的用字例與形成的次第，考察《爾雅》篇章形成的先後順序。如內藤湖南以爲〈釋詁〉是《爾雅》最古的一篇，〈釋詁〉以「初哉首基」爲始，與《尚書》成書較早的〈大誥〉〈康誥〉〈召誥〉〈洛誥〉等篇相同，然而《春秋》則不以爲「初哉首基」行「肇始」之義。《爾雅》爲解釋諸經的字書，若《春秋》既已存在，《爾雅》必敘述及之，故內藤湖南以爲〈釋詁〉的原始經文，即「初哉首基…始也」的撰述或先於《春秋》。唯就文章結構而言，〈釋詁〉宜以「初哉首基」爲始而以「求酋在卒就」爲終；但是今本《爾雅・釋詁》於「求酋在卒就終也」之後，尚有「崩薨無祿卒徂落殪死也」一句。內藤湖南以爲「徂落」與同

篇「爰粤于那都繇於也」之「都」，同為古語或方言的特意使用，而非當時通行的文字，而且「都」字乃引自〈皋陶謨〉，典謨諸篇晚出，故「徂落」亦後世增益而附加的。

　　內藤湖南又以為〈釋言〉做〈釋詁〉的體例而成的，故〈釋言〉的編成應晚於〈釋詁〉。〈釋言〉篇首有「齊殷中也」一句，〈釋地〉的「九府」舉八方物產，有「中有岱嶽」的記述，即以岱嶽為中國的中央。又〈釋地〉的「四極」有「岠齊州以南」一詞，郭璞注：「齊中也」，邢昺疏：「齊中也，中州猶言中國也。」以齊的文化為中國的中心，或為天下士人聚於稷下之戰國時代的思想。至於「殷中也」，則是以殷為中央的思想，蓋與以孔子為素王的思想有關，「殷中也」的解釋，或起於孔子為素王說的時代。何以此兩種不同時代思想的詞會並存於一句之中，內藤湖南以為先有「殷中也」而後竄入「齊中也」。

　　根據上述方法的考證，內藤湖南以為《爾雅》篇章形成的時代為：〈釋詁〉的原始經文部分成於孔門七十弟子的晚期的時代，或距七十子不遠；其後又有戰國初期增益者。〈釋言〉成於以孔子為素王的時代，其後又附加有稷下學問盛行時的部分。〈釋訓〉有與〈釋言〉同時期者，亦有漢初者。〈釋親〉至〈釋天〉各篇，則成於公羊春秋發達，禮學盛行的荀子至漢后蒼高堂生的時代。〈釋地〉至〈釋水〉各篇，成於戰國末至漢初之間。〈釋草〉至〈釋獸〉各篇，或既已存在於解釋詩的時代，至於其形成，則在漢初。〈釋畜〉則成於文景之際。❸

---

❸　「加上說」見於〈大阪の町人學者富永仲基〉（《先哲の學問》，頁68-69，

　　以上是內藤湖南運用加上說而考察中國經典之成書先後的論述。

二、文化形成論——文化以時地為經緯與文化中心移動說

　　文化以時代和土地為經緯與文化中心移動的主張見於內藤湖南《近世文學史論》❹的序論。內藤湖南用「文物與時代」「文物與

東京：筑摩書房，1987年9月）。〈繫辭〉的論述，見於〈易疑〉見於《內藤湖南全集》第七卷，頁39，東京：筑摩書房，1970年2月。有關《尚書》編次的論述，見於〈尚書稽疑〉（原題〈尚書編次考〉，《同書》第七卷，頁19-23）。至於《爾雅》的考察，則見於〈爾雅の新研究〉（《同書》第七卷，頁24-37）。

❹　《近世文學史論》的原名是《關西文運論》，連載於明治二十九年的大阪朝日新聞，敘述德川時代三百年間學術文化發展的大勢。其旨趣在論述德川時代的政治中心雖然轉移至江戶，但是學術文化的發源地則在關西、即京都與大阪一帶。再就學術文化而言，關西的學問不僅能與江戶分庭抗禮，甚且有超越江戶的所在。至於此一學術文化推移的現象，內藤湖南則是根據趙翼的「文化集中說」而提出「文明中心移動」的。雖然如此，內藤湖南又說一個國度或地域的中心並非唯一，乃有政治與文化等不同的中心。內藤湖南說：中國清朝的政治中心是北京，而文化的中心則在於經濟重鎮與人文薈集的揚州。同樣地，東京是江戶時代以來，日本的政治中心，但是文化中心則在於富裕的經濟力與保持傳統文化的關西。以此考察現代的中國情勢，雖然政治中心在北京，經濟中心在上海，而文化中心則在台灣。因為戰後的台灣維繫了中國傳統文化，除了官方宰制性的儒學以外，民間也有知識階層的理論建構與社會實踐和宗教團體振興傳統文化的活動，對中國傳統文化和台灣儒學繼承發展，作出了極大的貢獻。特別是1975年以來，以《鵝湖》為中心的台灣新儒家更以關懷時代的道德使命，

風土」分別敘述華夏文化因時代地域的差異而各領風騷的情況。文物與時代的關係，內藤湖南說：順隨著時代的變遷，其文化形態有所不同。即中國學術文化發展的歷史過程中，各個時代都有其精華。周朝的文化結晶是典章制度，周秦之際是諸子之學，兩漢是經傳訓詁，六朝是玄學駢體，唐代是詩歌，宋代是儒學，明清則是典籍整理。其次，文物與風土的關係，內藤湖南提出了東西分殊、南北別相的主張。內藤湖南說：中國歷代的學術文化、風俗民情由於山川形勢之地域性差別的關係而有東西的不同與南北的差異。特別是南北乖隔的因素所造成的不同就更為顯著，而且此一文化現象的影響至為深遠。如北朝以經書研究為主，南朝則以詩文酬唱為尚。北宋猶尚故實；南宋則以精思為上。至於朱陸陽明的學問雖繼承北宋的儒學，而體思精微，以心性本體的窮究為極致。

分別敘述文物與時代、文物與風土的關係之後，內藤湖南綜論由於時代與風土的結合而形成人文化成文化薈萃的中心的現象。內藤湖南說：文化中心的所在，又因為各個時代的政治、經濟等因素而有移動的現象。趙翼於所著《二十二史劄記》中提出「長安地氣說」，其實長安以前，洛陽匯聚冀州的軍事力與豫州的經濟財富而為三代政治文化的中心所在。再者燕京雖為明清以後發布政權的所在地，但是文化的中心則在江南一帶。至於文化類型的形成是前後因襲相承的，如殷承夏禮，周因商禮而形成儒家所尊崇的禮文。但

提出營造人文心靈和文化理想的新中原，恢宏「文化中國」的文化理念，實踐文化慧命傳承的終極理想而開展了文化的進路。此「鵝湖文化」所建構的文化理想可以說是「漢字文化圈」的普遍價值，故產生「鵝湖文化」所在的台北即是現代中國的文化中心的所在。

是政治文化湊合的中心所在一旦衰微以後，再度復起的可能性就微乎其微了。要而言之，內藤湖南以為文化因時而異，因地而適宜，即文化的形成乃以時地為經緯，而文化的中心所在又隨著時代的推移而有所轉移。如中國三代以迄魏晉的文化移動方向是東西方向，南北朝以後則南北方向。再者文化中心一旦轉移，昔日的風光就難再重現。長安的文物鼎盛於唐代，長安文化即代表了唐代的文化，又處於東西文明交會的所在，故唐代的長安文化即是中國文明足以誇耀世界的象徵。但是今日的西安只是偏處西陲的一省都城，也無國際交流的要衝形勝之地位，昔日帝王紫氣象會聚的錦繡文化既已不在，所謂長安也只是秦皇漢唐陵墓所在的歷史名詞而已。

三、文化發展論──螺旋循環史觀

在思考東亞文化全體發展的問題時，所謂中國的、日本的、韓國的國家主義或民族意識，就各國而言，固然是相當重要的問題；但是就文化發展而言，則不是以民族為主體的自我展開的過程而已，是超越民族的獨自性和差別性而產生三度空間之文化繼承與融合的過程。換句話說東亞文化的發展是超越民族的境界，以東亞全體為一的文化形態而構築形成的。關於東亞文化的傳播是中心向周邊影響的正向運動和周邊向中心影響的相反方向運動交織而成的「螺旋循環」。❺內藤湖南說：東亞文化的中心在中國，中原文化

❺　內藤湖南〈學變臆說〉說：文化傳播的路徑不是直線的，而是螺旋狀而提昇。（《淚珠唾珠》所收，《內藤湖南全集》第1卷，東京：筑摩書房，

首先流傳到周邊的地區，周邊民族受到中國文化的刺激，也形成文化的自覺。中世以後隨著周邊民族的勢力增強，文化擴張的運動也改變其方向，逐漸由周邊向中心復歸。此正向運動與相反運動，作用與反作用交替循環即是東亞文化形成的歷史。❻因此，就東亞文化發展而言，其主體雖然是中國的文化，中世以後則形成包含中國以內的東亞文化的時代。至於東亞文化形成的軌跡，則是最初發生於黃河流域的中國文化逐漸發展而影響周邊民族的「中心向周邊」的發展徑路。周邊民族吸收中國文化而產生「文化自覺」，周邊民族自覺的結果，終於形成影響中國的勢力，周邊的文化也流入中國，即「周邊向中心」發展的文化波動。

內藤湖南以螺旋循環史觀的文化發展論作爲區分中國歷史的主要根據。內藤湖南以爲三代到西晉是中國文化向外擴張的時代；五胡十六國到唐代中葉，則是周邊各民族逐漸強大，其勢力漸次地威脅到中原。到了唐末五代，外族的勢力達到頂點。宋元明清以迄現代則是中心向周邊與周邊向中心的反復循環。❼就中國歷史的發展而言，中國歷史上曾發生了兩次政治、社會、文化等人文現象的轉換期，而形成上古、中世、近世的三時代。其在《支那上古史》的

1996年1月）。

❻ 有關內藤湖南「螺旋循環史觀」的學說，參宮崎市定〈獨創的なシナ學者內藤湖南博士〉（《宮崎市定全集》24，東京：岩波書店，1994年2月），小川環樹〈內藤湖南の學問とその生涯〉（《內藤湖南》，東京：中央公論社，1984年9月）。

❼ 見〈日本文化とは何ぞや（その二）〉（《日本文化史研究》（上），頁25-32，東京：講談社學術文庫76，1987年3月）。

〈緒言〉❽中說：

第一期　上古　開闢（太古）至東漢中葉
　　　　　　　中國文化形成、充實而向外部擴張的時代。

第一過渡期　東漢中葉至西晉
　　　　　　　中國文化停止向擴張的時代。

第二期　中世　五胡十六國至唐中葉
　　　　　　　異族勢力入侵，佛教等外來文化傳入。
　　　　　　　貴族主導中國社會、文化的時代。

第二過渡期　唐末至五代
　　　　　　　外來勢力極於鼎盛的時代。

第三期　近世前期　宋至元

第四期　近世後期　明至清
　　　　　　　固有文化復興而文化歸於庶民。
　　　　　　　異族支配而君主獨裁（專制政治）的時代。

　　中國於古代時代，在黃河流域形成了所謂「中華文化」，然後向四方擴張發展，促使中國周邊的各民族產生文化自覺，此即所謂「內部向外部」的波動。到了中世、即南北朝至五代，外族挾持武力入侵中原，周邊民族的文化也隨之傳入中國，即「外部向內部」的波動。此文化波動的方向改變是區分中國上古與中世的依據所在。再者中世時，周邊民族的勢力強大，逐漸威脅中土，進而侵入中原，甚至支配中國領土，此間維繫中華文化於不墜的是貴族。中

❽　《內藤湖南全集》第十卷，頁9-13，東京：筑摩書房，1969年6月。

國貴族在東漢中葉以後，逐漸擁有其政治社會的勢力，至南北朝而到達鼎盛，唐朝的貴族依然保持著其舉足輕重的優異情勢。雖然如此，即使異民族統治中國，維護中國傳統文化的還是公卿顯貴的族群。換句話說內藤湖南以爲東漢以來貴族勢力勃興也是區分中國上古與中世的根據。

四、宋代爲中國近世說

　　時代由唐末五代而推移到趙宋是朝代的更替，貴族政治崩壞而君主專制出現的政治現象，是決定中世與近世之分界點的因素之一。內藤湖南以爲中國中世的君主與貴族的地位並未有明顯的差距，特別是外戚的權勢更甚，有時甚至凌駕天子之上，篡奪王位。但是宋代以後，天子主宰朝政的地位鞏固，外戚的權威失墜，王位篡奪之事也不易產生。又由於君主專制的局勢形成，任官制度也隨之改變。魏晉以至唐代，重要官位始終爲貴族所獨占，所謂「九品中正」無非是保障貴族權利的制度。科舉始於隋代，唐代因襲，而真正能發揮公平科考，唯才是任之功能的，則是宋代以後。換句話說唐以前的中世，貴族是社會的特權階級，獨領了政治文化的風騷；但是宋代以後，由於科舉任官的制度公平地實行，有才學見識的士人庶民取得了政治運作與表現當代文化的發言權。再就學術研究與文學創作而言，在經學方面，漢唐以重視師法傳統之經傳注疏爲主；宋代則以個人新義爲主，在哲學思想上，唐代是以佛學研究爲主流；宋代則以心性義理之儒學思想體系之建立爲依歸。在文學創作上，六朝以至唐代是以詩賦爲主流；宋代則以散文作爲敘述自由意識的

工具。在經濟方面，到唐代爲止，大抵是以實物經濟爲主，宋代則改變爲貨幣經濟。就繪畫而言，六朝到唐代是壁畫爲主，又以金碧山水是尙，到了五代宋代，則流行屏障畫一，又以墨畫爲多。而且宋代文人畫的興起，則象徵著由嚴守家法之畫工專擅而趨向表現自由意志之水墨畫。由於宋代的文化現象大異於唐朝，故內藤湖南以爲宋代揭開中國近世歷史的序幕。❾其於〈近世支那の文化生活〉❿說：「文化生活經過長期的發展以後，其產生復歸自然的呼聲乃是必然的結果。唐代以前庭園等建築都以人工彫琢爲極致；到了宋代，天子的御園也取自然的逸趣，建築或採民家質樸的風味。繪畫上則山水的自然之美尤勝於樓閣之危聳華麗。至於養身之道，唐代以前常以藥石作爲強身；宋代以後則重視全身的滋養，甚至有主張自然的回復體力以治病者。文明發展的同時，自然破壞也伴隨而來，因此宋代以後或有意識性地提出資源保護的法律。特別是元、滿入主中國，自身急激的中國化的同時，過度文化生活的反動，即回歸自然的意識於是產生。如清朝維護森林，保護野生人參的法律或可反映對於環保的意識。」因此，在中國的歷史空間裏，所謂時代區分，固然有時代差異的各別意義，卻更是歷史流衍中文化突破的意識。故時代的區分並不只是以朝代交替爲根據，社會制度的變遷、文化內涵的差異所具有意義，才是其重要的因素。即所謂「時代」，不只是政權更迭轉移的象徵而是政治、社會、經濟、思想、學術等

---

❾　〈概括的唐宋時代觀〉，《內藤湖南全集》第八卷，頁111-119，東京：筑摩書房，1969年8月。

❿　《內藤湖南全集》第八卷，頁120-139，東京：筑摩書房，1969年8月。

人文現象的的綜合體。從政治史、社會史、經濟史、思想史、學術史的角度進行總合性的探討，才能清楚地說明歷史流衍中的「時代」的特徵，正確地把握「時代」的文化意義。換句話說「時代」包含著時間與空間的兩層意義，「時代」的空間意味著文化的形成，而時間的意義在於文化的突破。至於突破的意義，不是前所未有的創造而是繼承性的創新。譬如絢爛的三彩是唐代文化的代表，而純白青白的創造則是宋代的象徵。超越華美的外觀而重視素樸沈潛之內在精神是宋代知識分子於文化意識上的突破。

五、中日文化影響論──鹹鹽說

　　關於文化的意義，內藤湖南說：「文化是以國民全體的知識、道德、趣味為基礎而構成的。知識、道德、趣味等文化的基礎要素，到底有多少依然存在於現在的日本。至於政治、經濟等反映人生需求而產生的諸事象，是否完全符應民眾的願望。再者知識、道德、趣味等文化基礎是否也順應民眾的要求。都是探究文化時所必需考慮的問題。」⓫

　　即「文化」是「知識、道德、趣味」的綜合，既有繼承古往的接續性，又有是否符合當代民眾的需求與國民全體如何體現的時代性與普遍性。至於當代日本人如何理解其自身的文化。內藤湖南說：

　　　　日本文化的形成就像製造豆腐一樣，日本雖然擁有做成豆腐

⓫　〈日本文化とは何ぞや（その一）〉（《日本文化史研究》（上），頁15，東京：講談社學術文庫76，1987年3月）。

的素材—豆漿，卻沒有使之凝聚成豆腐的題材的力量，中國
文化就像使豆漿凝聚成豆腐的「鹹鹽」。再舉一個例子來說：
兒童雖然擁有形成知識的能力，但是必須要經過長者的教
導，才能具有真正的知識。日本分的形成也是這樣的。**⑫**

世界上任何一國的國民都抱持著自身文化古老悠久或先進優越性的
想法。日本自然也不例外。早在江戶時代，新井白石（1656-1725）、
賀茂眞淵（1696-1769）、本居宣長（1729-1801）等人就提出日本
歷史悠久文化先進的見解。**⑬**而明治時代以來，隨著政治安定經濟
發展而國力強大的情勢影響，大日本主義的思潮高脹，所謂日本文
化「自發性」的論調成爲當時學術界的共識。民間大眾也認同於日
本文化悠久優越性的主張。但是內藤湖南則以爲除了世界文明發源
的少數幾個國家以外，所謂文化自發的情形是不可能存在的。日本
並非沒有形成文化的素質，或可稱之爲「文化雛型」，但是日本文
化的雛型也只不過是渾沌狀態而已，在經過中國文化的點化刺激，
進行分解結合以後，才凝聚成粗具形式的日本文化。換句話說內藤
湖南以爲日本文化的形成是外發性的。如果說日本的文化雛型是豆
漿，則中國文化就是「鹹鹽」，而日本式東洋文化形態就是豆腐。
亦即由於受到一如點化劑存在的中國文化的催化，像豆漿似渾沌狀
態的日本文化雛型才凝聚成豆腐般的日本式的東洋文化。

---

⑫ 〈日本文化とは何ぞや（その一）〉（《日本文化史研究》（上），頁15，
東京：講談社學術文庫76，1987年3月）。

⑬ 〈日本國民の文化的素質〉（《日本文化史研究》（下），頁101-103，東
京：講談社學術文庫76，1987年3月）。

要而言之，內藤湖南以爲日本文化的形成是外發性的，而其主要的助力是中國文化。在日本文化演進發展的過程中，始終與中國文化密接的關連，這是學術界的通說。但是就歷史文物的保存與符應本土需求的觀點而言，內藤湖南以爲「應仁之亂」。❶

六、應仁之亂是日本近世文化形成的契機

日本學術文化的發展頗受中國的影響。自聖德太子以後至平安朝是接受漢唐注疏之學與唐代的文化。德川時代的二百五、六十年則是宋明理學、宋代文化與清朝考證學。就學術文化的性質形態而言，前者是貴族文化、宮廷文學；後者則是庶民文化，而學術也由朝廷普及至民間。此一學術文化轉型的契機則是應仁之亂，內藤湖南從日本文化獨立的歷史背景、覃精竭慮於文物的保存與文化的傳播等事例，說明應仁之亂是日本脫離中國模式而創造日本獨特文化的重要關鍵。

有關日本文化獨立的歷史背景，內藤湖南以爲藤原時代到鎌倉時代的四五百年間❶，日本的社會形態起了巨大的變化，即武士的

---

❶ 所謂「應仁之亂」（1467-1477）是室町時代末期以京都爲中心而發生的大亂。將近十年的戰亂，使京都幾乎形成墟廢，幕府失墜、莊園制度崩壞。地方武士的勢力強大，因而加速了戰國大名領國制度的發展。又由於公家（即公卿大夫）避難到地方，造成文化普及至地方的一個因素。是日本獨特文化創生的重要關鍵。

❶ 藤原時代是指平安後期遣唐使廢止（894）以後的三百多年間。政治上是攝關、院政、平氏掌政的時期。學術文化上「唐風」（即中國色彩）逐漸淡薄，宗教上則是淨土宗盛行。鎌倉時代（1885-1333）的文化特色是武士

勢力急劇擴張，逐漸形成「下剋上」的局勢。政治社會的情勢如此，思想文化也產生由下往上，即由武士庶民的文化影響到皇族公家的現象，造成日本思想文化革新的機運。內藤湖南以爲後宇多天皇（1267-1324）到南北朝（1336-1392）的一百年間，是日本文化獨立成型的重要關鍵。至於獨立文化之所以產生，內藤湖南以爲有內在和外在的因素。後宇多天皇以後的南朝系的天皇頗多抱持著改革的思想，因而孕育了革新的機運，是日本文化之所以能獨立的內在因素。而蒙古軍隊攻打日本九州北部、即所謂「文永、弘安之役」是日本文化獨立的外在因素。內藤湖南說：

> 後醍醐天皇繼承其父後宇多天皇革新的觀念，所謂思想獨立與創造獨立文化的理想既已根植於心。在學問研究方面，以爲漢唐注疏之學僅止於字句訓詁而不能發揮經典的義理。宋代理學恰好可以體現其學術宗旨，因而以宋學作爲經典詮釋的根據。❻

由於宋學的影響，在後醍醐天皇的時代對於經書的理解有了新的詮釋。至於佛教的解釋也不墨守所謂傳統佛教的眞言或天台的教理；而以鎌倉時代興起的禪宗爲歸宗。換句話說由於後醍醐天皇提倡宋學和禪宗，當時學術界乃呈現出新思想、新解釋的學問思潮。這是日本學術文化革新而趨向獨立的內在的因素。至於「文永、弘安之

階級吸收公家文化，進而創造出反映時代性的新文化。影響所及，皇族公卿也產生思想改革的自覺。

❻ 〈日本文化の獨立〉《日本文化史研究》（下），頁31，東京：講談社學術文庫76，1987年3月）。

役」何以是日本文化獨立之外在因素，內藤湖南說：

> 蒙古來襲的防禦是日本開國以來的大事件，因此舉國上下無
> 不祈求神佛以免除國難。結果神靈顯驗，九州北部地區颺風
> 突起，蒙古船隻沈沒殆盡而敗退。中華文化是日本的根源，
> 中國仍不免爲蒙古所滅亡，而日本卻得到神佛之助而免於蒙
> 古的迫害。由於此一戰役，日本產生「日本爲神靈之國」而
> 且是世界最爲尊貴的國家的思想，也助長日本文化獨立的趨
> 勢。……雖然經過足利時代是日本文化發展的暗黑時期，文
> 物毀於戰火，古老的文化也蕩然無存。雖然如此，龜山後宇
> 多天皇到南北朝之間所產生的「日本爲神靈之國」的新思想
> 與日本文化革新獨立的理想，即以日本爲中心的思想依然存
> 在著，終於在德川時代構築了日本獨立文化的原型。此一新
> 思想與文化獨立的理想之所以能維繫不墜，主要是因爲應仁
> 之亂時公卿學者於文物保存與流傳的苦心經營。❼

　　關於應仁之亂的時人如何覃精竭慮於文物保存與文化傳播的情
形，內藤湖南說：應仁之亂雖然是日本歷史上的黑暗時代；當時的
貴族士人卻竭盡所能地保存古來相傳的文物、傳播可能失傳的文化
與技藝，因此應仁之亂也是日本獨特文化形成的時代。在文物保存
方面，內藤湖南說：目錄學不但是圖書分類、書目品評的學問，也
是擁有悠久文化的表徵。《本朝書籍目錄》是足利時代所編纂的圖
書目錄，從編目看來，有中國傳來的，也有日本固有的書籍，雖然

---

❼　同上，頁27-31。

未必能顯現出日本絕無僅有的獨特性，卻足以證明在混亂時代中，
日本人極盡可能地保存古來相傳的文化。[18]如一條兼良爲避免所藏
的書籍遭到戰火的焚燬，將充棟的書籍藏之於書庫。豐原統秋爲了
家傳的笙譜能傳諸後世而撰述《體源抄》一書。可見於擾攘之際，
盡力保存古代文化之一端，是當時公卿士族共通的理念。在保存中
華文物上，中國人也未必如此費心，就此意義而言，日本人竭盡心
血以保存古來相傳的文化，因而得以傳之後世的文化就說是日本的
文化。[19]再者知識技藝的傳授，固然是應仁亂後，公卿貴族用以糊
口的手段，卻由於時代思潮的影響，形成日本獨特的文化。如神道
的傳授，從奈良時代到平安時代的神代記事，並沒有哲學性的思考。
到了鎌倉時代末期到足利時代之間所形成的神道，則用佛教的教義
解釋《日本書紀》神代卷的記述，神道因而具備了哲學性的意義。
如吉田家的神道即是。又由於吉田神道具有形上架構，吉田神道乃
建立其權威性。即非得到吉田家的傳授就不是正統的神道。其他的
技藝傳授、如和歌亦然。換句話說由於尊敬專業性、正統性與權威
性而形成所謂「某家」「某道」「某流」之「文化正統」的觀念，
是在應仁之亂前後的黑暗時代。[20]

---

[18] 〈日本國民の文化的素質〉（《日本文化史研究》（下），頁96-97，東京：
講談社學術文庫76，1987年3月）。

[19] 〈應仁の亂について〉（《日本文化史研究》（下），頁73-74，東京：講
談社學術文庫76，1987年3月）。

[20] 〈日本國民の文化的素質〉（《日本文化史研究》（下），頁98-100，東
京：講談社學術文庫76，1987年3月）。

結語：京都中國學的樹立

　　內藤湖南有關東洋文化史的一系列研究論述，是脫離傳統漢文的「場」而以世界爲目標之學風下的產物。其以爲日本文化中固然有中國文化的存在，但是由於前人的愛惜保有與融合受用，中國既已亡佚的文物，卻尚存在於日本，進而形成「日本的」文化，此「受容而變容」的文化即是日本獨特的文化形態。明治以來，更以「受容而變容」的形態融通西洋近代文化與東洋傳統文化而形成的日本近代學術文化。因此於明治三十三年主張日本近代中國學宜以融合東西學術，創造第三新文明爲目標。至於學問的方法則是以通古今之變的史觀，運用清朝考證學與歐洲東方學術研究的方法論，分析東西方於中國學研究的優劣長短，進而以嚴密的考證，重新評述既有的研究成果，開拓新的研究爲究極。[21]以內藤湖南、狩野直喜爲中心而創刊的《支那學》雜誌，則是實現以合理的科學的精神爲治學的態度，蒐集了達到世界學問水準之研究論著的具體成果，確立了日本近代中國學的基礎。再者以內藤湖南、狩野直喜爲中心之京都中國學派所從事的「敦煌學」與「俗文學」的研究，更開啓以「與中國當代考證學風同一步調」之新學風爲目標，而形成合乎世界學術水準的學問，故狩野直喜與內藤湖南可以說是京都中國學的雙璧。而其門下弟子又有鑽研史學的貝塚茂樹、宮崎市定，精通文學

---

[21] 〈讀書に關する邦人の弊風付漢學の門徑〉（於《內藤湖南全集》第2卷，《燕山楚水》，東京：筑摩書房，1996年12月）。

的小川環樹、吉川幸次郎、青木正兒，深究思想的武内義雄、小島祐馬，旁通文史的神田喜一郎、桑原武夫等人繼承狩野直喜與内藤湖南二人以清朝考據學為基底之科學實證的學風，對中國學的各分野進行精湛的研究，不但是近代日本中國學的權威，也形成京都中國學派，而於世界漢學界有舉足輕重的地位。❷

---

❷ 關於京都中國學者的學問，參見《東洋學の系譜》第1、2集（江上波夫編著，東京：大修館書店，1992年11月、1994年9月），《東方學回想》（全9卷，東京：刀水書房，2000年2-10月），張寶三《唐代經學及日本近代京都學派中國學研究論集》（台北：里仁書局，1998年4月）。

後　記

（原載刊物一覽）

內藤湖南的著述生平及其日本文化論

　　1999年1月　張以仁先生七秩壽慶論文集（臺灣學生書局）

內藤湖南的中國史學論

　　2002年11月　漢學研究國際學術研討會論文集（雲林科技大學漢學資料整理研究所）

內藤湖南的時代區分論

　　2002年7月　與世界接軌～漢語文化學～第一屆淡江大學全球姊妹校漢語文化學學術會議論文集（臺灣學生書局）

內藤湖南的歷史考證加上說

　　2002年11月　儒道學術國際研討會～先秦論文集（國立臺灣師範大學出版委員會）

內藤湖南的《史記》研究

　　2002年3月　記實與浪漫～史記國際研討會論文（臺灣洪葉文化事業有限公司）

內藤湖南的中國繪畫史論

　　2003年12月　中文學報第九期（淡江大學中文系）

內藤湖南的螺旋循環史觀

　2001年6月　　慶祝莆田黃錦鋐教授八秩日本町田三郎教授七秩
嵩壽論文集（臺灣文史哲出版社）

日本近代的文化史學家──內藤湖南

　2001年12月　　笠征教授華甲紀念論文集（臺灣學生書局）

國家圖書館出版品預行編目資料

日本近代的文化史學家——內藤湖南

連清吉著. – 初版. – 臺北市：臺灣學生，
2004[民 93]
面；公分
參考書目：面

ISBN 957-15-1234-6(精裝)
ISBN 957-15-1235-4(平裝)

1. 內藤湖南 – 學術思想 – 史學

601.931   93018036

日本近代的文化史學家——內藤湖南 （全一冊）

著　作　者：連　　　　　清　　　　　吉
出　版　者：臺 灣 學 生 書 局 有 限 公 司
發　行　人：盧　　　　　保　　　　　宏
發　行　所：臺 灣 學 生 書 局 有 限 公 司
　　　　　　臺 北 市 和 平 東 路 一 段 一 九 八 號
　　　　　　郵 政 劃 撥 帳 號：0 0 0 2 4 6 6 8
　　　　　　電　話：（0 2）2 3 6 3 4 1 5 6
　　　　　　傳　眞：（0 2）2 3 6 3 6 3 3 4
　　　　　　E-mail：student.book@msa.hinet.net
　　　　　　http：//www.studentbooks.com.tw

本書局登
記證字號　：行政院新聞局局版北市業字第玖捌壹號

印　刷　所：長 欣 彩 色 印 刷 公 司
　　　　　　中 和 市 永 和 路 三 六 三 巷 四 二 號
　　　　　　電　話：（0 2）2 2 2 6 8 8 5 3

定價：精裝新臺幣三五〇元
　　　平裝新臺幣二八〇元

西 元 二 〇 〇 四 年 十 月 初 版